선한 마음

■ 까르마빠 오갠 틴래 도제
1985년 티베트에서 태어났다. 티베트 불교에서 환생자 전통이 가장 오래된
까르마 까규파의 17대 수장이다. 14살에 중국 지배하의 티베트를 탈출하여
달라이 라마가 살고 있는 북인도 다람살라 가까운 규또 사원에 머물며
가르침을 전승하고 제자들을 지도하면서 법맥을 이끌고 있다. 저서에
『미래는 지금이다』가 있다.

■ 까르마 빼마 돌마
대학에서 외국어 전공, 몇 권의 번역서와 저서를 냈다.
뒤늦게 부처님 가르침을 만나, 2013년 봄에 17대 까르마빠께 귀의했다.

선한 마음
2015년 6월 10일 초판 인쇄
2015년 6월 15일 초판 발행

지은이　　까르마빠 오갠 틴래 도제
옮긴이　　까르마 빼마 돌마
발행처　　도서출판 지영사
발행인　　이연창

서울특별시 동대문구 한빛로 74-1 우양빌딩 3층
TEL/ 02 747 6333~4, FAX/ 02 747 6335
등록번호 제1-1299호 / 등록일자 1992년 1월 28일

값/ 18,000원

ISBN 978-89-7555-179-6 03220

The Heart is Noble

선한 마음

나를 바꾸고 세상을 바꾼다

17대 까르마빠, 오갠 틴래 도제 지음 | 까르마 빼마 돌마 옮김

달라이 라마 서문

한국 불교는 오래고도 유수한 역사를 자랑합니다. 불교가 중국으로부터 한국에 전해진 것은 티베트에 불교가 들어오기 수백 년 전인 서기 372년으로, 그 후 한국 불교는 티베트 불교와 마찬가지로 독자적인 형태로 발달했습니다.

21세기인 지금, 우리는 편리한 통신 덕분에 전 세계 불교도들이 불교의 교학과 수행이 나라마다 어떻게 발전되어 왔는지 살펴볼 수 있는 세상에 살고 있습니다. 근래 들어 한국에서 티베트 불교에 대한 관심이 높아지고 있는 가운데 이제 한국어로 번역된 이 책이 두 나라의 상이한 불교 전통 간에 서로를 이해하는 데 작으나마 기여하기를 기대합니다.

이 책이 티베트 불교 승려인 저, 까르마빠Karmapa(까르마 까규파의 수장. '불사佛事를 행하는 이'라는 뜻)가 일단의 다양한 미국 대학생들과 나눈 대화를 담고 있다고는 해도, 이 책을 오로지 불교에 대한 "종교서"로 소개하기는 적절치 않은 것 같습니다. 학생들이 제기한 여러 가지 질문에 대해 제가 불교 수행자로서 이해한 바에 따라 답변한 것은 틀림 없지만, 이 책에 담긴 많은 견해는 특정 종교의 가르침에만 있는 것이 아닙니다.

오히려 이들 견해는 상식적인 관찰과 경험에 근거한 것으로, 자신을 돌이켜 살펴본 사람들이라면 대부분 동의할 것입니다. 우리가 몸 담고 있는 지구촌에서 만물이 서로 의존한다는 상호의존의 원리는 갈수록 더 분명하게 드러나고 있어, 우리는 모든 존재를 아우르는 미래를 만들어야 합니다. 그러나 바람직한 변화는 예외 없이 개인의 차원에서부터 시작되어야 하며, 우리 모두가 이 막중한 책임을 져야 한다고 저는 믿습니다.

이 책을 통해 어디에 있든 여러분이 열린 마음과 생각으로 가정과 공동체, 사회 그리고 이 지구에 있는 다른 모든 존재들과 우리가 함께 나누는 수많은 연결 고리를 이해하고 받아들이기를 저는 소망합니다.

17대 까르마빠 오갠 틴래 도제
2014년 12월 12일

• 달라이 라마 서문

제17대 까르마빠, 오갠 틴래 도제Ogyen Trinley Dorje가 새로 펴
낸 책을 소개하게 되어 매우 기쁩니다. 까르마빠 린포체Rinpoche('고
귀한 사람'이라는 뜻의 티베트어로 위대한 스승을 일컬음)는 젊은 나이임
에도 교학과 수행을 훌륭하게 닦아오고 있으며 또한 열정적인 활동
으로 티베트 불교의 까르마 까규파Karma Kagyu(티베트 불교 8대 수행
법맥의 하나, 최초의 환생 법맥으로 12세기에 뒤숨 켄빠가 창시)수장으로
서의 책임을 다하고 있습니다.

나는 얼마 전부터 나같이 이미 지나간 시대인 20세기에 속하는
60대와 70대, 그리고 21세기를 만들어갈 10대, 20대, 30대를 구분
짓고 있습니다. 지난 20세기에 우리 인간은 의학, 교통, 통신 등의
분야에서 괄목할 만한 발전을 이루었지만, 이 시기는 또한 다시는
겪고 싶지 않은 갈등과 유혈로 얼룩진 시간이기도 했습니다. 다가
오는 시대가 지금과 크게 다른 시대로 기억되려면, 오늘날의 젊은
이들이 자기 안에서 내적 평화를 이루고 또 어떤 문제가 일어나든

대화로 풀어가며 평화로운 세상을 만드는 방법을 찾아야 할 것입니다.

이 책이 까르마빠 린포체와 젊고 똑똑한 미국 대학생들이 나눈 대화의 결실이라는 사실이 나는 무척이나 반갑습니다. 이 책은 불교적 관점을 드러내기보다는 불교적 사고방식이 현대인의 일상생활과 대화에 어떻게 기여할 수 있는지를 보여주는 본보기입니다. 린포체는 이 책의 제목인 선한 마음, 즉 우리 인간이 근본적으로 가진 선한 품성으로부터 훌륭한 동기와 긍정적인 행동을 어떻게 이끌어낼 수 있는지 거듭 설명하고 있습니다. 감정을 다스리고 마음을 바꾸는 일이든 자연환경을 보호하는 일이든, 마음으로만 잘 되기를 바라는 데 그치지 않고 실제로 나서서 행동하는 것이 중요합니다.

여기에서 논의된 사안에 관심을 가지고 실제로 그렇게 살고자 노력한다면, 이 책의 독자들은 스스로 행복해질 뿐만 아니라 보다 행복하고 평화로운 21세기를 만드는 데 기여하게 되리라고 나는 믿습니다.

제14대 달라이 라마 텐진 가쵸
2012년 10월 3일

이 책에 담긴 지혜의 말씀을 준 영적 스승은 '까르마빠 존자'로 널리 알려져 있다. 2011년 5월, 까르마빠는 빡빡한 일정을 조정하여 어렵게 시간을 내서 인도에 있는 자신의 거처에서 16명으로 이루어진 미국 대학생 집단과 일련의 회합을 가졌다. 이 회합에서 까르마빠가 대학생들에게 편 가르침이 이 책의 뼈대를 이룬다.

대학생들이 까르마빠를 잠깐이나마 맨 처음 만난 것은 북인도의 규또 사원Gyuto Monastery(다람살라 인근의 티베트 불교 사원으로 까르마빠가 현재 머물고 있는 곳) 법당에서 일주일에 두 번 열리는 대중 친견에서였다. 그는 티베트 불교에서 서열이 가장 높은 라마lama(티베트어로 '생명의 근원을 주는 자'라는 뜻으로 '스승'을 의미하며 흔히 티베트 불교의 승려를 칭함) 중 한 사람으로, 대중 친견에는 아주 많은 사람들이 모여들었다. 사람들이 줄을 지어 까르마빠의 축복을 받고 자리를 얼른 빠져나가는 동안, 학생들은 까르마빠의 고요하고 위엄어린 태도에 거의 두려움마저 느껴야 했다. 이 첫 만남을 통해 젊은이들은 까르마빠와 3주 동안 비공개 대화를 나누는 기회를 갖는다는 것이 얼마나 이례적인 일인지 절감했다.

그 날 오후, 학생들은 첫 번째 단체 친견을 위해 까르마빠의 도서관에 줄지어 들어섰다. 바람이 잘 통해서 선선한 현대식 도서관은 티베트 불교 경전과 세계 도처에서 온 책들로 가득했다. 그들은 처음 보는 책들을 슬그머니 눈여겨보았다. 한 사람씩 소개되는 자리에서 젊은이들은 까르마빠에게 선물을 드렸다. 특별히 그를 위해 손수 만든 수공품들이 많았는데, 그림·조각품·초콜릿 캔디·심지어는 밴조도 있었다. 마치 자신의 일부를 드리는 듯한 젊은이들의 진지함을 그 자리에 있는 사람들 모두가 여실히 느꼈다. 까르마빠 또한 진지한 호기심과 열린 마음으로 선물을 받는 모습이었다. 다음날, 젊은이들이 두 번째 회합을 위해 도서관을 다시 찾았을 때 그들이 앉은 자리를 둘러싼 서가에는 전날 까르마빠에게 드린 선물 대부분이 진열되어 있었다. 까르마빠의 공간에 들어온 것을 환영한다는 이 표시를 보자 젊은이들은 안도의 한숨을 내쉬었다. 낯설기 짝이 없는 환경에서 자신들이 과연 어떻게 받아들여질지 조금은 불안했던 것이다.

프로젝트가 시작된 것은 그로부터 1년 전이었다. 까르마빠의 제자인 미국인 비구니 담최Damchoe는 스승의 재가를 얻어 종교학 교수이자 자신의 오랜 친구인 카렌 데리스Karen Derris와 함께 일단의 미국 대학생들이 인도를 장기간 방문하여 까르마빠의 가르침을 받는 프로젝트를 구상했다. 프로젝트는 남부 캘리포니아 소재 레드 랜즈Redlands 대학의 적극적인 지원을 받았고, 카렌이 이 대학의 교 양학부 학생들을 인솔하는 것으로 의견이 모아졌다.(담최와 카렌은 프로젝트를 주관했으며, 후에 이 책을 공동으로 편집했다.)

까르마빠는 이번 프로젝트에서 불교의 가르침보다는 학생들이 불교에서 알고 싶어 하는 것들에 대해 말하고자 했다. 까르마빠의 취지에 부응하여 담최와 카렌은 불교 지도자에게서 가장 듣고 싶 은 내용이 무엇인지를 묻는 약식 설문지를 만들어 다수에게 보냈 다. 학생들의 답변은 그들이 이 세상과 자신들의 삶과 관련하여 새 로운 세계관을 제시해 줄 수 있는 스승과 함께 관심사를 탐구하는 기회를 목말라하고 있음을 여실히 보여주었다. 학생들의 제안에 따 라 회합에서 논의될 주제가 선정되었으며, 이들 주제가 바로 이 책 의 각 장을 이루고 있다.

이듬해 5월로 예정된 인도 방문에 앞서 학생들은 그 해 겨울을 까르마빠와의 회합을 준비하느라 바쁘게 보냈다. 카렌은 첫 준비 모임에서부터 학생들에게 이번 프로젝트에 대해 자기들 식대로 기 대하지 말 것을 당부했다. 학생들은 어떤 상황이든 주어지는 대로 받아들이는 것을 목표로 정했다. 인도에 도착하여 까르마빠와 함 께 시간을 보내다 보면 어떤 일이 벌어질지, 지도교수인 카렌을 포 함해서 누구도 상상할 수 없었던 것이다. 학생들은 어떤 것이 주어 지든 어떤 질문을 받든 모두 수용하기로 마음을 다졌다.

젊은이들은 또한 이번 프로젝트에서 수동적인 역할에 그치지 않고 자신들의 소망과 관심사를 까르마빠에게 적극적으로 피력하기로 계획했다. 참가자들 중에는 노동권에서부터 먹거리 정의를 위한 종교간 대화에 이르기까지 다양한 분야의 활동가들이 포함되어 있었다. 프로젝트 기간 동안 까르마빠와 만난 자리에서 학생들은 이 세상에 기여하고자 하는 자신들의 꿈과 개인적인 삶의 경험에 대해 설명했다. 까르마빠는 그들의 진정성, 타인과 세상에 대한 관심과 배려를 높이 사면서 이번 만남에 참가하는 데는 그것만으로 충분하다고 학생들을 격려했다. 열린 마음과 선한 의도만 있다면 누구라도 그의 가르침을 듣고 삶에 활용할 수 있다는 것이었다.

학생들은 프로젝트에 참여하게 된 것을 매우 겸허하게 받아들였지만, 한편으로는 용감하고 대담하게도 전혀 새로운 생활을 시도하기로 했다. 그들은 티베트의 문화적 요구와 불교의 윤리 지침을 존중하려고 노력했다. 카렌은 학생들에게 이번 프로젝트의 참가 조건으로 인도에 머무는 전 기간 동안 불살생不殺生·불투도不偸盜·불망어不妄語·불사음不邪淫·불음주不飮酒의 불교 오계五戒(불교에서 재가 신도들이 지켜야 할 다섯 가지 계율)를 지킬 것을 못박았다. 학생들은 세세한 일상사에서 오계를 실천함으로써 그것의 중요성을 배울 수 있었다. 윤리 사회와 사회 행동가들이 직면하고 있는 주요 문제의 해결책으로 채식을 제시하는 까르마빠의 의견을 존중하여 불살생계에는 채식이 포함되었다. 남이 주지 않은 것을 갖지 않는다는 불투도계를 지킴으로써 학생들은 싯드뿌르Sidhpur라는 작은 마을에 머무는 동안 자신들이 사용하는 자원에 대해 적극적으로 생각하게 되었고, 거짓말을 하지 않겠다는 불망어계를 지키기 위해 서로 소통하는 방식에 더욱 주의를 기울이게 되었다. 취하게 하는 것을 먹지 않는다는 불음주계 덕분에 젊은이들은 늘 명징한 마음으로 현재에 깨어있을 수 있었다.

참가자 전원은 인도에 머무는 한 달 동안 자발적으로 이 약속을 지켰다. 후에 학생들 대부분은 오계를 지킨 것이 자신을 발견해 가는 과정에서 아주 중요한 역할을 했다고 술회했다. 사원 근처에 있는 티베트 민속 박물관으로 견학 겸 소풍을 갔던 날, 까르마빠는 학생들과 함께 차를 마시는 자리에서 그들이 어찌나 바르게 행동하는지 마치 스님 같다며 농담을 건네기도 했다.

까르마빠의 가르침과 관대함, 그리고 주변 사람들의 배려에 힘입어 학생들은 더욱 열심히 공부해야겠다는 의욕을 갖게 되었다. 가르침을 듣기 위해 준비하고, 가르침을 받고, 모임이 끝나면 함께 모여 방금 들은 개념과 견해에 대해 복습하고 정리하는 등 정규 회합에만 하루에 12시간 넘게 공부하는 날들이 이어졌다. 힘든 일정에도 불구하고 학생들은 더욱 분발하여 중요한 대목들을 조목조목 탐구하기 위해 까르마빠가 제시한 논거를 하나하나 짚어나갔다. 특히, 자신과 세계를 이해하는 데 있어서 자기들의 가치관과 극단적으로 다른 패러다임을 까르마빠가 제시한 날은 더욱 열심이었다.

탐욕은 내재된 성품이 아니라든가, 습관은 관계에서 가장 중요한 기초가 된다는 가르침이 그 예이다.

그렇지만 무엇보다도 주목할 만한 점은 학생들이 보낸 시간의 양이 아니라 그들이 공부에 임한 정신자세였다. 레드랜즈 대학 부설 존스톤 통합교육 센터Johnston Center for Integrative Studies 학생들로서 그들은 그 동안 삶과 배움이 하나인 존스톤 공동체에서 익힌 공동작업 기풍을 이번 프로젝트에 적용하여 다문화 체험을 훌륭하게 완수했다. 학생들은 단지 지적 모험에 능할 뿐만 아니라 합의를 바탕으로 한 학습에도 익숙한 친구들이었다. 회합 중에 까르마빠와 대화를 나누는 기회가 생기면 누구든 개인의 관심사보다는 전체 그룹 논의에서 도출된 개념과 관점을 일관되게 제시했다. 이렇게 참가자들은 혼자서 알아내는 방식을 지양하고 함께 나누는 방식으로 배워나갔다.

함께 하는 기간 내내 까르마빠는 학생들에게 사랑과 우정을 베풀었다. 나이로 보면 친구 벌이지만 다른 면에서는 절대로 친구가 될 수 없노라고 까르마빠에 대한 심경을 토로한 학생도 있었다. 자기들보다 겨우 두세 살 위인 까르마빠가 드러낸 심오한 지혜가 학생들에게 그토록 강렬한 인상을 남긴 것이었다.

그러나 까르마빠가 단지 젊은 나이에 비해 탁월한 스승인 것만은 아니었다. 티베트 불자들은 까르마빠가 지난 900년 동안 계속 환생했다고 믿고 있다. 프로젝트가 진행될 당시 그의 나이는, 일반적인 관점에서 보면, 겨우 스물다섯 살이었다. 그러나 다른 관점으로는 그는 이미 900년의 세월을 살아온 거였다. 까르마빠 스스로도 자신의 나이를 두고 학생들과 농담을 나누기도 했다. 학생들과 함께 하는 동안 까르마빠는 이 두 가지 정체성을 하나처럼 완벽하게 보여주었다. 젊음은 학생들에게 다가가는 데 더없이 효과적인 수단이 되었고, 영속하는 지혜는 비길 데 없이 심오한 가르침의 원천이었다. 까르마빠가 아이폰이나 만화의 등장인물처럼 우리에게 친근한 대중 문화를 재치 있게 언급할 때면 전혀 다른 삶의 경험과 영적 성취의 간격이 메워지는 접속과 연결의 순간이 연출되었다.

까르마빠는 언제나 공경의 예를 갖추되 그로 인해 서로 간에 다정함과 인간적 유대가 손상되는 일이 없도록 행동했다. 통역원 누둡 체링 부카Ngodup Tsering Burkhar는 말의 의미뿐만 아니라 그것의 배경과 분위기까지 전달했다. 까르마빠와 누둡이 나눈 다정하고 장난스런 대화와 몸짓은 자칫 심각해질 수 있는 분위기를 누그러뜨려, 무거운 주제가 논의되는 중에도 학생들은 자주 웃음을 터뜨리고 미소를 지었다. 초반에 학생들을 점심 식사에 초대한 자리에서 까르마빠는 의례를 깨고 지도교수와 통역원을 다른 식탁으로 보내고 젊은이들과 함께 앉아 격의 없는 대화를 나누기도 했다. 까르마빠는 따스하고 허물없는 분위기를 이끌어가며 학생들의 일상과 가족에 대해 이야기를 나누었다. 심지어 레게 머리를 한 친구에게는 머리 땋는 방법에 대해 묻기도 했다.

　　다람살라에서의 마지막 저녁, 학생들과 까르마빠는 다시 한 번 식사를 나누는 기회를 가졌다. 젊은이들은 까르마빠에게 감사의 마음을 전하고 자신들이 지은 시와 노래, 그리고 그들이 함께 한 시간을 기념하는 선물을 증정했다. 학생들은 까르마빠를 위해 노래도 준비했다. "달님이여, 내 사랑을 간직하소서"라는 노래는 까르마빠가 가르침 중에 언급했던 내용을 바탕으로 두 학생이 만든 자작곡이었다.(제3장 '건강한 관계' 60쪽 참조) 의식 전담 승려는 고맙게도 티베트의 위대한 요기 밀라레빠Milarepa(1040~1123, 티베트 불교에서 성자로 추앙되는 히말라야의 요기)가 지은 신성한 노래를 다섯 명의 학생들에게 가르쳐주었다. 식사가 끝날 무렵 학생들은 까르마빠

앞에 앉아 그가 직접 작곡한 이 노래를 티베트 말로 불렀다. 학생
들의 노래를 듣고 있던 까르마빠가 노래를 따라 부르자 그들의 목
소리는 하나가 되었다.

*'존자His Holiness'라는 용어는 티베트 불교에서 가장 존경 받는 지도자인 달라이
라마에게 쓰이는 칭호로 더욱 익숙할 것이다. 까르마빠에게도 이 칭호가 쓰인다. 그
를 존경하는 전 세계 수백 만 명의 제자들이 깊은 존경심의 표시로 '까르마빠 존자'
라 부르고 있다.(편집자 주)

• 차례

까르마빠 서문…4
달라이 라마 서문…6
이 책이 나오기까지…8

01 함께 가는 길…20

02 의미 있는 삶…25

03 건강한 관계…46

04 성 정체성…77

05 소비 지상주의와 탐욕…98

06 사회 행동…127

07 환경보호…150

08 먹거리 정의…177

09 갈등 해소…208

10 영적인 길…236

11 마르지 않는 자비 … 263

12 가르침대로 살기 … 285

편집자 후기 … 301

편집자의 감사의 글 … 307

제17대 까르마빠 오갠 틴래 도제 약전 … 310

편집자와 통역자 소개 … 316

옮긴이 후기 … 317

01

함께 가는 길

우 리들 각자의 내면에는 선한 마음이 있습니다. 이 마음은 우리 자신과 세상을 위해 다짐하는 가장 고결한 서원誓願(원을 세우고 그것을 이루기 위해 맹세하는 일, 대승불교에서는 보살이 불도를 이루려고 맹세하는 것을 뜻함)의 원천입니다. 그 서원을 실천하고 성취할 수 있도록 용기를 주는 것도 이 마음입니다. 때로 이 마음은 쓸데없는 생각으로 흐려지거나 어리석고 어지러운 감정에 가려져 잘 드러나지 않습니다. 그러나 흐린 날 구름이 가린다 해도 하늘이 사라지지 않듯, 선한 마음은 우리의 내면에 온전하게 그대로 있어 우리는 언제든 이 마음을 활짝 열어 세상을 위해 쓸 수 있습니다. 우리가 할 일은 우리 내면에 선한 마음이 있음을 깨닫고, 이 마음에 자꾸 다가가 그 마음과 하나가 되어 늘 그것을 기반으로 생각하고 실천하는 것입니다. 이 마음을 가리고 있는 것들을 모두 놓아버릴 때, 우리는 세상을 바꿀 수 있습니다. 이 책이 그 일에 도움이 되기를 바랍니다.

나는 승려이지만, 이 책에서는 불교 교리나 수행이 아니라 인간으로서 우리가 겪는 경험에 대해 여러분과 함께 생각해 보고자 합니다. 여러분과 나의 공동 관심사는 우리의 삶과 세상에 대한 염려와 배려이며 그것이 우리 만남의 기반입니다. 이 기반 위에서 우리는 친구가 되는 것입니다. 이제껏 나는 불교 철학과 불교를 주로 공부하고 있기에 불교 용어가 때때로 나올 것입니다. 그렇지만 그것은 단지 불교가 내 자신의 삶에 도움이 되었기 때문이며 여러분에게도 유용한 안목을 새롭게 열어주는 계기가 되기를 바라는 마음에서입니다. 나는 불교의 가르침을 교과서처럼 설명하기보다는 내가 직접 체험하고 그 체험에서 배운 것을 여러분과 나누고자 합니다.

나는 이제 스물다섯 살입니다. 아주 어린 나이에 17대 까르마빠로 인정되었지요. 그때부터 지금껏, 내가 전대 까르마빠 16분이 이어오신 900년 전통의 환생 법맥을 계승하고 있다는 사실을 나는 한 순간도 잊은 적이 없습니다. 그렇다 해도 나는 스스로를 "까르마빠"가 아닌, 한 사람의 인간으로 생각합니다. 단지 특별한 책임과 기회를 갖게 되었을 뿐이지요. 내가 받은 "까르마빠"라는 이름과 자리 때문에 내게는 특별한 역할이 주어졌지만, 우리는 모두 져야 할 책임이 있습니다. 각자 이 세상으로부터 받은 것을 갚아야 한다는 것입니다.

까르마빠로서 임무를 수행하기 위해 나는 광범위한 교육을 받아왔지만, 내게 최초로 영적 가르침을 주신 분은 부모님이었습니다. 여러분도 대부분 비슷할 겁니다. 내 어머니는 비록 글을 읽지 못했지만, 참되고 따뜻한 마음씨에 정이 많은 분이셨습니다. 어머니와 아버지가 내게는 첫 번째 영적 스승이셨지요. 부모님은 우리를 이 세상에 태어나게 하고 길러주십니다. 어디서 태어나든, 우리는 다들 어릴 때는 부모님이나 딴 보호자의 보살핌을 받습니다. 우리 모두가 같은 경험을 했습니다.

우리는 또한 지구라는 보금자리에서 함께 살아갑니다. 태어나면서부터 우리는 이곳에서 함께 살아왔습니다. 다만, 이전에 서로 만날 기회가 없었을 뿐이지요. 이제 이 책을 통해 서로 만나게 되었으니 참 다행입니다. 그렇지만 우리가 이렇게 만났다고 해서 꼭 어떤 일이 일어나야 하는 것은 아닙니다. 나는 이 책을 통해 이 세상을 위해 내가 간절하게 바라는 것들이 무엇인지 말하려고 합니다. 여러분과 내가 많은 것을 똑같이 경험하고 염원한다는 사실을 서로 알게 된다면, 그것으로 충분합니다.

살아가는 동안 우리에게는 아주 많은 변화가 일어납니다. 우리 주변 어디서든 눈부시게 발전하는 기계 문명과 물질문화를 눈으로 확인할 수 있습니다. 우리는 또한 아이였던 몸이 빠르게 자라나는 모습과 어른이 되기까지 계속 변해가는 과정을 스스로 지켜보았습니다. 몸이 자라듯 정신적으로도 그에 걸맞게 성장해야겠지요. 외적 성장과 아울러, 지혜가 깊어지고 이로운 것과 해로운 것을 구별하는 능력을 키우도록 노력해야 합니다. 몸이 젊음의 전성기를 누리듯, 마음과 정신도 내면의 꽃을 피웁니다. 이 신선하고 순수한 젊음의 기운을 우리는 세상에 퍼뜨려야 합니다. 시간이 좀 더 흐르면 우리의 성숙해진 지혜를 세상에 보탤 수도 있겠지요.

살아가는 동안 우리는 서로에게서 아주 많은 것을 배우게 됩니다. 이제까지 나는 많은 사람들을 만나왔습니다. 그들의 진실하고 간절한 소망에 나는 큰 감동을 받았고 또 많은 것을 배우고 있습니다.

나는 이 세상에 대해 여러 가지 소망을 품고 있지만, 아무런 기대도 하지 않으려고 합니다. 나의 서원이 실제로 이루어지든 이루어지지 않든, 그 서원이 나를 만들고 지금 이곳에서 내가 하는 일과 행위를 이끌어주기를 바랍니다. 결과에 초점을 맞추면 목표에 지나치게 집착하게 됩니다. 꿈이 꼭 이루어져야만 행복해진다는 법은 없습니다. 희망을 키우는 그 자체만으로도 의미가 있습니다. 결과에 상관없이 노력할 만한 가치가 충분히 있습니다. 이렇게 결과에서 한 발자국 물러서면, 이 세상을 향한 우리의 간절한 소원을 이루기 위해 더 큰 용기를 내게 됩니다. 그러면 우리의 선한 마음을 찾게 될 것입니다.

이제껏 우리는 이런 사실을 알지 못한 채 이 땅에서 살아왔습니다. 이제, 우리가 함께 사는 지구를 위해 희망을 함께 나눕시다. 스스로를 위해, 그리고 서로를 위해 공동의 소원을 품읍시다. 그것으로 충분합니다. 다른 어떤 복잡하고 어려운 것도 필요치 않습니다. 우리의 소원과 경험을 함께 나누면 인간이라는 바탕 위에서 우리는 하나가 됩니다. 이것이 바로 행복의 비결입니다.

02

의미 있는 삶

우 리 는
무 엇 이 든
할 수 있 다

우리가 이 삶에서 과연 무엇을 할 수 있을지 궁금하지 않나요? 그렇다면 우리는 무엇이든 할 수 있다는 사실을 알아야 합니다. 우리가 꿈꾸는 모든 것이 가능합니다. 스스로 늘 느끼거나 알지는 못하더라도 우리에게는 어떤 순간이든 삶의 진로를 바꿀 수 있는 능력이 있습니다. 우리네 삶은 끝없이 변화하게 되어 있습니다. 사실, 변화는 우리 존재에서 가장 오래 지속되는 특징입니다. 우리는 영원히 변하니까요. 오늘의 우리는 10년 후, 5년 후, 아니 1년 후의 우리와 같지 않습니다. 우리를 둘러싼 상황은 끊임없이 변하며, 이 변화에 대해 반응하는 방식대로 우리 자신이 만들어지는 것입니다. 우리에게는 언제라도 자신을 바꿀 수 있는 무한한 자유가 있을 뿐만 아니라 우리가 하는 일이 주변 세상을 바꾸기도 합니다.

중요한 것은 우리 삶의 토대인 이 무한한 가능성을 어떻게 이해하고 그것과 어떤 관계를 맺는가입니다. 우리가 처한 상황이 어떻게 바뀌든 그 안에서 의미 있는 삶을 가꾸려면 어떻게 해야 할까요?

불교는 이 물음에 깊은 관심을 기울입니다. 삶에는 무한한 가능성이 있다는 관점을 설명하는 데 불교에서는 '연기緣起'(모든 현상은 그 자체가 아니라 서로 의존하여 존재하는 것으로 직접적 원인인 인因과 간접적 조건인 연緣에 의지하여 생겨남)와 '공성空性'이라는 개념을 사용합니다. '공'이란 말을 처음 접하면 무無 또는 텅 빔을 떠올릴 수 있겠지만, 현실적으로는 아무것도 존재하지 않는 진공 상태를 연상하면 됩니다. 모든 것은 원인과 조건이 화합해야 일어나는데, 이것 자체가 끝없이 변합니다. 일체가 '공하다'는 것은 이렇게 변하는 것 외에 독립적으로 존재하는 고정된 실체가 없다는 뜻입니다. 모든 존재는 이런 의미로 '공'하기 때문에 끝없이 적응할 수 있습니다. 우리는 고정된 존재가 아니므로 근본적으로 어떤 것에든 적응하고 또 무엇이든 될 수 있습니다.

그러므로 공을 무로 오해하면 안 됩니다. 오히려 반대로 공은 가능성으로 가득 차 있습니다. 공성을 제대로 이해하게 되면 비관하는 대신 긍정적인 마음을 품게 됩니다. 우리가 바라는 사람이 될 수 있고 또 원하는 대로 살아갈 수 있는 가능성이 무한하게 펼쳐져 있다는 사실을 알게 되니까요.

연기와 공성은 우리에게 정해진 출발점이 없음을 보여줍니다. 우리는 무에서 시작할 수 있습니다. 무엇이 있든, 어디에 있든, 바로 그 자리가 출발점입니다. 꿈을 이루는 데 꼭 필요한 것이 자기한테 없다고 생각하는 사람들이 많습니다. 대부분 능력이 부족하거나 돈이 없다고 생각하지요. 그러나 어느 때든 그때가 바로 출발점이라는 사실을 알아야 합니다. 이것이 공성에서 생겨나는 관점입니다. 우리는 영零에서 시작할 수 있습니다.

실제로 영의 개념과 기능을 공에 비유할 수 있습니다. 영은 아무것도 없는 것처럼 보이지만, 우리가 알다시피 모든 것이 영에서 시작됩니다. 영이 없다면 컴퓨터도 존재하지 않습니다. 영이 없다면 하나에서 무한대까지 수를 세지도 못합니다. 이와 마찬가지로 존재하는 모든 것은 공으로부터 드러납니다.

만물이 존재하는 것은 고정된 존재 방식이 없기 때문에 가능한 일입니다. 만물은 그것들과 함께 오는 조건에 의지하여 생겨납니다. 그러나 무엇이든 가능하다고 해서 삶이 우연히 아무렇게나 이루어지는 것은 아닙니다. 우리는 무엇이든 할 수 있지만, 그렇게 하려면 필요한 조건을 반드시 만들어주어야 합니다. 바로 이 지점에서 연기와 공의 개념이 만납니다.

사람, 장소, 사물 등 현상계의 모든 것은 존재하기 위한 필요조건으로 다른 것들, 즉 다른 사람이나 사물에 전적으로 의존합니다.

예를 들면, 우리가 지금 이렇게 살아있는 것은 생존에 합당한 조건을 향유하기 때문입니다. 여태까지 먹은 음식 덕분에 우리는 지금 살아있습니다. 햇빛이 땅을 내리비추고 구름이 비를 몰고 와 작물이 자라기 때문입니다. 농부가 기르고 수확한 작물을 상인이 시장에 내다팔면, 또 누군가가 그것으로 우리가 먹을 음식을 만들기 때문입니다. 우리의 삶이 이렇듯 서로에게 의존하므로 이런 과정이 되풀이될 때마다 우리는 더욱 더 많은 사람들, 더 많은 햇빛, 더 많은 빗방울과 연결됩니다.

결국, 사람이든 사물이든 우리와 연결되지 않은 것은 없습니다. 부처님께서는 연기 또는 상호의존이라는 말로 이와 같이 심오한 상관 관계를 나타내셨습니다. 상호의존성은 실재하는 모든 것의 본성입니다. 인간은 물론 모든 사물과 현상의 본성입니다. 우리는 모두 연결되어 있으며 또한 서로에게 영향을 주는 조건으로 작용하고 있습니다.

모든 조건 중에서 행위의 결과에 가장 큰 영향을 주는 것은 우리가 스스로 취한 선택과 행동입니다. 건설적으로 행동하면 건설적인 결과가 나옵니다. 파괴적으로 행동하면 파괴적이고 해로운 결과가 나옵니다. 우리는 어떤 행동이든 할 수 있을 뿐만 아니라 우리가 하는 모든 행동이 중요한 이유는 그것이 끼치는 영향이 우리 자신에게만 한정되지 않고 두루 퍼져나가기 때문입니다. 그러므로 만물이 서로 의존하는 세계에서 산다는 것은 특별한 의미를 함축합니다. 그것은 우리의 행위가 다른 존재에게 영향을 준다는 뜻입니다. 그러니 우리는 서로에게 책임을 질 수밖에 없습니다.

우리는 서로 의존한다

공성과 연기에 대한 이런 설명이 처음에는 매우 추상적으로 느껴질 수 있지만, 실은 결코 그렇지 않습니다. 오히려 이 두 가지 원리는 대단히 실용적입니다. 의미 있는 삶을 살고자 방법을 모색할 때 우리는 이들 원리와 곧바로 직접 마주치게 됩니다.

일터에서 우리가 어떻게 지내는지 살펴보면 연기 또는 상호의존의 법칙이 곧 드러납니다. 우리 노력만으로 다 되던가요? 모든 자재를 스스로 만들어 쓰나요? 아니면, 다른 사람들이 만든 것인가요? 이렇게 몇 가지만 생각해봐도 다른 사람들이 있기에 우리가 존재함을 알 수 있습니다. 우리가 입는 옷과 먹는 음식 전부가 다른 곳에서 왔습니다. 우리가 읽는 책, 타고 다니는 자동차, 즐겨 보는 영화, 자주 쓰는 용구를 한 번 떠올려 봅시다. 우리 중 누구도 이것들 가운데 어느 하나도 스스로 만들지 못합니다. 숨 쉬는 데 필요한 공기를 포함하여 우리는 모든 것을 외부 조건에 의지해야 합니다. 우리가 이 세상에 이렇게 계속 살아있는 것은 순전히 다른 존재들 덕분에 가능해진 일입니다.

지난 세기에 인류는 대단히 위험한 능력을 개발했습니다. 가공할 힘을 가진 기계들을 만들어냈지요. 현재 우리가 가진 기술로 전 세계에 있는 나무를 전부 벨 수 있다고 합니다. 하지만 만약 그런 일이 일어난다면 나무가 없어지기 이전과 똑같은 삶이 이어지리라고 기대할 수 없을 것입니다. 우리는 근본적으로 서로에게 의존하기 때문에 이런 행위의 결과를 금방 겪게 됩니다. 나무가 하나도 없다면 대기 중에 산소가 부족해져서 우리는 생명을 유지하지 못할 테지요.

이것이 우리가 취하는 선택이나 삶의 방식과 도대체 무슨 관계가 있단 말인가 하는 의문이 생기기도 하겠지요. 그 대답은 아주 간단합니다. 우리가 상호의존의 원리를 고려해야만 하는 까닭은 그것이 곧바로 우리의 삶에 지대한 영향을 끼치기 때문입니다. 행복하게 살려면 행복의 원천에 적극적인 관심을 가져야 하니까요.

행복의 주요 원천은 지구의 환경 그리고 이곳에서 우리와 함께 사는 사람들입니다. 우리가 생명을 유지하는 것도 그들 덕분입니다. 자신이 행복해지기 위해서라도 우리는 다른 사람들의 행복을 존중하고 보살펴야 합니다. 이 사실은 아주 간단하게 알 수 있습니다. 여러분은 자신에게 음식을 만들어주는 사람들을 어떻게 대하나요? 친절하게 대하고 필요한 것을 잘 보살펴주면 그들이 더 맛있고 몸에 좋은 음식을 만드느라 애쓰지 않던가요?

남을 존중하고 그들이 잘 되도록 관심을 기울이면 우리 자신이 잘 되는 법입니다. 사업도 마찬가지입니다. 고객에게 돈이 많아야 우리 사업이 잘 되기 마련이지요. 우리가 개인적으로 또 사회 구성원으로서 성공하기를 바란다면, 우리가 살고 있는 이 세상에서 확연히 드러나는 상호의존의 원리를 인정하는 것만으로는 충분하지 않습니다. 그것이 함축하는 의미에 대해 숙고하고 자신의 행복의 조건에 대해 사유해야 합니다. 우리 생존에 필수적인 산소와 식량, 상품들은 어디에서 오며 또 어떻게 생산될까요? 이들 자원은 과연 바닥나지 않을까요?

현실을 받아들이기

공성과 연기라는 관점에서 여러분의 경험을 돌아보면 삶을 이해하는 방식에 일대 전환이 일어날 것입니다. 이 전환이 여러분에게 현실적으로 도움이 되기를 나는 진심으로 바랍니다. 자신의 삶에 작용하는 힘을 새로운 관점에서 이해한다면, 여러분은 그 힘을 긍정적으로 받아들이는 데 첫 발을 내디딘 것입니다.

내가 이 문제를 제기하는 목적은 여러분에게 가혹한 현실을 적나라하게 보여주어 겁을 주려는 것이 결코 아닙니다. 이를테면, 우리의 삶에서 변화는 근본적인 요소라거나 영원히 지속되는 것은 없다는 말을 들으면 불편하게 느끼는 사람들이 있습니다. 그러나 모든 존재가 무상無常(모든 존재는 끊임없이 변함)하다는 것은 근본적인 사실일 뿐, 그 자체는 좋지도 나쁘지도 않습니다. 그것을 부정한다고 해도 전혀 얻을 것이 없습니다. 사실, 이 무상의 진리를 지혜롭게 이해하면 현실을 보다 긍정적으로 받아들이는 방법을 기를 수 있습니다. 그러면 예상치 못한 변화와 맞닥뜨리더라도 당황하지 않고 새로운 상황에 수월하게 대처하는 법을 배우게 됩니다. 모든 것이 변하는 현실을 좀 더 슬기롭게 받아들이게 되지요.

연기법 또한 마찬가지입니다. 상호의존이라는 관점에서 삶을 보면 현실을 보다 건설적으로 이해하는 능력을 기르는 데 도움이 됩니다. 그렇지만 우리가 서로 의존함을 인식한다고 해서 모두가 그 사실을 꼭 좋게만 느끼는 것은 아닙니다. 남에게 의존한다고 생각하면 처음에는 마음이 불편해지기도 하겠지요. 의존 관계에 꼼짝없이 묶여 무력해지거나 궁지에 몰린다는 생각이 들 수도 있습니다. 가령 직장에서 상사가 명령하면 자신이 선택하지 않은 일이라도 좋든 싫든 처리해야 할 때가 있습니다. 상호의존성에 대해 이런 식으로 생각하지 말기를 바랍니다. 전혀 도움이 되지 않으니까요. 만물이 서로 의존한다는 현실에 대해 꺼리거나 부담감을 갖지 마세요. 그런 태도를 가지면 살아가면서 만족과 행복을 느끼기 어렵습니다. 긍정적인 관계를 맺기가 힘들어지니까요.

받아들이든 받아들이지 않든, 상호의존의 원리는 우리의 현실입니다. 이런 현실 속에서 적극적으로 살려면 이 원리를 잘 이해하여 인정하고 전적으로 받아들이는 쪽이 현명합니다. 그러면 사랑과 자비가 일어납니다. 사랑의 마음이 일어나면 타인과 연결되어 있다는 사실을 받아들이고, 서로 의존하는 데서 생기는 관계를 기꺼이 수용하게 됩니다. 사랑은 방어적 태도와 나 혼자뿐이라는 막막한 느낌을 녹여버립니다. 따뜻한 우정과 사랑이 느껴지면 자신의 행복이 타인의 행복과 밀접하게 연관되어 있음을 쉽게 받아들이게 되지요. 더욱 더 많은 사람들을 사랑할수록 우리의 행복도 늘어나고 만족감도 커집니다. 우리는 서로 의지해서 살아가게 되어 있으니까요.

모든 사람들이 부모와 같다

사랑은 어떤 관계에서도 가능합니다. 누구나 행복을 원하기 때문입니다. 그 누구도 고통을 원치 않습니다. 우리가 사랑하는 이들도 그렇습니다. 우리가 싫어하는 사람들 또한 다르지 않습니다. 이점에서 우리는 전적으로 똑같습니다. 누구나 행복을 바란다는 사실이 머리로는 쉽게 이해가 될 것입니다. 마음으로도 이 사실을 느끼고 존중한다면, 사랑은 우리 안에서 자연스럽게 꽃을 피우게 됩니다.

자신과 관련된 모든 사람들 중에서 우리는 특히 부모님에게 각별한 사랑과 애정을 느낍니다. 왜 그럴까요? 부모님에게 친밀감과 사랑의 감정이 보다 쉽게 일어나는 이유는 그 분들이 우리를 보살펴주고 우리가 성장하고 행복해지도록 도와주기 때문입니다.

나는 모든 사람들이 우리의 부모님과 같다고 생각합니다. 조금만 주의해서 살펴보면, 우리가 만난 모든 사람들이 아주 다양한 방법으로 직접 또는 간접적으로 우리가 행복해지는 데 도움을 준다는 사실을 알게 됩니다. 수많은 사람들이 우리를 위해 음식을 만들고, 집을 짓고, 비바람으로부터 보호해주는 옷을 만들어주었습니다. 우리가 원하는 곳으로 데려다 주고, 아플 때면 약도 지어주었지요. 또 우리를 가르치고, 몸과 마음이 성장하도록 격려해주고, 홀로 설 수 있게 지원해주는 등, 헤아릴 수 없이 많은 것을 도와주었습니다. 우리가 태어난 순간부터 지금까지 수많은 사람들이 우리에게 부모 같은 역할을 한 것입니다. 그러나 우리는 평소 다른 사람들을 부모처럼 생각하지 않습니다. 그런 관점으로 남을 대하지 않기 때문이지요. 실제로 누군가와 처음으로 인사를 나누는 자리에서 '나는 당신에게 어머니 같은 사람'이라고 스스로를 소개하거나, '당신은 내게 아버지와 같은 분'이라면서 상대방에게 악수를 청하는 사람은 없을 것입니다.

그러나 우리가 다른 사람들에게서 받은 것들을 하나하나 잘 따져보면, 많은 사람들이 자신에게 부모님과 같다는 사실을 새록새록 확인하게 될 것입니다. 그런 생각이 들면 그들에게 좀 더 다정한 마음으로 다가가서 부모 자식 간에 나누는 사랑과 같은 마음으로 관계를 맺게 됩니다. 우리 모두가 서로 의존한다는 사실을 기꺼이 인정하고, 다른 이들도 행복을 필요로 한다는 사실을 기쁘고 행복한 마음으로 받아들이게 되니까요. 누구나 행복을 원한다는 사실을 알기에 우리에게는 다른 사람들의 삶의 질을 향상시킬 수 있는 힘이 있습니다. 그들이 원하고 필요로 하는 것을 주면 되니까요. 제일 먼저 할 일은 다만 그들에게 사랑을 느끼는 것입니다.

관점의 폭을 넓히다

의미 있는 삶을 살고자 생각한다면 반드시 이와 같이 폭넓은 관점을 가져야 합니다. 삶에 진정한 의미를 주는 것이 과연 무엇일까요? 워낙 거창한 질문이니 생각도 거창하게 해야 답이 나오겠지요? 그러려면 우리 자신의 한정된 삶 너머로 훨씬 멀리 봐야 합니다. 자신의 개인적 영역과 관심사만 고려한다면 그것은 대단히 근시안적 시각입니다.

한 예로써, 나는 이루지 못한 소망이 대단히 많기에 불만을 느낄 이유라면 수도 없이 댈 수 있습니다. 내 또래의 젊은이들과 달리, 내 삶에서 가장 중요한 결정들이 내가 아닌 다른 사람들에 의해 이루어졌습니다. 일곱 살 때 까르마빠로 인정되면서부터 시작된 일이었지요. 까르마빠로서 내게 부과된 책임감만 해도 벅찬데, 이 임무를 수행하면서 나는 수없이 많은 난제와 장애물 또한 헤쳐 나가야 했습니다. 내가 원하는 것이나 내가 해야 할 일을 다 할 수 없으니, 물론 안타까운 때도 있습니다. 그렇다고 해서 내 삶이 의미가 없다거나 절망적이지는 않습니다. 이들 도전과 장벽에 어떻게 대처하는가는 결국 내게 달려있으니까요.

편협한 관점으로 생각하다 보면 자신의 소원이 꼭 이루어져야만 삶에 의미가 있다고 믿게 됩니다. 이것은 오로지 자기만을 생각하고 있다는 표시로서 대단히 편협한 자의식입니다. 자신의 소망이 이루어지지 않아 삶이 무의미하게 느껴지는 때라도 우리에게는 여전히 무한한 가능성이 있습니다. 자신의 삶이 여기까지라고 느끼는 순간에도 실제로 우리의 삶은 훨씬 더 멀리 뻗어가고 있는 것을 보더라도 우리의 가능성은 실로 무한합니다.

우리의 삶은 광대합니다. 삶은 개인이 경험하는 한계를 넘어섭니다. 실체도 없고 경계도 없습니다. 삶이 단지 자기 자신에게만 한정된다는 생각에 나는 동의하지 않습니다. 그것은 마치 우리의 삶이 단지 자기 몸이 닿는 데까지만 펼쳐진다고 생각하는 것과 같습니다. 삶은 마치 그물처럼 사방으로 퍼져나간다고 나는 생각합니다. 그물을 던지면 바깥을 향해 퍼져나갑니다. 그와 같이 우리의 삶도 확장되어 다른 삶과 만나는 것입니다. 우리의 삶은 저 멀리 퍼져나가 모든 이의 삶에 골고루 스며듭니다.

자신의 삶이 오직 자기하고만 직접 관련되어 있다고 좁은 관점으로 생각한다면, 그 삶은 무의미해질 수밖에 없습니다. 그런 시각으로 본다면 내 삶은 정말 아무런 의미가 없습니다. 까르마빠라는 엄청난 이름과 티베트 탈출, 그때부터 사람들이 내게 들인 모든 공이 단지 나 하나만을 위한 것이었다면 그토록 야단법석을 떨 만한 가치가 없었을 겁니다. 그러나 내 삶을 보다 폭넓게 볼 때, 비록 단 한 사람이라도 남에게 행복과 기쁨을 줄 수 있다면 내 삶은 진정 의미가 있다고 믿습니다.

여러분이 남을 기쁘고 행복하게 하면, 그 기쁨과 행복이 여러분에게 다시 돌아옵니다. 여러분이 따로 떨어져 혼자 있는 한, 의미 있는 삶을 살기 어렵습니다. 의미 있는 삶은 오직 타인과의 관계를 통해서 여러분이 만들어나가야 합니다. 이렇듯 타인과의 상호관계는 여러분의 삶에 아주 큰 의미를 부여합니다.

여기서 비결은 여러분 자신을 위해 원하는 것과 타인을 위해 원하는 것의 균형을 잘 맞추는 것입니다. 균형을 잘 맞추려면 자기 자신을 위해 무엇을 원하는지 처음부터 면밀하게 숙고해야 합니다. 자신에게 원하는 바가 지나치게 이기적이면 현실적으로 균형을 맞출 수 없으니까요. 여러분은 자신의 삶에서 한 부분에 불과하기 때문입니다. 현실이 이러하니 남을 고려하는 수밖에 없습니다. 자신의 행복뿐만 아니라 타인의 행복도 함께 배려해야 균형 잡힌 삶을 살 수 있습니다. 여러분이 꾀하려는 이익도 마찬가지입니다. 선하고 유익한 일에는 반드시 다른 이들을 이롭게 하겠다는 마음이 들어 있습니다. 자신만 챙기는 이기적인 태도를 가지면 균형을 잡고 유지하기가 대단히 어렵습니다. 물론 스스로를 돌봐야 하지만 다른 사람들을 완전히 무시해서는 안 됩니다. 남의 희생으로 얻은 성취는 의미가 없습니다.

세 가지 목적

어떤 일을 할 때 무슨 이유로 하는지 생각해보면, 전적으로 이기적인 목적을 추구하는 일이 있는가 하면 자신의 이익과 타인의 이익을 함께 추구하는 일도 있고 오로지 타인에게 이익이 되도록 하는 일도 있습니다. 어떤 일을 추구하는 목적이 이기적인지, 이타적인지, 아니면 자신과 타인을 함께 위한 것인지에 따라 우리의 경험이 크게 달라집니다.

오직 자신만의 이익을 챙길 경우, 결국에는 다른 사람들을 무시하고 심지어는 경멸하게 되는 때도 있습니다. 이런 태도는 기본적으로 "내 욕구만 충족되면 남이야 행복하거나 말거나 상관없다"는 뜻입니다. 이 같은 태도는 적절하지 못할 뿐만 아니라 현실과도 전혀 맞지 않습니다. 이런 방법은 통하지 않습니다. 모든 존재는 서로 의존하기 때문에 아무리 이기적인 목적을 추구하더라도 다른 사람들과 연관이 되고 그들에게 영향을 줄 수밖에 없습니다. 상식적으로 생각해도 철저한 이기주의는 결국 자신을 해칠 뿐입니다.

두 번째 종류의 목적은 자신의 이익과 타인의 이익을 합친 것으로, 우리가 서로 의존함을 인정합니다. "내가 추구하는 것을 이루고 싶다. 물론, 다른 이들 또한 자기들의 목표를 성취하면 좋겠다. 나와 마찬가지로 남들도 목적을 달성하기 바란다"는 태도입니다. 우리가 스스로를 소중히 여긴다면 남들도 똑같다는 사실을 인정하고 존중해야겠지요.

세 번째는 오로지 남의 이익만을 위해 애쓰는 경우입니다. 이 같은 이타주의는 생각만 해도 어렵게 느껴지는 만큼 실행에 옮기기는 결코 쉽지 않습니다. 우리가 오로지 다른 사람들의 소망과 목표만을 소중하게 생각할 경우, 그들에게 이익이 된다면 우리 자신이 추구하는 바를 기꺼이 희생하게 될 것입니다. 그렇다고 해서 말 그대로 자신의 삶을 포기하라거나 절대로 자신의 욕구를 충족시키면 안 된다는 의미는 아닙니다. 그보다는 자신의 욕구를 기꺼이 포기하겠다는 관점입니다. 온전히 남을 위해 봉사하는 삶을 살고자 하는, 아주 선하고 숭고한 태도입니다. 우리로서 당장 실천하기는 어렵겠지만 적어도 이런 태도를 갖게 되기를 바랄 수 있지 않을까요?

나와 남을 소중히 여기기

이기적인 목표와 이타적인 목표를 추구하는 형을 대조적으로 보여주는 이야기 두 가지를 하겠습니다. 먼저, 독수리 이야기입니다. 녀석을 흰머리 독수리라고 부르기로 하지요. 흰머리 독수리는 원래 머리가 두 개 달렸습니다. 생물 시간에 배우기로는 몸이 하나면 뇌도 하나여야 하는데, 어쨌거나 이 녀석은 몸은 하나인데 머리도 두 개에다 뇌도 두 개였습니다. 말도 안 되지요? 아무튼, 이 둘은 세상을 보는 눈이 서로 다른 데다가 서로 좋아하지도 않았습니다. 둘다 내심으로는 하나뿐인 몸뚱이를 통째로 차지하고 싶어 했습니다. 둘은 각기 상대를 없앨 계략을 꾸미기 시작했죠.

그러던 어느 날, 이 괴상한 독수리가 독약 가까이에 내려앉았습니다. 둘 다 이 기회에 상대를 제거할 속셈이었지요. 녀석들은 서로 상대방에게 독약을 먹이려고 갖은 애를 썼습니다. 얼마나 맛있는지 침이 마르도록 둘러대면서 어서 먹으라고 서로 권했지요. 마침내 한 녀석이, 아마 말주변이 없는 녀석이었겠지요, 독약을 꿀꺽 삼켜 버렸습니다. 당연히 독이 몸뚱이 전체에 퍼졌습니다. 그러니 한 몸뚱이에 달린 두 녀석은 어떻게 되었겠습니까? 서로를 끔찍이도 미워하던 녀석들이 각기 이기적인 목적에 정신이 팔려 몸뚱이가 하나라는 사실을 그만 깜빡 잊은 거였습니다.

자신의 이익만 챙기다 보면 이런 일이 일어납니다. 결국 스스로를 해칠 뿐입니다. 우리의 삶이 보다 큰 전체를 구성하는 데 필요한 한 부분이라는 안목을 가질 때, 삶은 비로소 의미를 가지게 됩니다. 우리가 실제로 서로 밀접하게 연결되어 있음을 감안하면, 우리 모두가 하나의 삶을 공유하고 있다고 해도 전혀 과언이 아닙니다. 머리는 아주 많은데, 몸은 하나인 것이지요.

두 번째 이야기를 하자면, 어떤 집에 불이 났는데 마침 식구들이 모두 집 안에 있었답니다. 그 중 유난히 겁을 먹은 친구가 밖으로 나가려고 제일 가까운 문으로 달려갔습니다. 우선 자신을 지켜야 겠다는 생각뿐이었지요. 가까스로 문까지 가서 문지방 너머로 한쪽 발을 내딛는 순간 불현듯 다른 식구들이 떠올랐습니다. 자기가 살려고 미친 듯이 뛰어 나왔듯이, 안에 있는 사람들의 생명과 안전도 똑같이 소중하다는 생각이 들었던 거지요. 한 발은 문지방 안에 한 발은 문지방 너머에 둔 채 그는 양쪽 발에 똑같은 힘을 주고 멈춰 섰습니다. 몇 초나 지났을까, 그 친구는 번개같이 몸을 돌려 집 안으로 뛰어들어갔습니다. 다른 식구들을 구하려는 거였지요.

우리는 이 친구처럼 행동해야 합니다. 먼저 내디딘 발이 우리 자신이 가고자 하는 지점을 가리킨다면, 다른 발은 남들도 똑같은 것을 원한다는 사실을 의미합니다. 우리는 두 발로 땅을 굳건하게 디디고 서있을 수 있도록 노력해야 합니다. 우리의 이기심은 자신을 위해 원하는 대로 하라고 부추기지만, 다른 사람들을 의식하는 마음은 그들 또한 우리와 똑같은 것을 원한다는 사실을 일깨워줍니다. 그렇다고 자신을 완전히 희생하거나 자기 비하의 수준까지 스스로를 낮춰서는 안 되겠지요. 자신이 행복해지기 위해 남을 짓밟아서도 안 됩니다. 이것이 올바른 균형입니다.

직업의 의미

올바른 균형을 갖춰야 의미 있는 삶을 이룰 수 있다는 인식이 확실해지면, 적절한 생계 수단을 선택하고 앞으로의 삶과 일을 조화롭게 꾸려나가는 데 크게 도움이 됩니다.

직업이나 직장이 삶에서 가장 중요한 요소는 아닙니다. 내 직업은 까르마빠로 사는 것인데, 대단히 고된 직업입니다. 까르마빠로 일하기도 힘들지만, 내 일을 설명하는 것조차 쉽지 않습니다. 이를테면, 여권 직업란에 뭐라고 쓰면 좋을까요? 기도문 암송? 그건 범위가 너무 좁은 것 같고. 나무 심기? 그건 아무래도 이상하게 들리겠지요? 요리? 음식은 전혀 만들 줄 모르니 그건 빼야겠네요. 생각해 보니, 나는 하는 일이 아주 많은 것 같기도 하고 하나도 없는 것 같기도 합니다. 그러나 중요한 것은 무엇을 하느냐가 아니라 어떻게 하느냐 입니다.

어떤 일을 하든, 본래의 '나'로 돌아가는 시간을 가져야 합니다. 하루에 한 번만이라도 일상생활 속에서 오로지 '나'가 되는 순간을 가져야 합니다. 잠시 명상을 하거나 아침이나 저녁나절에 조용히 사색하거나, 아무튼 자신에게 가장 적절한 방법을 찾으면 됩니다. 중요한 것은 여러분 자신을 놓치지 않고 자신과 다시 연결되는 것입니다. 그렇지 않으면 하루 종일 여기저기 바쁘게 뛰어 다니느라 자기를 잃어버리기 쉽습니다. 그렇게 되지 않으려면 스스로에게 돌아가 자신에게 가장 중요한 것이 무엇인지 생각하는 시간을 가지려고 노력해야 합니다.

일에 끌려 다니다 보면 인간성을 잃기 쉽습니다. 주변에 공장에 다니는 이들이 있는데, 다들 마치 기계처럼 살아가는 것 같습니다. 일상생활에서조차 스스로 로봇이 되고 말았습니다. 다른 직업도 마찬가지여서 모두들 직업의 리듬에 생활의 리듬을 맞춥니다. 참으로 안타까운 일입니다. 사람을 기계처럼 취급하는 경제체계의 일부로 우리가 스스로 전락할 수 있는 위험이 도사리고 있음을 보여주는 극단적인 예라고 하겠지요.

이런 이야기를 듣다 보면, 이런 체제에서 벗어나 무엇인가 대안을 찾아야겠다는 생각이 들 때도 있을 것입니다. 특정한 체제를 바꾸거나 더 나은 세상을 만드는 데 일조하려고 생각할 때 염두에 두어야 할 사항이 몇 가지 있습니다. 예외가 있겠지만, 체제 밖으로 나갈 경우 비록 밖에서 반대하겠다는 생각을 가진다 하더라도 대개 도피와 별반 다르지 않게 되는 경우가 많습니다. 잘못을 바로잡거나 개선하려고 노력하는 대신 싫어지면 그만 쉽게 버리고 맙니다. 예를 들면, 이곳에서 저곳으로 도피를 일삼는 사람들이 많지 않습니까? 이것은 체제를 개혁하는 데 좋은 방법이 아닙니다. 변화가 목적이라면, 어렵더라도 체제 안에서 일하는 것이 훨씬 더 효과적입니다.

진정한 가치는 마음에 있다

체제 안에서 일하든 밖에서 일하든, 여러분의 정체성을 직업이나 일과 연관시키면 안 된다는 점을 강조하고 싶습니다. 어떤 직업도 인간으로서의 여러분을 규정할 수 없습니다. 직업은 여러분의 일부분에 불과합니다. 여러분은 여러분의 직업이나 일보다 훨씬 더 중요합니다. 하루에 몇 시간을 일하든, 직업은 우리의 삶에서 유일한 것도 아니고 가장 중요한 것은 더더욱 아닙니다. 우리의 삶을 거대한 그물에 비유한다면, 직업은 기껏해야 그물코 하나에 불과할 뿐입니다.

지금같이 경제가 어려운 때에는 특히 이 사실을 염두에 두어야 합니다. 요즘은 직장을 잃으면 새로운 일을 빨리 구하기 어렵습니다. 실직자 중에는 실업에 대한 부담감으로 몹시 괴로워하는 이들이 많이 있습니다. 심지어는 수입이 끊긴 현실보다 이 부담감 때문에 더욱 혹독한 괴로움을 겪는 이들도 있습니다. 마음의 허전함을 일을 통해 잊으려 한다면, 일이 없는 경우 견디기 힘들 정도로 허전할 것입니다. 이런 괴로움에 대처하는 방법은 진정한 행복이 어디에서 비롯되는가를 사유하는 것입니다. 우리는 스스로가 똑똑하다고 생각하지만, 때로 외적 환경이나 조건에서 행복을 찾는 어리석은 습관에 빠지게 됩니다. 이럴 때면 언제든 지혜로운 마음을 다시 일깨워 외적 조건으로부터 자신의 내부로 눈을 돌려 절대로 고갈되지 않는 선함의 원천으로 돌아가야 합니다. 어떤 상황에서도 이 마음은 절대 사라지지 않습니다.

물질적으로 무언가 새로운 것이 생기면 우리는 뛸 듯이 좋아합니다. 우리 안에 선함이 있으니, 마땅히 더 기뻐해야 하지 않을까요? 물질적인 것과는 비교할 수 없이 훨씬 더 큰 가치가 있으니까요. 우리에게 행복을 가져다 주는 것은 자기 자신의 품성입니다. 우리는 단지 관심을 그쪽으로 돌리면 됩니다.

다만 한 순간이라도 남을 소중하게 여기는 마음을 일으키면 돈을 버는 것보다 훨씬 더 깊은 만족감을 느끼게 됩니다. 긍정적인 품성은 기쁨의 넉넉한 원천입니다. 단 한 번만이라도 나보다 남을 먼저 생각하면 진정으로 행복해지는 원인이 됩니다. 자비롭고 너그러운 마음 안에 행복의 자원이 차고도 넘치게 있으니까요.

03

―

건강한 관계

타 인 에 게

다 가 가 기

주변에서 무슨 일이 일어나든 우리는 언제나 자신과 타인을 위해 매우 의미 있는 삶을 가꿀 수 있습니다. 관점만 바꾸면 됩니다. 만물이 서로 의존한다는 상호의존의 법칙을 떠올리면, '나' 라는 의미가 우리 자신의 몸과 경험이라는 한정된 범위를 넘어 우리의 삶과 연관된 모든 것으로 확장됩니다. 그러면 우리의 목표 그 너머를 보게 되어 다른 사람들의 목표를 자기 것처럼 배려하게 됩니다.

자신에 대한 관심과 타인에 대한 관심을 잘 조화시키면 삶에 균형이 잡힙니다. 삶이 불안정하거나 무의미하게 느껴질 때면 우리가 맺은 여러 관계 또한 원만하게 돌아가지 않는 경우가 많습니다. 다른 사람들은 물론 자기 자신과 건강한 관계를 맺고 원만하게 지내려면, 타인과 자신을 대할 때 어떤 태도를 가져야 하는지 깊이 생각해야 합니다. 그래야 진정으로 의미 있고 따뜻한 관계를 가꾸는 법을 배울 수 있습니다.

불교 철학과 심리학은 인간관계에 대해 매우 폭넓은 해석을 제공하지만, 여기서는 이론보다는 나 자신의 경험을 통해 이 주제에 접근하고자 합니다. 관계에 대해 실제로 어떻게 느끼는지 또 어떤 방식으로 관계를 맺는지 살펴보려면 감정에 집중하는 것이 좋습니다.

사람들이 서로 정서적으로 유대감을 느끼는 데는 습관의 영향이 큰 것 같습니다. 즉, 특정한 방식으로 서로에게 익숙해지는 것이지요. 습관이 관계에서 어떤 역할을 하는지 좀 더 주의를 기울일 필요가 있습니다. 새로운 습관을 익히게 되면, 타인과 관계 맺는 방식을 근본적으로 바꿀 수도 있기 때문입니다. 예를 들어 여기 두 사람이 있다고 할 때, 둘은 교제를 계속해가면서 서로에게 익숙해집니다. 늘 비슷한 양상으로 관계가 지속되면서 두 사람은 서로에 대해 또 그들의 관계 방식에 대해 서서히 편안함을 느끼게 됩니다. 대부분의 경우, 정서적 유대를 형성하는 것이 관건입니다. 앞으로의 관계가 어떤 양상으로 이어지게 될지에도 영향을 주니까요.

이를 불교적 시각으로 설명하자면 전생에서부터 오래도록 이어져온 행위를 상정해야 합니다. 이 행위들이 습관을 형성하여 지금

이 생에 이른 것입니다. 멀리 거슬러 올라가지 않고 이번 생만 보더라도, 어렸을 적 행동 양상이 한참 후에 다시 나타나기도 합니다. 이전에 드러난 양상에 준하여 자신에게 왠지 익숙하게 느껴지는 관계에 강하게 끌리기 때문에 일어나는 현상입니다. 단순한 습관화 또한 편안한 감정을 느끼고 의식하는 데 큰 영향을 줍니다.

그렇지만 습관은 바뀔 수 있습니다. 새로운 환경도 일단 익숙해지기만 하면 편안하게 느껴집니다. 습관은 오랜 시간에 걸쳐 순전히 반복을 통해서 형성됩니다. 그러므로 어떤 행동을 새로운 방식으로 반복한다면 새로운 습관을 들이면서 예전 습관을 깰 수 있습니다. 그러려면 자신의 평상시 사고방식과 관계 방식부터 살펴봐야 합니다. 타인과의 관계에서 보다 건강한 습관을 길러야 할 필요가 있다고 판단되면, 타인을 대할 때마다 세심하게 주의를 기울여 보다 건강한 방법으로 다가가면 이 새로운 접근법이 마침내 긍정적인 습관으로 자리잡게 됩니다.

조작된 '나'

자기 자신을 보는 방식에 있어서도 습관은 잘 감지되지 않지만 매우 중요한 역할을 합니다. 자신을 어떻게 이해하는지는 타인과 관계를 맺는 방식에 지대한 영향을 미칩니다. 자기를 나타내는 두

가지 개념, 즉 두 가지 유형의 '나'에 대해 살펴봅시다. 하나는 선천적 또는 본능적인 '나'이고, 다른 하나는 자신을 바라보는 습관적인 방식을 통해 학습되거나 전가된 '나'입니다.

우리가 느끼는 두 가지 유형의 '나'가 무엇인지 설명하겠습니다. 후자부터 설명하자면, 이 '나'는 덜 미세해서 우리의 삶에서 어떻게 작동하는지 비교적 쉽게 알 수 있습니다. 학습되거나 전가된 '나'는 반복을 통해 형성되거나 조작되므로 조작된 '나'로 부르겠습니다. 우리는 부모님에게서 너는 이러저러하다는 말을 들으며 자라납니다. 학교에 가면 또 선생님으로부터 비슷한 말을 듣습니다. 사회는 성별에 따라 적절하게 행동할 것을 주문하며, 대부분의 문화에서도 개인의 정체성에 대해 많은 것을 요구합니다.

미국 문화에는 아이에게 자기가 얼마나 소중하고 특별한지 자꾸 주입시켜 자신감을 북돋아주는 경향이 있는 것 같습니다. 아이가 이런 식으로 자기를 이해하는 것도 조작된 '나'의 일부가 됩니다. 우리는 집과 학교, 보다 규모가 큰 사회생활을 통해 사람들이 우리에 대해 말한 것을 '나'로 받아들이는데, 이것이 습관이 되면서 사람들이 평가한 '나'가 점점 더 굳어져서 그것을 진짜 '나'로 느끼게 됩니다. 이것이 조작된 '나'입니다. 정신적 습관에 젖어 조작된 '나'를 진짜 '나'로 생각하므로 어디를 가든 또 어떤 관계에서나 그것을 자기라고 의식하는 것이지요.

이와 대조적으로, 또 다른 자기, 즉 선천적 자기는 감지하기 몹시 어렵습니다. 선천적 자기는 늘 우리와 함께 있지만 평소에는 그 존재를 거의 인식하지 못합니다. 이 미세한 자기는 생명의 위협을 느끼는 순간처럼 극단적인 상황에서만 실제로 드러나거나 인식됩니다. 예를 들어, 예기치 못하게 벼랑 끝에 몰려 금방이라도 떨어질 것 같을 때 본능적으로 '나'를 지키려는 마음이 절박하게 일어나는데, 이것이 바로 선천적인 '나'가 드러난 경우입니다.

둘 중에서 인간관계에 중요한 것은 조작된 '나'입니다. 예를 들면, '잭'으로 태어나는 사람은 어디에도 없습니다. 누군가에게 '잭'이라는 이름이 주어지면서 '잭'이라는 사람이 만들어지는 것이지요. 그는 "나는 잭이야. 잭, 그게 나야"라고 생각하며 자랍니다. 그렇게 세월이 흐르다 보면, 누군가 '잭'에 대해 나쁜 말을 하면 흥분해서 화를 냅니다. 백 명도 넘는 사람들과 한 방에 앉아 있을 때 '잭!'하는 소리가 들리면, 그는 누군가 틀림없이 자기를 불렀다는 생각에 벌떡 일어납니다. 아무리 많은 사람들이 있다 하더라도 '잭'이라는 소리는 바로 자기를 가리킨다고 믿는 것이지요. '잭'이라는 이름표의 주인이 되었다는 표시입니다. '잭'에 관한 말은 무엇이든 자신의 일로 심각하게 받아들입니다. 그것이 바로 자기라고 생각하기 때문입니다. 우리 모두 마찬가지입니다.

우리는 조작된 '나'가 당연히 우리 자신이며, 자신의 진정한 정체성을 완벽하고 정확하게 반영한다고 믿습니다. 그러나 그 과정을 숙고해 보면, 조작된 '나'는 오랜 시간에 걸쳐 점차적으로 형성된 것에 불과합니다. 그 '나'에 하도 익숙해져서 자기는 그렇게 타고 났다고 생각하는 것입니다. 그러나 결코 그렇지 않습니다. 그것은 단지 조작된 정체성일 뿐입니다.

그럼에도 불구하고 이 조작된 '나'에서 비롯된 자아 개념과 그것과 함께 오는 '내 것'에 대한 개념이 만들어낸 일종의 창을 통해 우리는 세상을 바라봅니다. 우리는 안에 앉은 채 '나'와 '내 것'이라는 틀을 통해 밖을 내다보면서 그 창을 통해 보이는 모든 것을 자신과 관련이 있다고 받아드립니다. 창밖에 보이는 사람이 화를 내는 표정을 지으면 자기한테 화를 낸다고 생각합니다. 실제로는 그렇게 생각할 만한 이유가 전혀 없는데도 말입니다. 결국, 다른 사람들 역시 그들 자신의 창을 통해 밖을 내다보면서 자신의 자아 개념을 바탕으로 모든 것을 인식하는 것입니다.

'나'와 '내 것'을 움켜쥔 채 자기만의 창을 통해 밖을 내다보면, 마치 영화가 스크린에 비치는 것처럼 모든 것이 자신만의 인식의 틀에 투사되는 것을 경험합니다. 영화를 볼 때 행복한 장면을 보면 가슴이 뛰고 슬픈 장면에서는 마음이 가라앉는 것과 같습니다.

'나'와 '내 것'에 집착하면 자신을 보는 시각이 좁아지고 다른 사람과의 관계 형성에도 심각한 문제를 야기합니다. 자신과 타인을 연결하는 유익하고 선한 관계들을 놓치게 됩니다. 마치 스크린에 비친 영상처럼 이 세상이 자기와 상관 없는 별개의 것이라고 생각합니다. 나는 지금 철학적인 관점을 말하는 것이 아닙니다. 이런 식으로 세상을 경험하면 어떤 느낌인지를 설명하려는 것입니다. 우리만의 창을 통해 세상을 내다보면서 우리는 집착하고 혐오합니다. 스크린에 무언가 나타날 때마다 받아들이거나 거부합니다. 이렇게 감정에 따라 밀어내고 당기는 것이 타인과의 관계 형성에 중요한 요소가 됩니다.

집착이라는 덫

우리가 주변에서 감지한 것에 대해 어떤 것은 끌어당기고 어떤 것은 밀어내려고 하는 마음은 관계에 아주 큰 영향을 미칩니다. 긴장을 풀고 상대방을 인정하는 대신, 우리는 그들에게서 원하는 것은 끌어내고 원치 않는 것은 한사코 피하려고 몸부림칩니다. 그러므로 건강한 관계를 만들려면 집착하는 마음은 물론 혐오하는 마음도 잘 다스려야 합니다.

먼저, 우리가 집착에 대해 어떻게 생각하는지 한 번 살펴보기로 하지요. 집착하지 않는 관계가 상식적으로 과연 가능한지 의문을 품는 사람들이 많은 것 같습니다. 서로 집착하지 않으면 친밀한 관계가 형성되지 않는다고 말하는 사람들이 많으니까요. 흔히들 관계를 맺기 위한 미끼로 상대방에게 집착심을 일으키게 하려고 애를 씁니다. 집착심을 교묘하게 이용하여 마치 낚싯바늘로 물고기를 채

듯 상대방을 자기한테 끌어당겨, 말 그대로 낚아채기도 합니다.

　만약 상대방에게 집착하지 않으면서도 따뜻하고 건강한 관계가 존재한다는 사실을 믿기 어렵다면, 여러분은 지금 집착하지 않는 것과 무관심을 혼동하고 있는 것입니다. 무관심은 집착하지 않는 것과 전혀 다릅니다. 무관심은 아무런 감정도 없이 무심한 것입니다. 이와 대조적으로 상대방에게 집착하지 않으면 마음이 여유로워져서 건강한 감정이 꽃을 피웁니다. 사람이든 사물이든 대상에 집착하면 여러분은 그 대상에 완전히 사로잡히게 됩니다. 예를 들어, 여러분의 삶을 완벽하게 만들어줄 것이 틀림없다고 느껴지는 사람을 만난다면 단 한 순간도 그에 대한 생각을 멈출 수 없을 겁니다. 마음이 온통 그 사람에게만 가있어 다른 것들은 아예 생각조차 나지 않겠지요. 마치 생각이 바닥난 것처럼 말입니다. 꿀통에 빠진 벌이 헤어나오지 못하는 것처럼, 집착이란 마법에 걸려 옴짝달싹 못하는 것입니다.

　집착에 한 번 빠지면 헤어나오지 못하듯, 외부 상황이 힘들어지면 우리는 그만 압도되고 맙니다. 살아가면서 어려운 상황에 부딪치면, 사방에 널려있는 문제들이 우리가 의도하지 않은 방향으로 사태를 몰고 간다고 느낍니다. 집착이든 어려운 상황이든 그것에서 빠져나오려면 사태를 어떻게 수습해야 할지 그 방법을 생각해야 합니다. 그러려면 자신이 처한 상황을 새로운 시각으로 바라볼 수 있어야 합니다.

어떤 상황이 몹시 난감하게 느껴질 때는, 설령 사방에 문제가 널려있는 것이 사실이라 하더라도, 스스로 마음을 추슬러 문제를 멀찌감치 떼어놓고 새로운 각도에서 한 번 다시 보세요. 마치 홍수에 휩쓸려 떠내려가듯 문제에서 도저히 헤어나지 못할 것 같은 생각이 들더라도, 산꼭대기에 앉아 저 아래 계곡을 내려다보는 심정으로 문제를 전체적으로 다시 살펴보는 것입니다. 그러면 다른 각도에서 문제를 보게 되어 새로운 대처 방법이 나타나기도 합니다.

내 말은 감정적으로 손을 떼거나 문제를 회피하라는 의미가 아닙니다. 당연히 여러분은 문제에 관심을 가지고 해결하려고 노력해야 하겠지요. 다만, 심리적으로 문제의 한복판에서 빠져나올 수 있다면 다른 각도에서 상황을 볼 수 있다는 뜻입니다. 일종의 또 다른 나를 만들어 다른 각도에서 문제를 보게 함으로써 전혀 새로운 생각을 이끌어내려는 것이지요. 집착하지 않음은 누군가와 헤어지거나 관계를 소홀히 하는 것이 아닙니다. 그보다는 관점을 전환하여 보다 넓은 시야를 확보하는 것입니다.

집착으로 야기되는 온갖 괴로움과 혼란을 감안하면, 집착 자체가 문제라는 사실을 사람들이 왜 그렇게 깨닫지 못하는지 참 이상하기도 합니다. 나는 이 점에 대해 꽤 많이 생각했습니다. 내가 얻은 결론은, 대부분의 사람들이 문제의 원인을 밖에서만 찾으려고 들기 때문에 자기 안에 있는 집착이 문제라는 사실을 깨닫기 어렵다는 것입니다. 우리는 문제의 책임을 외부로 돌리는 습관이 있어서 자신이 만족스럽지 않으면 외부 요인을 탓하는 경향이 있습니다. "문제가 어디 있지? 저기 바깥에 있네!" 하는 식이지요. 우리가 집착하는 대상이 자신을 행복하게 만들어주지 못하면, 우리 안에 있는 뿌리 깊은 집착이 문제가 아니라 집착의 대상에 문제가 있다고 생각합니다.

어쨌든 집착은 우리 스스로가 만든, 아주 심각한 문제입니다. 집착은 또한 우리가 스스로를 위해 일으키는 것이기도 합니다. 자기만족을 위해, 또 자신의 목적을 이루는 데 집착을 이용하니까요. 집착의 바탕은 이기심입니다. 우리가 집착하는 이들에게 다가갈 때 그들의 행복을 최우선으로 하여 접근하는 경우는 거의 없습니다. 좀더 솔직히 말하자면, 그들이 우리를 어떻게 행복하게 해줄지 또 그들에게서 우리가 무엇을 얻게 될지에 더 큰 관심을 가집니다.

집착하는 관계에서 무언가 만족스럽게 돌아가지 않을 때 우리는 으레 상대방에게 책임을 돌립니다. "내가 왜 달라져야 하지? 변해야 할 사람은 당신이야. 당신이 문제를 일으켰잖아"라는 식으로 생각합니다. 만약 우리가 진정으로 상대방의 행복에 관심이 있다면 그렇지 않겠지요. 상대방의 행복을 중요하게 생각한다면 상대에게 도움이 되도록 태도를 바꾸기 위해 진지하게 노력할 것입니다. 그러나 집착에 끌려다닐 때는 그렇게 하지 못합니다. 집착은 정말로 철저하게 이기적입니다.

누군가를 진정으로 사랑한다면 상대방을 자신의 생명처럼 극히 소중하게 여길 것입니다. 어쩌면 자신보다 상대를 더욱 아끼게 되겠지요. 그렇지만 누군가에게 집착할 때는 상대방이 자신의 욕구를 채워주거나 자신을 행복하게 해주기 위해 존재한다고 여깁니다. 자기 아내가 다른 남자와 말을 하면 화를 내는 남자들이 있습니다. 여자들도 마찬가지이지요. 이상하지 않나요? 사랑하는 이가 다른 사람들과 말한다고 해서 무슨 큰일이라도 일어나나요? 상대방의 행동을 통제하려 드는 태도는 이기적이며, 또한 자신이 바라고 이루려는 것에만 관심을 가진다는 표시입니다. 사랑보다는 집착으로 이루어진 관계임을 드러내는 것이지요.

수행으로서의 사랑

조작된 '나'가 자기와 다른 사람들 사이에 세워놓은 '나'와 '내 것'이라는 창밖으로 나오면, 이제 우리는 이전과 전혀 다른 관점에서 관계를 보게 됩니다. 상대방이 무엇을 해줄 수 있는가를 더 이상 관계의 기준으로 삼지 않는 것이지요. 자기가 좋아하는 사람만 끌어당기고 나머지 사람들은 밀어내려고 하는 집요한 욕망에서 벗어납니다. 대신, 모든 이들과 다양한 방법으로 긍정적인 관계를 맺는 방법을 배우게 됩니다. 이렇게 대범하고 열린 시각을 가지면 사랑이 깊어집니다.

여러분이 평소 사랑을 어떻게 이해하고 있는지 한 번 생각해보세요. 거의 대부분이 사랑에 대해 무모한 기대를 걸고 있을 겁니다. 흔히들 오래 지속되거나 변치 않는 사랑에 대해 말하곤 합니다. 영어에 "죽음이 우리를 갈라놓을 때까지"라는 표현이 있듯, 티베트에도 비슷한 말이 있습니다. 내 친구들 중에는 이 말을 진짜로 믿는 이들도 있지요. 그러나 우리가 맺는 관계에서 보듯이, 상황이 변하면 사랑도 변합니다. 시대가 바뀌면 사랑도 바뀝니다.

그러나 우리는 이 사실을 인정하려고 하지 않습니다. 그렇기는 커녕 자신의 사랑은 영원히 아름답고 지금 하고 있는 사랑이 최고라고 생각합니다. 내가 들은 경험담을 종합해보면, 처음에는 다들 새로운 관계에 대해 하나부터 열까지 몹시 설레고 행복해 합니다. 매일 서로 전화하고, 어떤 대화를 나누든 흥미진진합니다. 두 사람은 이렇게 열렬한 사랑이 언제까지나 지속되리라고 믿습니다. 그러나 시간이 흐르면, 특히 서로 오래도록 사랑하자고 약속한 후에는 흥미를 잃기 쉽습니다. 불멸의 사랑이 빛을 잃고 맙니다. 심지어 결혼은 사랑의 무덤이라고 말하는 친구들도 생기더군요.

이 모든 것에도 불구하고 사랑이 지속될 수 있다고 나는 믿습니다. 내 경우를 예로 들자면, 내가 여러분에게 느끼는 사랑은 절대로 줄어들지 않는다고 나는 믿습니다. 사랑을 의식적인 영적 수행으로 삼는다면 사랑은 언제까지나 지속될 수 있습니다. 물론 기도를 암송하거나 날마다 조금씩 명상을 하는, 그런 영적 수행은 아니지만요. 사랑은 모든 것을 한없이 끌어안는 엄청난 수행이며, 위대하고 숭고한 수행입니다.

스스로에게 진심을 다해 공을 들이면 사랑을 적극적으로 키울 수 있습니다. 이런 식으로 개인의 영적 수행은 사랑이 지속되도록 돕는 조건이 됩니다. 영적 수행은 스스로를 바꾸는 것을 의미합니다. 변하는 것입니다. 여러분은 설마 사랑을 찾아내서 그저 고이 모셔두려는 것은 아니겠지요? "난 당신에게 내 사랑을 주었고 당신도 내게 당신의 사랑을 주었으니 이제부턴 가끔 먼지만 털어주면 되겠네. 그럼 됐지, 뭐." 이런 식으로 말입니다. 이와 반대로 사랑은 살아있습니다. 사랑은 나무처럼 계속 자라나야 합니다. 잎이 나고 꽃이 피고 열매가 열리는 순환이 언제까지라도 계속되어야 합니다. 순환이 멈추면 나무는 자라지 못하고 결국 죽게 됩니다. 사랑을 적극적인 수행으로서 온전히 받아들이고 나서야 우리는 영원한 사랑에 대해 말할 수 있습니다.

영원한 사랑

흔히 이유가 있는 사랑은 진짜 사랑이 아니라고들 합니다. 그런데도 사랑에 빠진 사람들이 거의 빼놓지 않고 거론하는 이유가 몇 가지 있더군요. 상대방의 외모를 꼽는 이들도 있고, 인간성 또는 태도가 마음에 든다는 이들도 있습니다. 심지어는 상대의 머리 색깔에 반해 사랑에 빠졌다는 이야기도 들은 적이 있습니다. 하지만 겉으로 드러나는 이유 때문에 사랑에 빠졌다면, 그 사랑은 틀림없이 오래 가지 못합니다.

우리가 살아가는 데 사랑은 대단히 심오한 이유와 의미를 갖습니다. 다른 이유들과는 완전히 다릅니다. 나는 아무런 이유 없이 무조건 사랑해야 한다고는 생각하지 않습니다. 오히려 사랑하는 이유가 너무 많아서 몇 가지로 한정시키기 어렵다는 쪽이지요.

관계는 오래 지속되기도 하지만, 반드시 변합니다. 때로는 좋게, 때로는 나쁘게 변합니다. 부모와 자식처럼 근본적이고 지속적인 관계에서도 서로 인연을 끊고 사는 지경에 이르기도 합니다. 말로 또는 완력으로 서로 상처를 입히기도 하지요. 심지어는 부모 자식 간에 죽이는 사태까지 벌어집니다. 그래도 절대로 변하지 않는 사실은 그들이 부모와 자식이라는 것입니다. 혈연으로 맺어진 관계는 절대 변하지 않습니다. 형태는 변한다 하더라도 관계의 본질은 결코 변하지 않습니다. 사랑이 지속되려면 관계의 중심, 즉 관계의 본질이 사랑이어야 합니다.

분명히 말하건대, 사랑은 적절한 조건이 갖춰지면 진실되고 오래 지속됩니다. 그것이 내가 생각하는 사랑입니다. 사랑은 모든 것을 껴안는 아주 강력한 포용력이 있습니다. 사랑은 멀리 또 널리 퍼져나가 우리가 맺는 모든 관계의 핵심에까지 스며듭니다. 그렇지만 우리들은 종종 사랑이 퍼져나갈 수 있게 여지를 주는 대신 자신의 기대 속에 가두어 놓습니다. 기대하는 것이 있으면 상대의 행동이나 말에 따라 사랑이 변합니다. 또한 자신이 바라는 것이 채워지는지 아닌지에 따라 상대에 대한 관심도 달라집니다. 사랑이 자신의 조건에 맞추어 주기를 요구하면서 사랑이 지속되기를 기대할 수 있을까요? 마치 누군가를 소유한 것처럼 행동하면서 말입니다. 사랑이 지속되려면 기대를 낮추는 것이 최선입니다. 사랑을 그저 줄 수만 있다면 더욱 좋습니다.

이제, 내가 느끼는 사랑을 여러분과 나누고자 합니다. 나는 내 사랑이 이번 생이나 내 몸에만 머문다고 생각하지 않습니다. 내가 이 세상에 없더라도 내 사랑은 여전히 남아 있을 거라고 나는 믿습니다. 달님에게 내 사랑을 전하면, 달님이 내 사랑을 간직할 것입니다. 달님이 내 사랑의 파수꾼이 되어, 달빛이 온 세상을 비추듯 내 사랑을 여러분에게 골고루 전해줄 것입니다.

사랑은 필수

올바른 관점에서 보면, 살아가는 동안 우리를 지탱해주는 것은 사랑입니다. 그런데 많은 사람들이 오락이나 쾌락을 얻기 위해 사랑에 접근하는 반면, 직업은 절대적으로 필요한 것으로 여깁니다.

음식과 옷, 집은 누구에게나 기본적으로 필요하므로 직업에는 실질적인 이유가 있다고들 생각하지요. 하지만 이런 식으로 생각하다 보면 직업은 아주 중요하고 관계는 그저 재미를 위한 것이라고 여기게 됩니다.

삶을 이런 식으로 접근하면, 결국 살아가는 데 감정이나 인간관계는 없어도 된다고 생각하기 쉽습니다. 직장보다 연인을 더 쉽게 바꾸는 이들이 많지 않습니까? 사람들은 직장에서 엄청난 고통과 어려움을 감내합니다. 직업은 가져도 좋고 안 가져도 좋은 사치품이 아니라 필수품으로 여기기 때문이지요. 그러나 연인이나 친구 때문에 골치가 아프거나 행복하지 않으면 그냥 버리면 된다고 생각합니다. 나중에 기회가 될 때 얼마든지 새로 찾을 수 있다고 생각하니까요. 살아가는 데 사랑이 없어도 된다는 관점에서 생기는 일이지요.

관계에서 문제가 생기는 경우, 그 근본 원인을 해결하는 대신 관계를 끊어버리고 싶을 때가 있을 겁니다. 문제의 원인은 바로 자신의 생각과 마음 안에 있는데도요. 티베트 속담에 "야크에게 화가 난다고 말에게 채찍을 휘두른다"는 말이 있습니다. 불행의 진짜 원인은 내버려두고 전혀 상관없는 것에 매달리다니, 참 어처구니없는 일이지요. 사랑과 마음의 행복은 바깥이 아니라 우리 안에 있습니다. 그러므로 진정한 사랑을 키우고 건전한 관계를 가꾸려면 우리 자신의 마음과 생각을 철저하게 살피는 것 말고는 다른 방법이 없습니다.

진실한 사랑은 우리를 지탱해 주지만 그러려면 올바르게 접근하는 법을 배워야 합니다. 사랑이 온전하게 오래 지속되려면, 우리의 마음속에 있는 선한 잠재력부터 볼 줄 알아야 합니다. 우리 안에 있는 결점과 좋은 품성을 모두 알아야 합니다. 이 말은 우리에게 진정한 사랑을 할 수 있는 능력이 있음을 깨닫는 한편, 우리가 또한 일으키게 되는 집착과 미움에 정면으로 맞서야 한다는 것을 의미합니다. 우리 내면에는 영원히 사랑할 수 있는 능력이 있지만, 진실한 사랑을 방해하는 걸림돌 또한 존재합니다. 이기적인 습관, 집착, 혐오, 기대감이 그것들입니다.

무상無常과 친해지기

우리 안에서 건강한 관계의 기초를 찾노라면, 때로 사랑에 대해 우리가 가지고 있는 관념이 걸림돌이 되기도 한다는 사실을 깨닫게 됩니다. 사랑은 영원해야 한다는 생각과 아울러, 사랑하는 대상과 언제까지나 함께 할 수 있을 거라는 비현실적 기대도 있습니다. 여기에서 사랑의 감정을 잃어버리는 것보다 더 큰 문제는 죽음이나 이별로 관계 자체가 끝나는 데 있습니다.

관계의 끝과 사랑의 끝은 아주 다릅니다. 누군가에 대한 사랑은 관계가 끝난 뒤에도 지속될 수 있으며, 실제로도 그런 경우가 흔합니다. 그러나 관계의 끝은, 그 사실을 받아들일 준비가 되지 않은 것만으로도 고통스러운 때가 많습니다. 우리는 많은 것을 안다고 생각하지만, 우정이나 사랑이 한쪽의 죽음이나 스스로 택한 결별로 결국은 끝나게 되어 있다는 사실을 생각하지 못할 때가 종종 있습니다.

현상 세계는 어떤 것도 영원하지 않아 무상하건만, 우리는 현실에서 절대로 이루어질 수 없는 것을 기대하므로 죽음이나 이별이 실제로 닥치면 괴로워할 수밖에 없습니다. 태어나고 병들고 죽는 것은 누구도 피할 수 없습니다. 그 누구도 이런 일이 일어나는 것을 막을 수 없습니다. 그러나 우리는 현재 상황에서 자신이 좋아하는 것들, 즉 건강, 젊음, 또는 관계 등이 영원히 지속되기를 간절하게 바라고 그것에 매달립니다. 그러나 변화는 우리 삶에서 가장 변하지 않는 특성입니다. 우리는 이론적으로는 누구나 언젠가 죽는다는 것을 잘 알지만, 자신이 죽음을 피할 수 없다는 사실은 한사코 외면하려 듭니다. 죽음을 피하는 방법은 태어나지 않는 것뿐입니다. 태어난 모든 것은 결국 죽기 마련이니까요. 그러나 태어나지 않는 것은 우리에게 절대로 불가능합니다. 분명히 우린 이미 태어났으니까요. 이런 의미에서 태어남과 죽음은 타고난 한 쌍입니다. 우리는 죽을 운명입니다.

이 사실을 직시하고 받아들이기가 몹시 힘들 것입니다. 충분히 이해합니다. 그러나 부정하면 할수록 더욱 극심한 고통이 옵니다. 죽을 수밖에 없는 생명이 스러질 때, 우리는 마음의 상처를 입습니다. 괴롭더라도 이 사실을 받아들이면 주변에서 일어나는 죽음을 보다 지혜롭게 받아들일 수 있습니다.

대부분의 사람들에게 사랑하는 이의 죽음은 삶에서 가장 고통스런 경험입니다. 나도 마찬가지입니다. 가까운 사람이 죽으면 나의 한 부분이 떨어져나간 것처럼 느껴집니다. 내 한 부분을 아주 잃어버린 것 같습니다. 사랑하는 사람을 잃을 때 우리가 겪는 절절한 고통은 누구도 부인하지 못하겠지요.

사랑하는 이의 죽음을 대하는 방식은 문화에 따라 매우 다양합니다. 비통한 애도 속에서 망자를 보내는 문화권에서는 슬픔과 괴로움에 빠지기를 은근히 부추기는 듯한 느낌을 받기도 하겠지요. 그렇다 해도 슬픔 속에서 문득 무언가 긍정적인 것을 찾게 되는 순간이 있을 것입니다. 그럴 때, 자신이 무엇 때문에 슬퍼하는지 한번 생각해보세요. 사랑했던 사람 때문이라는 사실을 상기하면, 떠난 이와 함께 그이에게 쏟았던 사랑이 떠오르면서 슬픔이 가라앉을 것입니다. 실제로 슬픔은 사랑하는 이로부터 분리되는 느낌, 즉 사랑하는 사람을 잃은 상실감에서 비롯됩니다. 그 사람을 사랑했으므로 고통스러운 것입니다. 그러나 사람은 떠났어도 사랑은 여전히 남아 두 사람을 연결합니다. 이렇게 사랑이 지속되므로 상실의 아픔을 긍정적으로 받아들이게 됩니다.

내 경우는 이런 상황에서 내가 떠난 이를 사랑했다는 것을, 또한 떠난 이가 나를 사랑했다는 것을 명상하니 큰 도움이 되었습니다. 여러분도 다음과 같이 명상하면 좋을 것입니다.

"그 사람은 내가 행복하기를 원했고 내게 행복을 가져다 주려고 노력했다. 죽어가면서도 그이는 내가 행복하기를 소망했다. 그이는 내가 고통에 빠지는 것을 원하지 않았다. 그 사람은 떠났지만 그이의 소망은 여전히 남아있다. 나는 그이의 소망이 이루어지도록 노력할 것이다. 그 사람의 소망은 이제부터 나의 일부가 되어 나와 함께 살아갈 것이다."

여러분이 진정으로 이런 마음을 가지면, 떠난 이가 생전에 소망했던 바를 이루기 위해 노력하게 되므로 그 사람과 계속 마음속 깊이 연결됩니다. 떠난 이가 생전에 바라던 대로 여러분이 지혜롭고 행복한 삶을 가꾸기 위해 진정으로 노력한다면, 결국 떠난 사람은 여러분을 여전히 보살피고 있는 것입니다. 떠난 이가 여러분에게 가졌던, 그리고 여러분이 그이에게 가졌던 사랑은 스러지지 않고 이렇게 계속 이어집니다.

때론 다시 슬픔에 빠지기도 하겠지요. 그럴 때면 여러분이 매일매일 행복하고 괴로움에서 벗어나는 것이 여러분을 사랑했던 사람의 소망이었다는 사실을 떠올리세요. 만약 여러분이 슬픔에서 헤어나지 못한다면 떠난 이의 소망을 꺾는 것입니다. 여러분이 고통에서 벗어날 때, 여러분은 그 사람 또한 고통에서 벗어나게 만드는

것입니다. 여러분을 여전히 그 사람에게 연결시키고 있는 사랑과
희망의 힘으로요.

헤어질 때

죽음과 마찬가지로, 이별이나 불화로 관계가 끝날 때도 자연스럽
게 받아들여야 합니다. 이 또한 모든 것이 끊임없이 변하므로 덧없
다는, 무상의 진리가 현실로 드러난 것뿐입니다. 얼마 동안은 몹시
괴롭더라도 놀라거나 충격을 받지 않도록 주의하세요. 변화는 삶에
서 필연적인 요소로서 절대 피할 수 없습니다. 사실을 인정하세요.
비록 우리가 선택하지는 않았지만 변화가 꼭 나쁘기만 한 것은 아
닙니다.

실제로, 우리는 상황에 따라 무상을 받아들이고 때로는 즐기기
조차 합니다. 계절이 변하는 모습을 바라보며 아무렇지도 않게 아
름다움을 감상하지 않습니까? 꽃이 피는 여름이 지나면 나뭇잎은
울긋불긋 옷을 갈아입습니다. 바람에 나뭇잎이 우수수 떨어지는
계절이 오면 우리는 헐벗은 가지의 황량한 아름다움에 마음을 빼
앗깁니다. 이런 변화는 삶에서 규칙적으로 반복되는 자연스런 부
분입니다. 계절이 변할 때마다 새로운 형태의 아름다움이 드러나지
요.

두 사람이 헤어질 때도 다시 새롭게 시작할 수 있다는 신선함과 가능성이 존재합니다. 어쨌든 침체의 늪에서 벗어나게 되니까요. 무상은 많은 것을 가능하게 합니다. 심지어는 묘한 편안함마저 느낄 때도 있을 겁니다. 적어도 두 사람 중 하나는 문제가 있거나 부담스러웠던 관계에서 벗어난 것이니까요.

이별이 설령 본인에게는 힘들더라도 상대방에게는 잘된 일일 수도 있습니다. 상대방을 진정으로 사랑한다면 그 사람의 만족과 행복을 고려해야 하지 않을까요? 상대방의 행복을 진정으로 배려한다면 몸은 떠난다 해도 사랑은 떠난 것이 아닙니다. 비록 만나거나 대화를 나누지 못한다 하더라도 그 사람을 여전히 사랑할 수 있습니다.

사랑에 대해 마치 선물처럼 서로 주고받는 것이라는 이상한 생각을 가진 사람들도 많더군요. 사랑한다고 말했는데 상대방이 똑같이 말해주지 않는다고 화를 내는 사람들도 있습니다. 사랑은 꼭 보답을 받아야 하는 것이 아닙니다. 사랑은 그저 주기만 해도 됩니다. 되돌아오지 않는다 해도, 우리가 주고 또 느끼는 것은 여전히 사랑입니다. 아무것도 기대하지 않고 베푸는 마음, 이것이 내가 생각하는 사랑입니다.

그런데 주위를 돌아보니, 사랑을 한다는 사람들 대부분이 짝사랑을 하는데다가 그 관계가 끝나면 몹시 괴로워하더군요. 이런 안타까운 상황에 처하더라도 마음의 평정을 유지할 수 있는 방법이 있습니다. 모든 것이 덧없음을 돌이켜 거듭거듭 사유하고, 자신의 행복에서 상대방의 행복으로 관심의 초점을 바꾸면 됩니다.

투사

우리는 앞에서 자신의 조작된 정체성이 관계에 미치는 영향에 대해 살펴보았습니다. 우리는 타인에 대해서도 정체성을 조작하여 표상을 투사投射(자신의 생각, 감정 등을 외부 세계나 타인에게 이전시켜 그 곳에 존재하는 것처럼 만드는 심리적 작용)합니다. 이 같은 정서적 조작은 타인을 이해하고 관계를 맺는 데 심각한 장애가 됩니다.

나 자신의 체험을 예로 들지요. 나는 14살 때 티베트를 탈출했습니다. 함께 탈출한 사람들과 몰래 산을 넘으면서 중국 공안에게 들킬까 봐 공포에 떨어야 했지요. 당시 중국 공안원은 말 안장과 비슷하게 생긴 아주 독특한 모자를 썼는데, 그 비슷한 모양만 보여도 다리가 부들부들 떨렸습니다.

네팔 국경으로 가는 길에는 중국군 부대가 둘 있었는데, 첫 번째 부대를 지날 때 정말 위험했습니다. 거기서 용케 잡히지 않는다 하더라도 군인들이 우리의 존재를 눈치 채고 다음 초소에 미리 연락해서 우리를 잡을 수 있었으니까요. 그곳에 도착한 시간이 밤 10시였는데 보초들이 잠들 때까지 기다리느라 그 추운 겨울밤에 차

안에서 몇 시간이나 오들오들 떨며 기다려야 했습니다. 함께 있던 사람들이 잠을 좀 청해보라고 내게 권했지만, 그 상황에서 어떻게 잠이 오겠습니까? 중국 군인이라면 다들 벌벌 떨었으니까요. 한 번은 차창 문을 두드리는 소리가 들리기에 밖을 내다보니 아무도 없었습니다. 우리는 겁에 질려 무서운 상상을 하게 되었고, 그러다 보니 점점 더 무서워질 뿐이었지요.

이래서는 안 되겠다는 생각이 들었습니다. 무섬증을 극복하려면 뭔가 다른 방법을 찾아야 했습니다. 여러 궁리 끝에 나는 마침내 이런 생각을 하게 되었습니다. '중국 군인들도 사람이야. 괴물도 아니고 악마도 아니야. 나 혼자 그들에게 온갖 무서운 것을 뒤집어씌우는 거야. 그들도 나와 똑같은 사람이니까 말을 걸어도 괜찮을 거야.'

그러자 마음이 조금씩 안정되기 시작했습니다. 물론 우리는 엄청나게 위험한 처지이긴 했지만, 나 자신의 두려움을 투사하여 실제 상황을 훨씬 더 악화시켰던 것이지요.

때로 우리는 자신뿐만 아니라 타인에 대해서도 정체성을 조작하는데 이 같은 투사는 타인과의 관계를 왜곡합니다. 티베트 탈출 과정에서 내가 경험한 것은 극단적인 예이긴 하지만, 내가 스스로 조작한 표상을 중국 군인들에게 투사함으로써 그들이 사람이라는 생각조차 하지 못했던 겁니다.

관계를 개선하는 데 효과적인 방법 하나는 쓸데없는 투사를 스스로 알아채고 버리는 것입니다. 그래야 상대방을 더욱 정확하게 보고, 있는 그대로 받아들일 수 있습니다. 건강한 관계에는 인내라고 하는 수용의 태도가 필요합니다.

인내

인내는 수용하는 지혜입니다. 인내는 싫은 것을 억지로 참는 것이 아닙니다. 화를 내는 대신 마음에 차곡차곡 쌓아두는 것도 아닙니다. 해로운 일을 당해도 가만히 있는다는 의미는 더구나 아닙니다. 인내는 타인에게 품은 분노를 의도적으로 다스리기 위해 이성을 적극적으로, 지혜롭게 적용하는 것입니다.

이때, 불교의 전형적인 가르침은 스스로에게 이렇게 묻는 것입니다. "누군가 나를 지팡이로 때린다면 나를 때린 그 지팡이에 화를 내야 하는가?" 정확하게 따진다면, 지팡이를 휘두른 손에 화를 내는 것이 이치에 더 맞겠지요. 그런데 그 손을 움직인 것은 마음입니다. 그리고 마음은 분노가 시키는 대로 움직입니다. 결국 지팡이를 휘두른 것은 분노입니다. 그러니 진짜 잘못은 상대방의 분노에 있는 것이지요. 이런 식으로 생각해보면, 상대방에게 화를 낸다면 온당치 않다는 것이 확실해집니다. 우리가 화를 내도 괜찮은 대상은 오직 화 그 자체뿐입니다.

이 이야기의 요점이 지팡이로 맞지 말라는 것이 아님은 확실하지요? 이런 때는 논리적으로 차근차근 따져서 우리 스스로 사람들에 대해 조작했던 정체성을 부수는 것이 중요합니다. 도저히 이해할 수 없는 행동을 하는 사람들의 경우에도 우리의 이성을 동원하여 더 넓은 시각에서 그들을 보아야 합니다. 그러려면 사람 자체와 행위를 구별하는 것이 매우 중요합니다. 상대방이 격하게 요동치는 감정에 순간적으로 휩쓸리는 경우도 있습니다. 이때도 격변하는 감정과 사람을 구별하면 상대방 역시 자기 감정의 희생자라는 사실을 이해하게 되어 공포나 분노 대신 연민과 인내로써 지혜롭게 대응할 수 있습니다. 인내는 이런 식으로 보다 다양하고 유연한 방법으로 타인들과 관계를 맺고 대응할 수 있게 해줍니다.

스스로를 용서하기

사람인 이상, 우리는 실수를 저지를 수밖에 없습니다. 제멋대로 날뛰는 감정을 완전히 다스리기 전에는 남들에게 또 스스로에게 해를 끼칠 수밖에 없습니다. 그러므로 관계에서 유감스런 상황이 일어날 때 긍정적으로 대처하는 방법을 찾는 것이 매우 중요합니다. 인내는 상대방이 실수를 저지를 때 건설적으로 대처할 수 있게 해줍니다. 인내와 아울러 과거의 잘못을 용서하는 것은 건전한 관계에 꼭 필요합니다. 용서는 상대방에게 성장할 수 있는 여지를 주어 실수에서 벗어나 발전할 수 있게 해줍니다.

관계에서 한쪽이 일방적으로 잘못하는 경우는 결코 없다는 것 또한 분명합니다. 그러므로 진정으로 원만한 관계를 유지하려면 스스로 잘못된 태도를 알아차려 개선하기 위해 노력해야 합니다. 자신의 결점을 찾아내고 스스로의 마음을 바꾸려고 애쓸 때 비로소 건전한 관계가 가능해집니다.

스스로에 대해 몹시 비판적인 사람들이 있습니다. 자긍심이 낮거나 자신에 대해 가혹하게 판단하는 경향이 있는 이들이 자신의 결점에 직면하면, 자신에 대해 좋지 않은 이미지를 더욱 강화할 위험이 큽니다. 부정적으로 조작된 정체성은 더더욱 진짜 같고 확고해 보이기 때문에 바꾸기가 더 어렵습니다. 비단 이런 경우뿐만 아니라 우리들 또한 마찬가지로 자신의 잘못에 대해 전반적으로 용서하는 마음으로 대하는 편이 보다 현명합니다. 삶과 마찬가지로 관계에서도 성장할 수 있는 여지가 필요합니다. 우리는 실수를 통해 많은 것을 배웁니다. 타인과 마찬가지로 자기 자신을 용서하면 스스로를 바꾸는 데 큰 도움이 됩니다.

스스로를 용서하는 방법에 대해 조언을 드리고자 합니다. 참회라고 불러도 괜찮을 것 같습니다. 기독교와 불교 전통은 고해 또는 참회를 영적 수행에 포함하고 있습니다. 참회에 해당하는 티베트 말은 '헤어지다' 또는 '분리하다'라는 의미를 가지고 있습니다. 티베트 말에서 참회는 부정적이고 해로운 행동에서 자신을 분리하는 것입니다. 참회를 이런 식으로 넓게 이해하면 종교와 상관없이 모든 사람들이 활용할 수 있습니다.

가령 거짓말을 했다면, 참회는 자신이 저지른 짓을 공개적으로 밝히고 그것이 잘못임을 인정하고 확인하는 것입니다. 전통적인 참회는 종교 사제 앞에서 이루어지지만, 개개인의 상황에 맞게 조정해도 좋을 것입니다. 해를 입힌 상대방에게 직접 잘못을 고백하거나 믿을 만한 친구 또는 제삼자에게 말하면 됩니다. 홀로 자연 속으로 들어가 나무에게 말하거나 불어오는 바람이나 하늘을 향해 고백해도 좋겠지요.

참회가 말로 고하는 것이기는 하지만, 단순히 말 몇 마디로 문제가 끝났다고 생각해서는 안 됩니다. 말보다는 참회하는 마음을 진정으로 일으켜야 합니다. "잘못했습니다. 나는 나쁜 짓을 했지만, 이제는 그것에서 벗어나고 싶습니다. 다시는 그런 잘못을 저지르지 않겠습니다. 지금부터 나는 새로운 사람이 되겠습니다." 이런 참회를 통해 우리는 잘못된 행동으로부터 멀어지거나 아예 분리됩니다. 잘못을 저지른 예전의 자신과 결별하고 새 사람이 되어 다시 출발하는 것입니다. 행위가 사람을 규정하지 않는다는 사실을 확인하고, 또한 잘못된 행동을 버리고 완전히 다른 사람이 될 수 있음을 우리 스스로 알게 됩니다.

여기에서 중요한 점은 자신이 저지른 잘못과 진정으로 결별하는 조건을 만드는 것입니다. 그러려면 그저 잘못한 점을 기계적으로 말하거나 틀에 박힌 고백을 하는 것으로는 불가능합니다. 절이나 교회에 가서 몇 마디 기도하고 나서 집을 나설 때와 똑같이 무거운 짐을 지고 다시 돌아온다면 참회의 목적은 이루어지지 않습니다. 일단 다시는 그런 행동을 하지 않겠다고 마음속 깊이 다짐하면, 더 이상 스스로를 비난하지 마세요. 새로운 사람으로 거듭난 것이니, 예전에 자신이 저지른 잘못으로 돌아가 다시 기억할 필요가 없습니다. 그것과의 관계는 완전히 끝난 것입니다.

죄의식은 누구에게도 도움이 되지 않습니다. "나는 나쁜 사람이야. 잘못 투성이야. 나는 정말 형편없어." 이런 생각에 빠져 자기 자신과 잘못을 동일시한다면 부처님이나 다른 사람 앞에서 참회하는 의미가 없습니다. 부정적으로 조작된 자아상이나 정체성에 매달려 과거의 잘못을 자꾸 돌이키고 죄의식과 후회에 깊숙이 빠지면 더욱더 부정적인 생각과 행동에 갇히게 될 뿐입니다.

이런 경우 자신만의 참회 수행에서 얻을 수 있는 본질을 놓치게 됩니다. 참회는 바꾸겠다고 결심하는 것으로 필연적으로 변화가 따릅니다. 여러분 스스로가 달라져야 합니다. 누구도 여러분을 대신해서 달라질 수 없으니까요. 참회는 미래에서 과거를 떼어버리는 것입니다. 잘못을 참회하고 놓아버리면 실수를 반복하지 않고 앞으로 나아갈 수 있습니다.

남을 용서하기

참회와 더불어 스스로를 용서하는 습관을 기르면 타인의 잘못을 좀 더 쉽게 용서하게 됩니다. 여러분은 다른 사람들이 저지른 잘못으로 상처를 받거나 해를 입은 적이 있을 겁니다. 그들이 다시는 그런 행동을 하지 않기를 바라는 마음으로 용서하면, 그들은 여러분이 베푼 용서의 힘으로 그릇된 행동을 버리게 되며 더 나아가 새로운 사람이 될 수 있습니다. 여러분이 스스로의 참회를 통해 새로운 사람으로 거듭나는 것과 똑같습니다. 이것은 그들이 과거에 저지른 행위를 눈감아 준다는 의미가 아니라, 그들이 앞으로는 더 이상 잘못된 행동을 하지 않도록 도와주겠다는 뜻입니다. 참회를 통해 여러분의 잘못된 행동이 여러분의 됨됨이를 규정하지 않는다는 것을 알았듯이, 다른 사람의 잘못된 행동과 그 사람 자체를 구별할 수 있게 됩니다.

자신에게 해를 입힌 사람을 용서하려면, 그가 틀림없이 격렬한 감정의 소용돌이에 휘말렸으리라고 생각하면 도움이 될 것입니다. 지팡이를 실제로 휘두른 것이 누구인가를 따질 때 썼던 논리를 적용해 보세요. 감정이 미친 듯 일어나면 행동도 미쳐갑니다. 심지어는 일시적인 정신착란에 빠지는 사람들도 있습니다. 격한 감정에 사로잡히면 타인뿐만 아니라 자신에게도 온갖 해로운 짓을 하게 됩니다. 미친 감정에 완전히 휩싸일 경우 도저히 이해할 수 없는 행동을 할 수 있다는 사실을 이해하면 다른 시각으로 그들을 볼 수 있습니다. 폭넓은 관점으로 상황을 보면 그들의 행동이 그들 스스로에게도 이롭지 않다는 데 생각이 미치게 될 것입니다. 그들이 만약 제정신이라면 절대로 그런 행동을 하지 않았으리라는 점을 차근차근 생각해 보세요.

또 다른 방법은 그들이 모르고 술이나 마약을 먹고 한 행동이라고 상상하는 것입니다. 실제로 괴로움에 휩싸이거나 정신이 마비되지 않았다면 그같이 해로운 행동을 저지를 사람들이 절대로 아니라는 점을 사유해 보세요. 그들 역시 자기 감정의 희생양임을 인식하게 되면 그들을 동정하고 사랑하게 될 여지가 커지겠지요. 여러분에게 해로운 짓을 하기 전에 그들에게 느꼈던 사랑도 다시 살아날 것입니다. 그러다 보면 그들이 여러분에게 저지른 짓에 마음을 쓰기보다 그들이 스스로 자초한 고통으로부터 벗어나기를 바라는 마음이 커집니다.

자신의 행복에만 관심을 기울이다가 다른 사람들까지 진정으로 배려하게 되면, 관계뿐만 아니라 여러분 자체가 변합니다. 남에게 행복을 나누어 주고 또한 남을 대신하여 짐을 지는 사람으로 변합니다. 이렇게 단순히 관점을 바꾸는 것만으로 관계를 완전히 새롭게 정립할 수 있습니다. 정말로 건강한 관계는 이런 관점에서 비롯됩니다.

04

성 정체성

모 든 것 이

마 음 에

달 려 있 다

우리에게 무한한 잠재력이 있다 해도 결국 우리는 삶에서 특정한 역할이나 자기 이해의 틀 속에 갇혀있는 것처럼 느낍니다. 왜 그럴까요? 스스로 특정한 정체성을 정립하여 그 안에 자신을 가두고는 그것이 진짜 자기이며 또 그렇게 되어야 한다고 믿기 때문입니다. 성 정체성gender identity(남성다움과 여성다움에 대한 문화적 정의와 관련된 자아의식)에서 이 현상은 더욱 명확하게 드러납니다.

성性(gender: 사회적, 문화적으로 구성되는 남녀의 정체성. 이에 비해 sex는 생물학적 의미의 성을 뜻함)은 단순히 사회적으로 구성된 정체성일 뿐인데도, 흔히 세상살이에서 개인의 위치와 경험을 규정합니다. 여성다움 또는 남성다움이 무엇인가에 대한 우리의 관념, 즉 성별 개념은 일상생활에서 매우 의미 있고 중요하게 여겨집니다. 성정체성은 우리가 겪는 모든 경험에 속속들이 스며들어 있어서, 우리는 그것이 단지 인간을 분류하기 위해 만든 개념이라는 사실을 쉽게 잊곤 합니다. 어쨌든 남성과 여성이란 구분이 마치 영원한 진리인 양 취급됩니다. 그러나 그것은 진리가 아닙니다. 객관적인 진실성이 없으니까요. 성별은 우리 마음이 만든 개념에 불과하며, 따라서 그것을 만들어낸 마음을 떠나서는 존재하지 않습니다. 성별 구분 그 자체가 본질적으로 실재하지 않습니다.

그렇기는 해도 이 성별에 따라 자아 개념이 다르게 형성됩니다. 3장 '건강한 관계'에서 언급했던 '조작된 나'에서 그 예를 살펴보았습니다. 우리는 여성과 남성에 대해 서로 다른 정체성을 규정하고 그것을 고수합니다. 즉, 조작된 남성성의 '나'와 조작된 여성성의 '나'가 있는데, 이것들은 우리가 지어낸 개념에 불과합니다.

사회적 현실

성별 개념은 비록 객관적 사실은 아니지만 우리 사회에서 개인의 위치에 큰 영향을 끼칩니다. 성 정체성에 따라 직장에서 받는 보수와 가정에서 가족 간의 역할이 달라집니다. 자신의 성격 중에서 어떤 면을 겉으로 드러내도 괜찮은지 또 어떤 면은 숨겨야 하는지를 구분하는 데도 작용합니다. 어떤 옷을 입을지, 몸가짐은 어떻게 할지도 결정합니다.

대부분의 사회에서 남성성과 여성성을 매우 엄격하게 구분합니다. 사회 전반에 걸쳐 성별 이상형을 강조하여, 예를 들면 용감한 남자와 감성적인 여자를 선호합니다. Y염색체를 가진 사람은 오직 '남성성'만을 보이고 X염색체를 가진 사람은 '여성성'만 보여야 한다는 생각을 조장하는 것이지요. 이렇게 남자와 여자 모두를 사회적인 틀로 통제하고 위축시켜 모두에게 큰 고통을 줍니다.

나로서는 남성성과 여성성의 차이를 확실하게 느끼지 못하는 때가 있습니다. 말한 이의 정확한 의도는 알 수 없지만, 내게는 남성성보다 여성성이 더 많다는 말을 들은 적도 있습니다. 이들 품성이 어떨 거라는 느낌은 있지만 나는 그 느낌에 따라 이것은 '여성성' 저것은 '남성성'이라고 규정하지는 않습니다. 나는 그저 느낄 뿐입니다.

남성성과 여성성을 어떻게 정의하고 구분할 것인가는 내게 별로 의미가 없습니다. 다른 사람들과 마음과 마음으로 그리고 진실한 느낌으로 연결되는 것이 내게는 중요합니다. 내가 가치 있게 생각하는 것은 마음에서 우러나오는 말을 하는 능력, 따뜻한 마음씨와 남을 배려하는 마음입니다. 내게 이런 품성이 조금이라도 있으면 좋겠습니다. 바로 이런 품성을 갖게 되기를 나는 바랍니다. 그것이 남성성으로 불리든 여성성으로 불리든 내게는 아무런 의미가 없습니다.

여성성과 남성성

우리에게 있는 바람직한 품성들을 어떻게 나누든, 남자 여자 구분 없이 우리 각자가 이들 긍정적인 품성 전부를 개발해야 한다고 나는 믿습니다. 사회에서 이들 품성을 남성성이라 부르든 여성성이라 부르든 상관없이 말입니다. 티베트 불교에도 바로 그런 가르침이 있습니다. 티베트 불경에서 지혜와 방편方便은 대단히 중요한 두 가지 영적 자질로서, 지혜는 여성으로 방편은 남성으로 개념화됩니다. 방편은 능히 목표를 성취하는 방법을 찾는 자질을 의미합니다. 지혜와 방편이 합쳐져야 가능한 최상의 결과가 나오므로 각자의 내면에서 '남성성'과 '여성성'이 합쳐져야 합니다.

티베트 불교는 남녀합일을 묘사한 쌍신상이 잘 알려져 있는데, 이것은 남성성과 여성성의 통합을 상징합니다. 서양인들은 쌍신상에 대해 오해를 하는 경우가 아주 많습니다. 까마수트라kamasutra(기원전부터 인도에 전해 내려온 성에 관한 교과서적 문헌)와 관련되었다거나 힌두교의 영향을 받은 것 같다는 사람들도 있고, 성교와 관련된 육체적인 것이라고 단정짓는 이들도 있습니다. 정확히 말하자면, 쌍신상이 의미하는 것은 특정 사회가 개인의 여러 특성을 어떻게 규정하든 누구나 여성적 품성과 남성적 품성 양쪽을 필요로 한다는 사실입니다. 티베트 불교에서는 인간이 이룰 수 있는 최고의 영적 깨달음은 지혜와 방편이 합쳐져야 성취될 수 있다고 가르칩니다. 즉, '여성성'으로 분류된 품성과 '남성성'으로 분류된 품성이 우리 안에서 합쳐져야만 부처가 될 수 있다는 것이지요. 이것은 우리 모두의 내면에는 긍정적인 품성을 전부 개발할 수 있는 능력이 있다는 사실을 일깨워줍니다. 아울러 남성성이든 여성성이든 상관 없이 이들 긍정적인 품성을 전부 갖추는 것이 유익하고 중요함을 보여줍니다.

그러므로 자신에게 여성적 품성과 남성적 품성 양쪽이 다 있다고 불편하게 생각할 일이 아닙니다. 오히려 어느 한쪽의 품성만 있다면 균형이 맞지 않는다고 느껴야 하지 않을까요? 우리 안에 양쪽 품성이 다 갖춰져야 더욱 편안한 법입니다.

동양에는 여성적 기氣와 남성적 기를 상징하는 음양의 원리가 있습니다. 북미 원주민의 전통에는 어머니 대지와 아버지 하늘이 있습니다. 완전한 세상이 되려면 양쪽이 다 있어야 합니다. 완전하고 균형 잡힌 사람이 되려면 남성성과 여성성이 다 필요하므로 양쪽을 다 가진 사람들을 조롱한다면 어리석은 일이지요. 남성성과 여성성의 정의는 문화에 따라 달라지며 이들 개념은 어떤 것도 영원하지 않습니다. 다른 조작된 정체성과 마찬가지로 성 정체성 또한 고정된 것이 아닙니다.

시대와 함께 변화하다

성별 이상형은 고정된 것이 아니라 가변적이므로 시대에 따라 변합니다. 특정 사회에서 성 역할은 주어진 시간과 장소에 맞추어 정해집니다. 종족이나 종의 생존을 위해 전쟁과 사냥을 했던 선사시대에서 그 예를 찾아볼 수 있습니다. 전투와 수렵에는 육체적인 힘과 공격적인 근성이 중요했습니다. 육체적인 힘에 의지했던 원시 사회에서는 힘이 센 남자들이 보다 중요한 역할을 맡았습니다. 그러나 시대가 변하고 사회의 요구도 변했습니다. 더 이상 수렵인과 채집인으로 나눌 필요가 없어졌지요. 지금은 평화와 조화, 자애, 그리고 자비의 태도를 기르기 위해 모두가 노력할 때입니다.

'글로벌 커뮤니케이션'과 대량살생 무기로 대변되는 현대는 자신의 의견을 남에게 힘으로 강요하는 대신 서로 다른 의견을 수용하는 방법을 시급히 찾아야 할 때입니다. 이것은 오랜 시간에 걸쳐 점진적으로 이루어지는 과정이지만, 지금 우리에게 필요한 것은 주장하는 능력이 아니라 경청하는 능력임을 세상이 서서히 느끼기 시작하고 있습니다. 특히 가공할 만한 살상능력을 가진 무기를 마음만 먹으면 언제라도 사용할 수 있음을 감안할 때, 지금은 일어나서 싸울 때가 아니라 앉아서 대화를 나눌 때입니다.

이 시대는 전쟁에 나선 전사의 적의에 찬 눈이 아니라 어머니의 따뜻하고 자애로운 눈으로 서로 마주 보기를 요구합니다. 남성성과 여성성으로 굳이 구분한다면, 지금은 흔히 여성적이라 불리는 품성이 더욱 요구되는 때라고 생각합니다. 서로 소통하고 타인의 요구를 이해하려는 마음으로 경청해야 하는데, 이들 품성은 대부분의 사회에서 여성적인 품성으로 여겨집니다.

지금은 수렵인 시대가 지나갔음을 진정으로 인정해야 할 때입니다. 오늘날의 시대는 여성들이 사회에 더 크게 기여하는, 보다 여성적인 시대가 되어야 합니다. 여성의 능력을 계속 평가절하한다면, 우리는 앞으로도 계속 여성들에게 해를 끼치고 또한 '여성성'으로 여겨지는 덕성을 무시하고 그 가치를 떨어뜨리게 될 것입니다. 이 같은 덕성이야말로 지금 이 세상이 가장 필요로 하는 것입니다.

여성의 권리는 인간의 권리

이런 이유로 성별과 여성의 권리에 대해 우리가 기본적으로 갖는 생각을 바꿔야 합니다. 고백하건대, '권리'라는 개념을 처음 접했을 때 나는 별다른 느낌을 받지 못했습니다. 티베트에서 '권리'로 번역되는 단어에는 '얻는다' '승리한다'는 뜻이 있습니다. 또한 '몫'

이라는 뜻도 있는데, 아마 그 때문이었던 것 같습니다. 뜻으로 보아서는 한정된 것을 놓고 여럿이 서로 차지하려고 싸운다는 인상을 받았으니까요. 어느 한 사람이 권리를 가진다면 다른 사람은 잃을 수밖에 없습니다. 그래서 권리를 위해 싸운다는 말이 내게는 다른 사람들을 무릎 꿇리고 그들에게서 무엇인가를 빼앗으려는 제로섬 zero sum(한쪽이 득을 보면 다른 한쪽은 반드시 손해를 보는 상태) 게임같이 들렸습니다. 이런 식으로 권리를 생각하면 여성의 권리라는 말은 남성에게서 무언가를 빼앗으려는 듯한 느낌을 주니까요.

그 후, 나는 인도에서 열린 TED(Technology, entertainment, design: 기술, 오락, 디자인과 관련된 강연회를 개최하는 미국의 비영리 재단) 강연회에 참석하게 되었습니다. TED는 '알릴 가치가 있는 아이디어ideas worth spreading'를 추구하는 비영리 단체입니다. 나는 거기에서 권리를 주제로 한 강연을 듣고 새로운 사고방식에 눈을 뜨게 되었습니다. 대회기간 중 여권운동가 한 분과 대화를 나누면서 아주 중요한 것을 배웠습니다. 그 분은 여성의 권리에 대한 내 생각을 완전히 바꾸어 놓았지요. 통역자가 없어서 내용을 다 이해하지는 못했지만, 그 분은 여성의 권리를 열정적으로 강조했습니다. 그 분의 이야기를 들으면서 나는 여성의 권리가 인간 기본권의 문제임을 알았습니다. 여성의 권리는 바로 인간의 권리라는 사실을 확실하게 깨달았습니다. 여권운동가들은 인간이라면 누구나 필요로 하고 마땅히 누려야 할 권리를 여성들이 얻을 수 있도록 애쓰고 있는 것입니다.

여성만의 고통

사적인 이야기를 조금 하겠습니다. 나는 부모님과 정상적인 관계를 맺고 있다고 스스로 생각합니다. 그런데도 나는 티베트를 탈출했고 결과적으로 부모님을 떠났습니다. 떠나야 할 이유가 그곳에 있어야 할 이유보다 더 컸기에 그런 희생을 각오했습니다. 고향을 떠나온 목적을 온전히 이룰 수 있을지는 아직 더 두고 봐야겠지요. 그 당시에는 고향을 떠날 만큼 가치 있는 일이라 생각했습니다. 나는 여전히 부모님을 깊이 사랑하며, 특히 어머니에 대한 사랑은 각별합니다. 그렇지만 어머니를 다시 뵐 수 있을지는 알 수 없습니다.

나는 여성들이 느끼는 고통에 대해 더 많이 알려고 적극적으로 노력합니다. 이번 생에서 내 어머니께 느끼는 사랑을 바탕으로 이 세상의 모든 여성들을 나의 어머니로 생각하여 그들에게 도움을 주기를 염원합니다. 여성에게는 단지 여성이라는 이유로 겪어야 하는 고통이 있습니다. 다른 사람들을 고통에서 완전히 벗어나게 하는 것, 그 일에 내 삶을 바치는 것이 나의 결심이자 서원입니다. 내가 노력한 결과가 어떻게 나오든, 나는 여성들의 고통을 덜어주고 그들이 직면한 힘겨운 상황을 바꾸는 데 내 삶을 바치고자 합니다.

우리가 이룬 많은 사회적 발전에도 불구하고 지구 곳곳에는 인간 대접을 제대로 받지 못하는 여성들이 아직도 많이 있습니다. 이들이 겪은 폭력의 실태를 보면, 이들은 사람이 아니라 물건으로 취급되고 있습니다. 그저 개념에 불과한 성별 개념이 막강한 힘으로 우리의 경험을 형성하고 타인과의 관계에 영향을 미칩니다. 사회적으로 규정된 개념인 성별이 실제 사실을 반영한다고 믿고 매달리면, 우리 스스로가 사람들에게 붙인 남성 또는 여성이라는 이름표에만 눈이 팔려 그들 하나하나의 인간됨을 보지 못하게 됩니다.

인도에서는 3분에 한 명꼴로 여성이 강간당한다는 기사를 읽은 적이 있습니다. 미국도 비슷하다고 들었습니다. 정말로 심각한 문제가 아닐 수 없습니다. 이런 통계를 보면, 여성의 권리 찾기는 누가 이기거나 지는 것도 아니고 남성에게서 무언가를 뺏는 것도 아님을 확실하게 알게 됩니다. 여성의 권리는 인간의 삶과 자유의 가치를 존중하려는 것으로 이해해야 합니다. 우리가 공유하는 인간성, 그리고 우리를 이어주는 인간의 기본적인 유대를 인정하는 것입니다.

인간성을 존중하는 이런 인식은 법이나 경제 정책으로 만들어지지 않습니다. 법으로 금지된 강간이 여전히 흔하게 일어난다는 사실 자체가 법제화만으로 충분치 않음을 증명합니다. 법적 권리를 언급할 때는 법을 통제하고 시행하는 이들이 누구인지, 다른 당사자들에 의해 법이 조작되지 않는지 반드시 꼼꼼하게 따져야 합니다. 여성을 위해 경제적 기회를 창출하는 것도 마찬가지입니다. 이런 조치들은 당연히 시행되어야 하지만 그것만으로는 충분하지 않습니다. 이 문제는 법제화나 사회적 정책만으로 해결할 수 없습니다. 우리 모두가 마음으로부터 깊이 공감할 수 있는 해결책이 나와야 하며, 그보다 훨씬 더 깊은 차원, 즉 태도의 차원에서 변화가 일어나야 합니다.

여성들이 피해를 입지 않게 보호하는 것만으로는 여권의 변화를 기대할 수 없습니다. 우리들이 잘못된 태도를 바꾸지 않는 한, 여성의 행복은 계속 위협을 받을 것입니다. 내부의 변화 없이 외부의 변화는 일어나지 않습니다. 관습적인 태도와 사고에 기인한 사회문제는 아무리 법을 바꾼다고 해도 한정된 효과를 가져올 수밖에 없습니다. 법으로 생각을 바꿀 수는 없는 노릇이니까요.

이 문제와 관련하여, 티베트 불교계에는 현실적인 개선 방안이 한 가지 있습니다. 비구니(불문에 출가하여 계를 받고 수행하는 여성 승려. 남성 승려는 비구라 함) 수계식을 도입하는 것입니다. 과거 인도에는 비구니 수계식이 있었는데, 티베트에는 전혀 없었습니다. 애초에 나는 수계식 도입에 있어서 제일 큰 장벽은 사원의 계율과 정책이라고 생각했습니다. 나중에야 진짜 문제는 비구니와 여성에 대한 사회의 편견임을 깨달았습니다. 티베트 사회가 정식으로 계를 받은 비구니 승가의 가치를 인정할 때 비로소 우리의 목표가 이루어지리라고 생각합니다.

　이쯤에서 여러분이 주의해야 할 한 가지를 일러드려야 할 것 같습니다. 불교의 가르침에는 성별 문제와 관련하여 유익한 지혜가 담겨 있기도 하지만, 불교 사회가 건전하고 이상적인 성별 개념과 관행을 제공하리라고 기대하지 마시기 바랍니다. 불교계에는 여러분이 받아들이기 원치 않을 부분이 틀림없이 있습니다. 불교 제도 전체가 완전한 것은 아닙니다. 특히 성 차별에 관한 한, 더욱 불완전한 부분이 있습니다.

남성에게도 상처가 되는 성별 이상형

　성별 개념이 여성의 삶에 미치는 영향에 대처하려는 노력이 중요하듯, 조작된 성 정체성이 여성과 마찬가지로 남성에게도 문제가 된다는 점 또한 유념해야 합니다. 여성과 똑같이 남성 또한 사회에서 부과하는 역할에 얽매여 있습니다. 성별에 대한 사회의 관습적인 시각은 남녀 구분 없이 우리 모두에게 적용됩니다.

　티베트에서도 성별 개념의 문제는 남녀 모두에게 영향을 끼칩니다. 예를 들어, 대부분의 문화에서 울음은 남자답지 않은 것으로 여겨집니다. 내가 태어난 캄 지방의 남자들은 무조건 용감해야 합니다. 전통적으로 캄의 남자들은 용감하기로 유명했고, 그곳에서는 지금도 용기가 여전히 최고의 미덕으로 여겨지고 있습니다. 옛날에는 전장에서 싸우다가 죽는 것이 위대한 용기의 상징이었습니다. '진짜 남자'라는 표시였지요. '진짜 남자'가 되기 위해 상대방을 잔혹하게 무찔렀고, 공격을 당해도 두려워하면 안 된다고 배웠습니다. 남자다운 남자가 되기 위해 적에게 선제 공격권을 일부러 내준 이들도 실제로 있었다 합니다. 적에게 당해도 절대로 비명을 지르거나 아픈 내색을 하지 않았지요. 자신이 얼마나 용감한지 보여주기 위해 검 하나만 든 채 벌거벗고 싸우는 훈련도 있었습니다. 캄지방 남자들의 검투 같은 결투를 여러분은 어디서도 본 적이 없을 겁니다. 기술도 없고, 무술도 없고, 묘수도 없습니다. 한 사람이 쓰러질 때까지 죽어라 하고 칼을 휘두를 뿐입니다. 이것으로 액션 모험영화를 만든다면 아마 할리우드에서도 성공을 거둘 것 같습니다.

캄 출신이긴 하지만, 나는 다른 사람들에게 공격적인 입장을 취하거나 대립하는 것을 꺼리는 편입니다. 내가 잘 되기를 바라는 이들은 내게, 진심을 너무 드러내지 말고 좀더 공격적으로 나가라는 조언을 가끔 합니다. 내가 지나치게 솔직하고 남을 잘 믿는다고 염려들 하지요. 온갖 동기와 속셈을 가진 사람들이 나를 속이거나 자신들의 목적을 위해 내 이름을 이용할 수 있다고 경고합니다. 이런 충고를 분명히 듣기는 했지만, 잘 바뀌지 않더군요. 사실은, 바꾸고 싶지 않습니다.

생물학적 근거

사회적으로 형성된 개념인 성 정체성과 달리, 남자와 여자는 실제로 생물학적으로 다른 점이 몇 가지 있습니다. 이것은 명백한 사실입니다. 남자와 여자의 차이점을 모두 없애버리고 완전히 똑같아지는 것을 목표로 한다면, 그것은 전혀 고려할 만한 방안이 아닙니다. 부인할 수 없는 신체적 차이가 있으니까요. 그 차이 역시 의학적으로 바꾸려는 사람들도 물론 있을 수 있고 또 괜찮지만 일반적으로 생물학적 차이는 존재합니다.

그러나 이들 생물학적 차이가 사회적으로 의미하는 바를 우리는 바꿀 수 있습니다. 생물학적 차이의 사회적 의미는 성별에 대한 우리의 관념이 만든 것이므로 성별의 사회적 의미를 결정하는 것은 몸이 아니라 마음입니다. '남성성'과 '여성성'은 본래 있는 것이 아니라 사회가 만든 조작된 정체성입니다. 신체 구조의 차이 너머로 보다 미세하게 생각하면 인간의 근본 바탕에는 심리학적으로 또한 생물학적으로도 남성과 여성 양쪽의 요소가 포함되어 있습니다. 우리에게는 양쪽이 다 존재합니다.

유대교와 기독교 전통에서는 먼저 남자가 있었고 나중에 여자가 생겼다는 견해가 지배적입니다. 그러나 불교에는 그와 전혀 다른 이야기가 전해집니다. 이 설화는 처음에는 성별도 없고 성도 없었다고 주장합니다. 남자도 여자도 아닌, 다만 인간이 있었습니다. 사회적으로 생물학적으로 모두가 평등했습니다.

그런데 이들 인간이 땅에서 저절로 나온 것을 점점 더 많이 먹으면서 갈수록 거만해지기 시작했습니다. 이야기에 따르면 어느 날부터 이들은 특별한 나무에서 나는 열매를 먹기 시작했는데, 이 나무는 열매를 따는 즉시 열매가 새로 열렸다고 합니다. 이 열매를 먹은 사람들에게 독특한 기관이 생겨났고, 그에 따라 남성과 여성으로 나뉘었습니다. 여자들만이 아니라 모든 인간, 즉 여자가 된 사람들뿐만 아니라 남자가 된 사람들도 다 열매를 먹었다고 전해집니다.

이 설화는 남자나 여자가 아닌, 인간으로 존재하는 시대가 있었음을 상정합니다. 인간이란 존재가 남자 또는 여자라는 존재보다 먼저임을 의미하지요.

내가 알기로는, 서양 의학에서는 인간이 생물학적으로 여성에서 시작된다고 가르칩니다. 자궁에서 태아가 만들어질 때 인간은 애초에는 여성인데 나중에 일부가 여성에서 남성으로 전환된다는 것이지요. 티베트 의서에도 동일한 견해가 나와 있는데, 남성과 여성은 성기가 밖으로 드러나 있는지 아니면 안에 있는지에 따라 구별됩니다.

요컨대 신체적 차이를 기준으로 사회를 나누려고 한다면 그럴 만한 근거는 있습니다. 그렇지만 굳이 그렇게 나누어야 할 필요가 있을까요? 게다가 이런 구분으로 정체성을 조작하는 것은 매우 일방적입니다. 이미 여러 번 언급한 것처럼 성별 개념은 사회적 조작에 불과합니다. 우리가 성별 개념을 절대적인 사실로 느끼는 이유는 오로지 사회적 조건과 우리 자신의 관념 때문입니다.

몸에 대한 잘못된 생각

우리가 겪는 많은 어려움의 대부분이 몸의 중요성을 과장하는 데서 비롯됩니다. 이를테면 행복이 육체로부터 온다고 믿는 사람들이 많은 것 같습니다. 어리석은 기대이지요. 일시적인 만족감과 충만하고 안정된 행복을 완전히 혼동하기 때문에 나타나는 현상입니다. 이런 혼동으로 인해 우리는 우리 몸과 매우 비정상적인 관계를 맺게 됩니다.

성별 이상형은 우리의 삶과 정체성에 있어서 우리 몸에 과장된 역할을 부여합니다. 이 또한 혼동에서 비롯된 것으로 조작된 정체성을 진짜 자기라고 오해해서 생긴 것이지요. 성별 개념에는 이상적으로 보이는 여성 또는 남성의 외모가 포함됩니다. 이런 개념 못지 않게 어리석은 현상이 있습니다. 자신의 외모가 이상형에 얼마나 가까운가에 따라 정체성과 행복이 결정된다고 실제로 생각하는 사람들이 많다는 것입니다. 우리 몸이 행복을 가져다 주리라고 기대하거나 자신의 정체성을 나타내는 주요 요소라고 생각한다면, 우리는 이미 자기 몸과 완전히 비현실적인 관계를 맺은 것입니다.

우리는 다양한 방식으로 자신의 몸과 비정상적인 관계를 맺습니다. 누구도 피할 수 없이 자연적으로 나타나는 노화의 표시를 숨기기 위해 성형수술을 받는 사람들이 있습니다. 어떤 이들은 섭식장애를 일으키기도 합니다. 스스로 즐겁기 위해 지나치게 많이 먹는 사람이 있는가 하면, 남들의 이목을 끌기 위해 억지로 조금만 먹는 이도 있습니다.

살이 빠지면 행복해질 거라고 생각하는 이들이 상당히 많습니다. 사람들은 체중이 줄었는데도 자동적으로 행복해지지 않으면 살 빼기가 행복을 가져다 주지 못함을 깨닫기보다는 살이 덜 빠져서 일어난 문제라고 생각합니다. 거식증은 스스로 굶어서 죽음에까지 이르는, 아주 무서운 병입니다. 거식증에 걸린 프랑스 모델이 말 그대로 굶어 죽었다는 뉴스 보도를 본 적이 있습니다. 솔직히 말해서, 그녀는 너무 말라서 사람이라기보다는 걸어 다니는 해골 같았습니다. 몹시 안타깝고, 무의미한 짓입니다.

많은 사람들이 자신의 몸을 원하는 체형으로 만들기 위해 하루에도 몇 시간씩 헬스장에서 보내곤 합니다. 과도한 다이어트와 마찬가지로 이런 행동 역시 자신의 몸을 이상형의 외모에 걸맞게 만들려는 동기에서 비롯됩니다. 이때도 이상형은 대부분 성별 개념에 근거하여 결정됩니다.

성별 개념에 속아 이상적인 체형이 되면 괴로움에서 벗어나고 행복해지리라는 환상에 빠지지 않도록 주의하세요. 전적으로 잘못된 생각입니다. 행복은 몸의 형태나 크기로 규정되지 않습니다. 피부 색깔로도 규정되지 않습니다.

이는 말할 필요도 없이 당연한 사실이지만 우리 주변을 둘러보면 아직도 이런 현상이 계속되고 있습니다. 인도에는 피부 색깔을 뽀얗게 만드는 제품이 있습니다. 서양에는 뜨거운 햇볕 아래 누워 피부를 태우는 사람들이 많다고 들었습니다. 몸을 통해 자기 만족을 얻으려는 어리석기 짝이 없는 시도일 뿐입니다. 이런 시도에도 불구하고 행복해지지 않을 때는 실제로 문제가 어디에 있는지 분석하기 위해 자신의 마음을 들여다볼 일입니다. 또한 우리 사회가 어떻게 해서 체형과 피부 색깔이 행복을 결정한다고 철석같이 믿는 지경에 이르렀는지 스스로 반성해야 합니다.

내면의 가치

여러분의 몸이 사회에서 성별에 따라 일컫는 이상형과 얼마나 비슷한지는 그리 중요하지 않습니다. 아무리 완벽한 육체라 하더라도 영원한 행복을 가져다 주지 못하며 삶의 우여곡절 속에서 여러분을 지탱해주지 못합니다. 여러분을 지탱하는 것은 여러분 자신의 고결한 생각과 선한 마음입니다. 겉으로 어떻게 보이든 여러분의 내면이 선하다면, 여러분은 마음속에 늘 소중히 간직할 수 있는 무언가를 가진 것입니다. 만약 여러분의 몸이나 성별에 대한 편견 때문에 스스로가 싫어질 때면 자신의 내면을 들여다보세요. 거기 여러분이 이제껏 지녀온 고결한 생각이 있다는 사실을 확인하면 언제든 스스로를 다시 사랑할 수 있는 이유를 찾을 테니까요. 진실한 의도를 가진 것에 기뻐하세요. 모든 것은 의도에서 시작됩니다. 만약 여러분이 지금껏 아름다운 염원을 간직해왔다면, 이 염원은 언제까지나 여러분의 한 부분, 아름다운 부분을 이룰 것입니다.

자기 자신을 사랑하는 진정한 이유는 외적인 것과 아무 상관 없습니다. 몸도 아니고 다른 사람들이 여러분에게 갖는 기대도 아닙니다. 선한 마음을 바탕으로 살아간다면, 그 무엇도 여러분의 자아존중감self esteem(자신에 대한 판단과 그것과 관련된 감정, 자기 자신을 가치 있고 긍정적인 존재로 평가하는 개념)을 해치지 못합니다. 여러분의 내적 본성과 장점, 아름다운 품성을 기뻐하세요. 그것들이 남성성이라 불리든 여성성이라 불리든 상관없습니다. 그렇게 시작하면 됩니다.

자신의 내면 깊숙이 있는 선함을 놓치지 않는 한, 여러분은 스스로를 흔들림 없이 사랑하게 되므로 비현실적인 성별 고정관념에서 오는 어떤 어려움도 이겨낼 수 있습니다.

비현실적 기대 버리기

　내면의 선함을 바탕으로 자기 자신의 가치를 인식하는 것이 중요한 데는 몇 가지 이유가 있습니다. 우선, 자신을 규정하기 위해 밖으로 눈을 돌리지 않아도 됩니다. 게다가 성별 개념이 마음속에 깊이 자리잡으면 부정적으로 작용할 수 있습니다. 성별 개념은 일종의 관념이므로 생각에 영향을 주어 기대가 생깁니다. 이때, 기대치를 너무 높게 정하면 부정적인 자아상이 형성됩니다. 자존감은 낮고 이상은 높은 경우, 그 간극을 좁히기가 불가능하게 느껴질 수 있습니다.

　나는 경험을 통해 그 사실을 알게 되었습니다. 까르마빠의 의무는 깨달으신 부처님의 불사를 수행하는 것입니다. 그러니 그 수준이 얼마나 높습니까? 그에 비해 나는 걸핏하면 습관적인 버릇에 무너져버리는, 그저 평범한 사람일 뿐입니다. 까르마빠로서 나는 남들이 우러러보는 인물이 되어야 합니다. 단 하나의 결점도 없어야 하는데, 내게는 물론 수많은 결점이 있습니다. 이들 기대치와 내가 생각하는 나 사이에는 엄청난 간극이 있습니다. 그러므로 나 자신에 대해 늘 좋게 느끼는 것은 아닙니다. 나로서는 잘 하려고 하지만, 솔직히 말해서 내가 바라는 바를 모두 이루지는 못하겠지요.

　자신이 꼭 해야 하는 것 또는 하고 싶은 것과 실제로 자신이 할 수 있는 것이 일치하지 않으면 스스로에게 불만을 느끼기 쉽습니다. 이렇게 본다면 여러분이나 나나 모두 비슷한 처지에 있는 셈입니다. 여기에서 도움이 되는 태도는 스스로에 대한 기대를 놓아버리는 것입니다.

단지 남자 또는 여자라는 이유로 이렇게 보여야 하고 또 저렇게 행동해야 한다는 말에 휘둘리지 마세요. 사회가 부과한 정체성이 진짜 자기라고 믿지 않는 한, 여러분에게는 무한한 잠재력이 있습니다. 여러분이 누구인지는 자로 재듯 측정할 수 있는 대상이 아닙니다. 여러분에게는 누구라도 될 수 있는 엄청난 가능성이 있습니다. 그 구체적인 형태를 결정하는 것이 여러분의 몫입니다.

05

소비 지상주의와 탐욕

최　선　의
부　　　는
자　　　족

자신이 택한 정체성으로 인해 우리가 어떻게 제약을 받게 되는지 앞에서 살펴보았습니다. 우리가 세상과 교류하는 방식이 우리를 만들고, 그것이 다시 세상을 만듭니다. 평소 우리가 물질적 대상과 맺는 관계 방식이 소비문화로 나타납니다. 그렇지만 우리에게는 이 관계 방식을 바꿀 수 있는 가능성이 있으므로 우리 자신이 소유물을 대하는 태도는 물론 우리 사회의 소비문화도 바꿀 수 있습니다.

우리가 가진 모든 것은 결국 땅과 바다에서 나온 물질로 만들어집니다. 천연자원은 한도가 있지만 이들 자원을 소비하도록 부추기는 탐욕은 끝이 없습니다. 탐욕을 적극적으로 통제하는 것은 적극적으로 우리에게 달렸습니다. 우리가 탐욕을 통제하지 못하는 이유 중 하나는 탐욕이 인간의 천성이라고 굳게 믿기 때문입니다. 이 생각에 나는 의문을 제기합니다. 우리가 탐욕에서 벗어날 수 있다는 사실을 나는 보여줄 수 있습니다. 탐욕은 선천적인 것이 아니니까요. 탐욕에서 벗어나면 우리가 가진 물질들과 보다 건강한 관계를 맺게 됩니다. 그러면 소유에 덜 집착하고 행복과 물질적 부를 혼동할 염려도 줄어들어서 보다 건강한 사회가 되겠지요.

지금 우리의 지구가 어떤 지경인지 안다면 이 세대의 소비 습관을 한시라도 빨리 바꿔야 한다는 데 누구나 동의할 것입니다. 끝없이 더 많은 것을 원하는 인간의 탐욕은 자연의 한계를 넘어 지구 자원을 착취하고 있습니다. 이런 상황이 계속된다면 우리의 생명을 지탱시켜주는 자원이 자연적으로 한계에 도달하는 날이 틀림없이 올 것입니다.

21세기는 천연자원을 전례 없이 빠르게 소모한 시대로 세계사에 기록될 것 같습니다. 과학자들에 의하면 우리는 지난 30년 동안 지구 자원의 3분의 1을 소비했습니다. 이런 추세라면 21세기가 가기도 전에 인간은 지구를 아무것도 없는 바위덩어리로 만들어놓고 말 것입니다.

그렇게 되면 이 지구 위에서 인간의 생존 자체가 위태로워질 것이 자명합니다. 설사 그 시기가 조금 더디게 온다 하더라도, 우리가 지금 같은 속도로 소모한다면 지구 자원은 급속도로 고갈될 수밖에 없습니다. 자신의 생존에 대해 크게 염려하는 마음이 들지 않을 수 있지만, 지구는 우리만의 것이 아닙니다. 우리는 이 지구를 미래 세대에게 물려주어야 합니다. 지금, 그리고 다가올 미래에 이 지구에서 인간이 생명을 유지할 수 있게 하려면 우리에게는 아무리 어렵더라도 소비 습관을 바꿔야 할 책임이 있습니다.

우리는 누구나 예외 없이 소비생활을 하므로 각자가 이 책임을 져야 합니다. 앞서 가기 위해 또는 사회적 지위라는 명목으로 우리는 새로 나온 전자제품, 새 차, 새 집을 사야 한다고 생각합니다. 일단 하나를 사면 구색을 갖추고 유지하기 위해 더 많은 것을 구입해야 합니다. 그러려면 새 물건들을 어디에선가 들여와야 하겠지요. '업그레이드'를 위해 바꾸는 것들 역시 어디론가 치워야 합니다. 우리는 대체로 지금 쓰고 있는 물건들과 거기에서 얻는 당장의 만족감만을 중요하게 여깁니다. 그 너머 소비가 끼치는 영향, 즉 소비의 장단기적 영향에 대해서는 거의 생각하지 않습니다. 그 결과가 얼마나 무서운지 지금 당장 명백하게 볼 수 있어야 하는데, 실제로는 전혀 그렇지 못합니다. 보다 장기적인 안목으로 보면, 이런 종류의 소비는 오래 갈 수 없다는 것이 자명해집니다. 이대로는 안 됩니다. 어떻게든 바꿔야만 합니다.

스스로 변화를 주도하다

여태까지는 경제력이 있는 소수의 국가들만이 소비문화를 누려 왔지만 이제는 세계화를 등에 업고 지구 곳곳에서 점점 더 많은 사람들이 소비문화의 대열에 합류하고 있습니다. 소위 선진국들이 주도해 오던 소비문화에 다른 나라들이 가세하면서 속도전쟁에 불이 붙었습니다. 갈수록 더 많은 사람들이 경쟁적으로 사들이고 써버리는 바람에 지구 자원이 바닥을 드러낼 날이 빠르게 다가오고 있습니다. 이로써 선진국들은 자기들이 선도하고 있는 추세에 대해 깊이 돌아보고 반성하는 책임까지 떠안게 되었습니다.

그런데 변화를 주도하는 책임을 누가 져야 할까요? 모두가 염려하는 공적 사안이니 당연히 정부가 나서기를 기대하게 됩니다. 실제로 정부가 이 같은 변화의 대리인이 되어 주기를 기대하는 이들이 많습니다. 결국 국민의 행복과 국가의 미래를 돌보는 것이 정부의 핵심적인 역할이니까요.

그렇지만 이 같은 난제를 떠안을 수 있는 국가들은 대부분 매우 선별적으로 문제 해결에 나서고 있습니다. 자국의 천연자원 일부에 대해 보호 조치를 취하는 한편, 어떻게 생산되는지 제대로 조사하지도 않은 채 동일 자원을 타국으로부터 거리낌없이 들여옵니다. 집을 청소한다면서 자기네 쓰레기와 골칫거리를 다른 집에 내다버리는 격이지요. 우선은 버려진 쓰레기 더미 속에서 살아야 하는 사람들이 직접 해를 입겠지만, 결국 쓰레기를 내다버린 이들에게도 해가 되기는 마찬가지입니다. 우리는 지구라는 커다란 집에서 함께 사는 대가족이니까요. 집 한 구석으로 쓰레기를 치워놓는다 해도, 우리는 여전히 더러운 집에서 함께 사는 것입니다. 방 천장을 떠받치는 기둥 하나가 썩으면 집 전체가 흔들리는 것과 같은 이치입니다.

국가로부터 적극적인 변화를 기대할 수 없는 경우, 우리는 거대기업에 눈을 돌리게 됩니다. 주로 다국적 기업들이 전세계에 걸쳐 개발을 주도하니까요. 그러나 여기도 마찬가지로 문제가 있습니다. 이들 기업의 최우선 목표는 이익을 내는 것이지, 인류를 위해 평화와 행복을 창출하는 것이 아닙니다.

이렇듯 우리는 책임을 다른 사람에게 미룰 수 없습니다. 첫 번째 이유는 그런 방법으로는 일이 절대로 해결되지 않기 때문입니다. 또 다른 이유는 우리 스스로에게 책임이 있기 때문입니다. 대기업에서 상품을 만드는 것이 누구 때문입니까? 소비자, 즉 우리 때문입니다. 문제의 중심에 바로 우리들이 있습니다. 그렇지만 우리는 생각보다 훨씬 더 큰 힘이 있습니다. 우리가 가진 이 힘을 깨닫고 여럿이 힘을 모아 사용하면, 우리들 개개인이 문제 해결에 한몫을 담당하게 됩니다.

하나의 지구지만, 우리 모두 영웅이 될 수 있다

다른 사람들이 올바른 결정을 내릴 때까지 기다릴 것 없습니다. 우리가 힘을 합쳐 모두 함께 건전한 소비 생활을 선택한다면 올바른 길을 찾을 수 있습니다. 소비 체제를 바꾸려면 우리들 소비자가 소비 행동과 태도를 바꾸기로 단결했다는 사실을 정부와 기업을 상대로 지속적으로 분명하게 알려야 합니다. 무엇을 구입할지, 더 나아가 구입할지 말지는 우리가 결정하는 것입니다. 특정 상품을 구입하는 것만으로도 우리의 결의를 보여줄 수 있습니다. 또한 아예 구입하지 않는 선택권도 행사할 수 있겠지요.

소비자로서 우리가 해야 할 일이 엄청나게 많고 책임 또한 막중합니다. 이 세상의 미래는 진정으로 이 일에 달려있습니다. 다른 사람들이 나서기를 더 이상 기다려서는 안 됩니다. 이 세상을 구할 영웅은 바로 우리들입니다. 우리들 한 사람 한 사람입니다. 만일 우리가 이 도전을 받아들인다면, 그것은 정말 위대한 선택입니다. 우리는 이타적인 영웅이 되는 것입니다.

영화에서처럼 영웅 한 사람이 이 세상을 구하기를 기대하기는 어렵습니다. 만약 모든 것이 한 사람에게 달려있다면 그 사람이 죽거나 단지 힘이 빠지기만 해도 세상은 끝나버립니다. 어쨌든 누군가가 나타나서 우리를 이끌 때까지 손을 놓고 기다려서는 안 됩니다. 우리는 각자 변화를 일으키는 데 필요한 도구를 이미 가지고 있습니다. 이 도구를 모두가 함께 써야 합니다. 한 사람의 영웅이 감당하기에는 너무도 큰 일이니까요. 티베트를 탈출하여 인도에 처음 도착했을 당시, 어떤 잡지에서 나를 "올해 아시아의 영웅"으로 보도했습니다. 선정된 사람이 나 혼자는 아니었지요. 그 잡지는 해마다 다수의 영웅을 지명합니다. 아시아 그리고 이 세상에는 영웅이 많이 필요하다고 이해한 모양입니다. 영웅은 임무가 요구하는 만큼 많이 필요합니다.

진정한 영웅이 되려면 선하고 숭고한 염원을 일으켜야 합니다. 기필코 다른 사람들에게 도움이 되겠노라고 온 마음을 다해 결심해야 합니다. 진정으로 선한 결심은 숭고한 행위를 낳습니다. 세상을 위해 선한 염원을 품고 숭고한 행위에 뛰어드는 사람들이 '보살 菩薩'(산스크리트어 Bodhisattva의 한문 표기인 보리살타의 준말, 깨달음을 구하는 사람이라는 뜻으로 대승불교의 이상적 인간상)입니다. 티베트에서는 이런 보살들을 영웅이라 부릅니다. 선한 염원과 숭고한 행위가 영웅을 만들기 때문입니다. 누구나 자신의 내면에 있는 선한 마음에 의지하여 행동할 수 있으며, 그럼으로써 영웅이 되는 것입니다.

길 바꾸기

우리는 누구나 영웅이 될 수 있습니다. 더 많이 사들이고 더 많이 파는 것을 바탕으로 하는 세계 문화에서 벗어나 새로운 길을 개척하면 됩니다. 첫 번째 단계는 왜 가던 길을 바꿔야 하는지, 또 어떻게 바꾸는지 분명하게 이해하기 위해 스스로 배우는 것입니다.

습관적인 소비문화를 바꿔야 한다는 이 시대의 요구에 부응하려면 탐욕의 역할과 특성을 이해해야 합니다. 탐욕이 얼마나 파괴적인가를 우리들 각자가 확실하게 알아야 합니다. 탐욕과 그것이 주도하는 소비 지상주의는 개인과 사회, 그리고 지구 전체에 심각한 해를 끼칩니다. 우리가 보아왔듯 탐욕은 자연환경에 가공할 만한 영향을 미칩니다. 탐욕에 눈이 먼 우리는 끝없이 가지려고 하는 갈망이 지구에 얼마나 심각한 해를 끼치는지 볼 수 없습니다. 탐욕은 개인의 행복에도 실질적인 장애가 됩니다. 아직 갖지 못한 것을 쫓아다니느라 이미 가진 것을 볼 수 없으니까요. 아무리 많이 가져도 탐욕은 결코 채워지지 않습니다. 탐욕을 기반으로 한 사회와 삶은 정말이지 불행할 수밖에 없습니다.

우리 사회가 이 문제를 중요하게 다루지 못하는 장애 요인 중 하나는 우리가 탐욕에서 절대로 벗어나지 못할 거라는 의구심 때문입니다. 마음속 깊이 우리는 탐욕이 인간 본성의 한 부분이라고 생각합니다. 그러나 탐욕은 타고난 본성이 아닙니다. 그럴 만한 원인과 조건이 함께 오기 때문에 일어나는 것뿐입니다. 만약 탐욕이 천성적이고 필연적인 요소라면 어떤 조건에서든 항상 존재해야 합니다. 그러나 탐욕은 때에 따라 일어나기도 하고 그렇지 않기도 합니다. 만일 탐욕이 우리의 일부분으로서 늘 천성적으로 존재한다면, 우리 안에서 탐욕은 어떻게 생기고 사라질까요? 만약 모든 사람들이 탐욕을 타고 난다면, 다른 사람들보다 훨씬 더 탐욕스러운 사람들은 왜 그럴까요?

내 말이 믿기지 않을지도 모르지만, 우리 마음속에서 탐욕이 어떻게 생겨나고 사라지는지를 지켜볼 수 있는 기회가 많이 있습니다. 갈망이나 집착하는 태도에서부터 탐욕이 마음속에서 점차 커지는 과정을 우리는 실제로 볼 수 있습니다. 광고와 상업방송은 탐욕을 일으키는 데 아주 효과적인 장치입니다. 아시아에서는 인도가 텔레비전 광고로 유명합니다. 언젠가 TV에서 홍콩 영화배우 성룡과 승려 한 사람이 하늘 높이 솟아오르는가 싶더니 최신 모델의 오토바이에 올라타는 광고를 본 적이 있습니다. 이런 광고를 처음 보면 하도 우스꽝스러워서 재미있게 느껴집니다. 처음에는 그저 웃음이 나올 뿐이지만, 결국에는 그 오토바이가 진짜로 갖고 싶어진다니까요!

이런 일이 어떻게 일어날까요? 우리는 모두 행복해지기를 원하지만, 대부분의 사람들이 진정한 행복이 어디에서 오는지 확실하게 알지 못합니다. 광고는 행복해지려면 이러이러한 것이 필요하다는 특정한 문구를 우리에게 전달합니다. 이들 영상과 문구를 반복해서 보거나 듣게 되면 일종의 관념적인 습관이 형성됩니다. 그러면 광고에 나온 것이 행복의 열쇠가 될 수 있다고 생각하게 되고 갖고 싶은 마음이 저절로 생기는 것이지요. 그래서 결국 이렇게 중얼거리게 됩니다. "저 오토바이를 사고야 말겠어. 폼 나게 돌아다녀야지. 나는 출세도 하고 행복도 차지할 거야."

시간이 흐르면서 우리에게는 자기가 갖지 못한 것을 간절히 바라는 습관이 생깁니다. 어디서 왔는지 모르지만 이 습관적인 욕망은 우리 마음을 파고들어 탐욕으로 자라납니다. 다른 습관과 마찬가지로 탐욕은 서서히 자랍니다. 탐욕이 습관화되기 시작하는 초기에는 이 새로운 습관에 주의를 기울이기가 쉽지 않습니다. 대부분의 사회가 우리들이 탐욕에 빠지기를 부추기기 때문이지요. 탐욕의 습관이 우리 안에 깊숙이 자리를 잡을수록 우리는 더 철저하게 탐욕의 노예가 됩니다. 이제 탐욕은 더욱 천성적으로 느껴집니다. 일단 탐욕이란 습관이 몸에 배면 늘 무언가가 부족한 마음이 들어 자기에게 없는 것을 끝없이 찾아 나서게 됩니다. 한 마디로 탐욕은 불행의 씨앗입니다.

나는 이 점을 강조하고 싶습니다. 탐욕을 억제하기 어려운 까닭은 그것이 천성이기 때문이 아니라 한 번도 억제되지 않은 채 오랜 시간에 걸쳐 형성된 습관이기 때문입니다. 이 사실을 우리는 제대로 인식해야 합니다. 오래 된 습관을 깨는 것이 아무리 어렵다 하더라도, 어떤 습관이든 노력하면 반드시 깨집니다.

속기 쉬운 마음과 상품의 유혹

탐욕이 우리 안에서 어떻게 생기는지를 이해하는 데 크게 도움이 되는 요소 두 가지가 불교 경전에 나와 있습니다. "모든 현상이 변덕스럽고 거짓되게 드러난다"는 설명이 그 하나입니다. 사물 자체가 거짓된 모습으로 수없이 다르게 나타나는데 이것들은 실재와 아무 상관이 없다는 뜻입니다. 다른 하나는 속기 쉬운 마음입니다. 이 두 조건이 만나면 정말 위험합니다. 속기 쉬운 마음이 거짓된 겉모습을 진짜로 믿으니 쉽게 속아 넘어갈 밖에요.

이것이 어떻게 작동하는지 보기 위해 다시 소비자 마케팅으로 돌아가도록 하지요. 마케팅에서는 인간의 창의력을 총동원하여 속기 쉬운 마음과 거짓된 겉모습이라는 두 가지 요소를 활용합니다. 그 결과 더없이 유혹적인 모습을 뽐내는 상품이 탄생합니다.

과거의 위대한 명상가들은 감각적인 쾌락을 추구하는 것이 덧없음을 알았습니다. 여기에는 물론 소비재도 포함됩니다. 그들은 금욕을 철저하게 실천했고 욕망과 탐욕에서도 완전히 벗어났습니다. 이처럼 위대한 명상가들조차 만약 21세기에 태어난다면 자유롭지 못할 거라고 나는 가끔 농담처럼 말합니다. 상품이 그럴 듯하게 보이도록 마케팅 전문가들이 워낙 교묘하게 조작하니까요. 만약 이들 명상가가 처음으로 스마트폰을 받게 된다면 아마 마음을 단단히 먹고 받지 않을 겁니다. 얼마 후, 누군가가 또 아이패드를 선물

한다면, 그들은 역시 받지 않고 견뎌낼 겁니다. 그런데 이번에는 온갖 놀라운 기능을 가진 새로운 버전이 나왔다는 소리가 다시 들리는 겁니다. 이쯤 되면 명상가들로서도 정말 버티기 어렵겠지요.

상품은 사람들의 눈과 마음을 사로잡도록 특별하게 디자인됩니다. 우리는 자기에게 이미 있는 것보다 새로 사야 할 상품에 눈을 돌리는 법이므로 끝없는 업그레이드 게임에 빠질 수밖에 없습니다. 이들 상품은 우리의 눈과 귀에 대고 끊임없이 속삭입니다. "다음 버전에는 당신이 기다리던 기능이 업그레이드됩니다. 새로 나올 디자인은 이번 것과 비교도 할 수 없이 매력적이지요. 게다가 색깔도 당신이 제일 좋아하는 거랍니다." 이들 상품은 대량으로 생산되어 쏟아져 나오지만, 소비자의 탐욕과 집착에 맞추어 주문 생산된다고 볼 수 있습니다. 겉모습 또한 우리의 눈과 마음을 홀릴 수 있도록 한 치의 오차 없이 맞춤으로 생산됩니다.

그러나 내가 보기에 더 큰 문제는 속기 쉬운 마음입니다. 바로 이 마음 때문에 우리는 상품의 기만적인 유혹에 쉽게 넘어가고 맙니다. 즉, 상품보다 우리 자신이 더 큰 문제라는 뜻입니다. 때로 우리는 어린애가 됩니다. 자신에게 필요한 것을 판단할 때면 성숙한 데가 눈곱만치도 보이지 않습니다. 한 번 생각해 봅시다. 아기가 울 때 울음을 그치게 하는 가장 손쉬운 방법은 장난감입니다. 아기 앞에서 장난감을 흔들어 주목을 끌면 아기는 장난감을 잡으려고 손을 뻗습니다. 그때 장난감을 건네면 아기는 이내 조용해집니다. 이 상황에서 우리의 의도는 단지 아기가 울음을 뚝 그치게 만드는 것입니다. 아기의 근본적인 욕구 해결에는 전혀 관심을 기울이지 않습니다. 아기가 좋아할 만한 것을 대신 쥐어주고는 잠시 울음을 그치도록 속임수를 쓰는 것이지요.

우리 어른들 또한 전자제품을 비롯한 어른용 '장난감'을 비슷한 목적으로 사용합니다. 무엇이든 우리를 정말 힘들게 하는 것으로부터 잠깐 벗어나고 싶은 겁니다. 그러면서도 그저 심심풀이로 하는 오락거리일 뿐이라고 둘러댑니다. 대체로 우리의 소비 행위는 이런 식으로 단기적인 목적에 그치는 경우가 대부분이고, 오랜 기간에 걸쳐 형성되는 소비 습관이나 자신의 소비 행동이 야기하는 광범위한 영향에는 거의 관심을 두지 않습니다. 이미 많이 가졌음에도 불구하고 불만족스럽거나 부족하게 느끼는 이유가 무엇인지에 대해서는 아예 생각조차 하지 않을 때가 허다합니다.

우리가 이런 식으로 갈망과 탐욕이 이끄는 대로 무엇인가를 사들이거나 사용하고 있다면, 무엇인가 크게 잘못되었음을 깨달아야 합니다. 우리는 탐욕에 눈이 먼 것입니다. 눈을 뜨는 것은 우리 자신에게 달려 있습니다. 우리가 나서야 합니다. 탐욕에는 끝이 없습니다. 우리는 탐욕을 반드시 알아차리고, 대처하고, 적극적으로 통제해야 합니다.

우리 주변에는 탐욕이 이끄는 곳이라면 어디든 생각 없이 따라가도록 부추기는 것들이 널려 있다는 사실을 강조하고 싶습니다.

행복이 물질에 달려있다는 것을 우리에게 확신시켜주기 위해 만들어진 광고가 융단폭격이라도 하듯 사방에서 쉴 새 없이 쏟아져 나옵니다. 오늘날의 세계 문화는 이들 상품을 얼마나 많이 가졌는가가 성공의 잣대이며 심지어 인간으로서의 가치라고 주장합니다. 이런 주장은 곳곳에서 다양한 형태로 들려오므로 이런 세력에 속지 않도록 스스로를 보호하려면 탐욕의 작동 원리를 정확하게 알고 있어야 합니다. 그래야 진정한 성공과 개인의 가치가 무엇인가를 성찰하여 지혜롭게 대처할 수 있습니다. 이렇게 지혜로운 노력을 기울인다면 상품의 기만적인 겉모습이나 그것을 이용하려는 사회와 상업 집단을 무너뜨리지는 못하더라도 최소한 그 겉모습에 우리 스스로 쉽게 속아 넘어가는 일은 줄일 수 있습니다.

맞춤 구매

이들 외부 세력에 맞서 자신의 소비 습관을 바꾸려는 노력은 진정으로 훌륭하고 영웅적이기까지 합니다. 이런 노력이 지속되려면 탐욕에 대해 이해한 바를 자신의 경험에 직접 연결하는 것이 대단히 유용합니다. "갖고 싶어 하는 것이 정말 잘못일까?" 하고 의아해 할 사람들도 있겠지요. 문제의 핵심은 원하는 것을 모두 가지면 행복하리라는 믿음입니다. 이 믿음 때문에, 행복해지려면 모든 것이 필요하다고 생각하게 되니까요. 우리의 지성과 교양에도 불구하고 우리는 결국 돈만 있으면 행복을 살 수 있는 것처럼 행동합니다. 이런 태도로부터 소비를 미덕으로 생각하는 생활 양식과 사회가 만들어지는 것입니다.

행복해지기 위해 정말 필요한 것과 필요하지는 않지만 갖고 싶은 것의 차이가 어디에 있는지, 직접 경험을 통해 알아보기로 하지요. 이 차이를 알지 못하고 욕망을 꼭 필요한 것으로 착각하면 탐욕의 노예가 됩니다.

예를 들어, 시계를 사러 간다고 가정합시다. 상점에 들어서면 주인이 시계를 보여주겠지요. 하나씩 보여줄 때마다 보다 다양한 기능에 세련된 디자인을 가진 시계가 나옵니다. 우리에게 필요한 것은 시간을 알려주는 도구이지만, 우리는 곧 아주 멋지고 비싼 시계를 원하게 됩니다. 시간과는 아무 상관 없는, 그럴듯하게 보이는 겉모습과 부가기능에 마음이 끌리는 것이지요. 시계들이 하나같이 하도 멋지게 보여서 우리는 한꺼번에 여러 개를 사고 싶은 욕망에 금방 사로잡히게 됩니다.

아기가 딸랑이를 꼭 움켜잡듯 어른인 우리가 물품에 매달리는 모습을 보면, 탐욕은 우리를 정말 우스꽝스럽게 만듭니다. 어떤 것을 갖고 싶다는 생각에서 헤어나지 못할 때, 잠깐 진정하고 다음과 같이 해보세요. 먼저, 한 걸음 물러나 자신에게 실제로 필요한 것이 무엇인지 찬찬히 살펴보세요. 그런 다음 그 물품이 진짜로 필요한지 아니면 그저 갖고 싶은 것인지 스스로에게 물어보세요. 자신에게 시계가 이미 있는 경우라면 다른 시계가 정말 필요한지 물어봐야겠지요. 장난스럽게 놀이처럼 해도 좋겠지요. "시계가 여러 개라면 어떻게 할까? 손목에 하나씩 차고 두 개는 발목에 찰까? 발목에 차면 지나가는 곤충도 시간을 볼 수 있겠네." 이 정도면 결론이 날 것입니다. "시계를 여러 개 갖고 싶긴 하지만, 하나만 있으면 충분해." 이렇게 생각해보는 실험을 통해 실제로 필요한 것과 단순한 욕망을 명확하게 구분할 수 있습니다.

이런 과정을 거쳐 꼭 사야 할 필요가 있다고 결정하면, 다음 단계는 그것이 실제로 어떤 기능을 하는지 평가하는 것입니다. 그리고 그 평가 결과에 따라 구매를 하면 됩니다. 시계의 경우, 시간이 잘 가는지 또 손목에 편안하게 맞는지를 살펴야겠지요. 실제로 또 물질적으로 필요한 것은 여기까지입니다. 그 너머로 눈이 팔린다면, 사고 싶은 마음에 휘둘려 제정신이 아니라는 뜻입니다.

이들 두 가지 단계를 잘 활용하면 제정신을 유지할 수 있습니다. 그렇지 않고 탐욕의 광기에 사로잡히면 시계를 사는 것처럼 정말 간단한 일조차 괴로운 경험이 되고 맙니다.

탐욕에 사로잡히면 얼마나 터무니없는 행동을 하게 되는지 좀 더 살펴보면 모두에게 도움이 될 것입니다. 티베트 사람들은 물건을 고르는 기준이 아주 분명했습니다. 그저 오래 가는 것이 최고였지요. 우리에게 좋은 물건의 정의는 제 구실을 하고 오래도록 쓸 수 있는 거였습니다. 얼마나 멋지게 보이는가는 별로 중요하지 않았지요. 그런데 망명지에 오고 나서는 다들 겉모습에 눈이 팔려 내구성 따위에는 별로 관심을 갖지 않게 되었습니다. 탐욕에 사로잡혀 꼭두각시가 되고 말았지요. 필요한 물건이 이미 있는데도 만족하지 못하고 탐욕에 사로잡혀 갖고 싶은 것을 계속 쫓아다닌다면, 여러분의 탐욕은 심각한 상태에 이른 것입니다.

더 이상 탐욕의 꼭두각시로 살지 않겠다고 결심했다면, 자신에게 필요한 것이 무엇인지 확실하게 평가한 다음 그것을 근거로 구입하면 됩니다. 그러면 욕망에 끌려 다니지 않게 됩니다. 탐욕과의 싸움에서 강력한 지원군은 우리의 기본적 지성과 정직한 자기성찰입니다. 탐욕에 사로잡혀 실제로 필요하지 않은 것이 필요하다고 생각될 때 이들 지원군을 투입하면 곧 알아차릴 수 있습니다.

원하는 것과 필요한 것을 구별하는 습관을 기르는 것이 중요합니다. 우리 자신의 행복보다 훨씬 더 중요한 자연이 위태로워지기 때문입니다. 빠른 속도로 훼손되고 있는 자연환경을 보면 소비 지상주의가 얼마나 파괴적인지 알 수 있습니다. 오염된 강, 스모그가 가득한 계곡과 헐벗은 산비탈은 무분별한 소비 지상주의가 가져온 결과물입니다. 자신과 세상에 대해 우리가 자초한 이 비참한 모습을 눈을 크게 뜨고 똑똑히 봐야 합니다. 근시안적 시각과 뿌리 깊은 무지로 인해 이 같은 상황에 처하게 된 것입니다. 우리의 집단적 행동과 우리가 함께 사는 세상이 서로 의존한다는 원리를 깨닫지 못했기 때문입니다. 장기적인 안목을 가지고 상호의존의 진리를 지혜롭게 이해하면 이 문제를 해결할 수 있습니다.

관계로서의 구매

상호의존의 원리를 인식하면 탐욕을 다스리는 데 도움이 됩니다. 우리 자신이 근본적으로 독립적이며 타인과 동떨어진 존재라고 여길 때 탐욕이 일어나기 때문입니다. 탐욕이 일어나면 자신이 타인과 분리되었을 뿐만 아니라 그들과 경쟁 관계에 있다고 생각합니다. 탐욕의 어휘에서 가장 중요한 단어는 '나'와 '내 것'입니다. 탐욕의 기저에는 자신의 이익만 따지는 근본적으로 이기적인 집착이 있습니다.

탐욕에 끌려다니는 한, 결국 우리는 이기심이 만든 감옥 안에서 살게 됩니다. 우리는 감옥에 갇힌 죄수와 다르지 않습니다. 가족이나 친한 친구 등 몇 안 되는 사람들만 방문이 허용되는 감옥에서 죄수는 그들 말고는 외부 세상으로부터 철저하게 격리됩니다. 이와 비슷하게 이기심은 우리를 일종의 감옥에 가둡니다. '나의' 가족이나 '나의' 친구같이 우리의 행복에 중요하게 생각하는 몇 사람만 들어올 수 있을 뿐, 그 밖의 모든 사람들과 벽을 쌓고 사는 것이지요. 감옥 속에서 우리는 단절되고 차단되고 혼자라고 생각합니다. 이렇게 자기 자신에게만 몰두하다 보면 타인의 존재를 의식하는 데 심각한 장애를 겪습니다. 다른 사람들에게 친밀감을 느끼지 못하고 그들과 우리를 언제나 연결하고 있는 상호의존의 고리를 볼 수 없습니다.

자기 집착이라는 감옥에 갇히면 세상이 존재하지 않는 것처럼 생각하고 행동하게 됩니다. 그러나 세상은 엄연히 존재합니다. 독방에 갇힌 죄수조차 바깥 세상에 의존해서 삽니다. 우리는 모두 타인에게 의존하며, 그럼으로써 그들과 늘 연결되어 있습니다. 이것은 우리가 이 세상에 존재하는 한 부인할 수 없는 사실입니다. 이 같은 연결 고리를 알지 못한 채 살아가려니 괴로울 수밖에 없습니다. 몸에 밴 이기심 때문에 그것이 보이지 않는 것이지요. 당면한 관심사 너머를 보려고 의식적으로 노력하고 연습하면 눈이 떠지고 더 넓게 더 멀리 보게 됩니다.

무엇인가 살 때마다 상품을 집던 손을 잠깐 멈추고 상호의존의 원리를 떠올리세요. 조금만 생각해보면 어떤 상품도 독자적으로 만들어지지 않는다는 사실을 알게 됩니다. 시장에 나온 상품은 모두 개별 부품으로 이루어져 있습니다. 우리 손에 들어올 때는 하나의 완전한 상품으로 보이지만, 실제로는 여러 재료나 작은 부품으로 만들어져 있습니다.

탐욕의 기초가 되는 습관적 이기심에서 벗어나는 데 도움이 될 만한 간단한 방법을 한 가지 일러드리지요. 우리가 쓰는 물품을 이용하여 상호의존 법칙과 타인과의 관계를 이해하는 연습입니다.

어떤 것이든 좋은데, 여기서는 배낭으로 연습해보겠습니다. 여러분이 읽고 있는 이 책을 넣고 다니는 배낭으로 해볼까요? 그럼 배낭을 손에 들고 잠깐 동안 잘 들여다 보세요.

배낭을 만든 여러 가지 재료를 생각해 보세요. 서로 다른 그 재료들은 전 세계 곳곳에서 왔겠지요. 어떤 것은 동쪽에서, 어떤 것은 서쪽에서, 또 어떤 것은 저 남쪽에서. 여기저기 다른 곳에서 온 많은 재료들이 합쳐져 하나로 보이는 것입니다.

실, 천, 염료, 디자인, 주문처, 생산공장 등등 배낭 하나를 만드는 데 이 모든 것들이 필수적으로 있어야 합니다. 우리가 가진 물품 하나 하나가 수많은 공정을 거쳐 만들어지고, 또 각 공정마다 수많은 사람들이 참여합니다.

다음 단계로 넘어가겠습니다. 이 배낭이 우리 손에 들어오기까지 생산과 납품에 참여한 모든 사람들을 잠시 떠올려 보세요. 디자이너, 공장 직원, 운송회사 직원, 트럭 운전수, 상점 주인, 영업사원, 사무직원, 계산원 등등, 수많은 사람들의 노력이 모두 합쳐져 배낭이 우리 손에까지 들어온 것입니다. 지금 여러분이 들고 있는 배낭에서 그들의 존재가 느껴지나요? 그들 덕분에 그리고 수없이 많은 다른 사람들 덕분에 우리는 지금 이 배낭을 메고 다니는 것입니다.

마지막 단계는 이 같은 타인과의 관계를 의식하면서 고마운 마음으로 그들에게 다가가는 것입니다. 이 배낭을 통해 여러분은 그들과 아주 밀접하게 연결되어 있습니다. 그들의 노력 어쩌면 그들이 겪는 고통의 결과물을 여러분이 사용하고 있다는 사실이 서로를 연결해 줍니다. 즉, 여러분은 행복과 고통으로 그들과 연결되어 있습니다. 이제 배낭을 맬 때마다 이런 관계에서 비롯되는 책임을 잊지 않겠다고 다짐하세요.

여러분이 가진 물품에 대해 이와 같이 사유하면 그것들을 사용할 때마다 다른 사람들을 시야에서 차단하는 대신 그들과 여러분이 연결되어 있다는 사실을 의식하게 될 것입니다. 또한 소유물에 대해 보다 건강한 관계를 정립할 수 있습니다.

물건을 새로 구입할 때도 상호 연관성의 관점을 활용할 수 있습니다. 어떤 것을 사려고 할 때는 그것을 살 만한 여유가 있는지만 따지지 말고, 그것이 지구에 끼치는 영향과 그것을 만든 사람들이 흘린 땀도 생각해야 합니다. 많은 사람들이 수고한 덕분에 그 상품이 우리에게 오게 되었다는 사실도 떠올리면 좋겠지요. 행복해지기 위해 우리는 그들에게 의지하고, 그들 또한 우리에게 의지합니다.

무엇인가 살 때마다 상호의존성을 떠올린다면 매우 효과적이겠지요. 그렇게만 한다면 우리가 구입하는 상품 하나하나에서 그것을 만드는 데 관여한 많은 사람들과 그들이 우리를 위해 수고를 아끼지 않았다는 사실을 느낄 테니까요. 우리가 서로 의존한다는 상호의존 원리를 인식하면 타인에 대한 사랑과 관심이 커집니다. 우리의 소비가 타인과 지구에 미치는 영향을 늘 의식하게 됩니다. 우리가 사랑과 애정으로 타인 그리고 지구와 연결되어 있다면 변화를 일으켜야 한다는 의무감에 짓눌리지 않게 됩니다. 우리는 기꺼이 책임을 지게 될 것입니다.

돈과 행복

자신이 가진 재산에 어떤 생각을 갖고 있는지, 스스로에게 던져볼 만한 기본적인 질문이 몇 가지 있습니다. 그것으로부터 무엇을 바라는가? 행복을 얻으려는 마음으로 즐거움의 대상을 모으려고 하는가? 행복이라는 목표를 잊은 채 그저 모으는 데만 정신이 팔린 것은 아닌가? 최우선으로 바라는 것이 부자인가, 아니면 행복인가?

이들 질문에 답하는 옛날 이야기가 있습니다. 아주 먼 옛날 아주 먼 곳에 아주 큰 부자가 살았답니다. 부자의 저택 바로 옆에는 아주 작고 초라한 오두막이 있었는데, 그곳에는 거지가 살고 있었지요. 그날그날 얻어온 것을 먹고 사는 거지는 밤마다 빈손으로 돌아왔고, 부자는 매일같이 돈다발을 들고 돌아왔습니다. 저녁이면 부자는 으리으리한 집에서 돈을 세고, 거지는 금방이라도 무너질 듯한 오두막에서 노래를 불렀습니다.

밤마다 거지의 노래 소리를 듣던 부자가 하루는 이상한 생각이 들었습니다. '도저히 이해할 수 없는 일이야. 저토록 즐거울 일이 대체 무엇일까? 돈 한 푼 없는데도 매일같이 노래를 부르다니. 어떻게 그리도 행복할 수 있을까?'

부자는 그 이유를 알아보기로 했습니다. 어느 날, 거지가 동냥하러 나간 사이에 부자는 큼지막한 금괴를 거지의 오두막에 갖다 놓았습니다. 집에 돌아온 거지가 금을 발견하곤 생각했지요. '누군가 이걸 잃어버린 게 틀림없어. 누군지 찾아내서 돌려줘야지.' 그러자 다른 생각이 들었습니다. '아니야, 누군가 일부러 놓고 갔을지도 몰라. 어떤 부자가 나를 불쌍히 여겨 이걸 갖다 놓은 게 틀림없어!'

나중 생각이 거지의 마음을 파고들었습니다. 그는 금이 자기 것이라고 생각하게 되었고, 급기야 그 금을 어떻게 쓸지 계획을 짜기 시작했습니다. 우선 금괴를 팔기로 했습니다. 그 다음에는 그 돈으로 집을 짓고 가정을 꾸린 다음 멀리 여행도 떠날 생각이었습니다. 아이들에게 필요한 것을 일일이 다 사주려면 저축을 많이 해야겠다는 생각도 했지요. 갑자기 해야 할 일이 산더미 같이 쌓이니 거지는 너무 바빠 노래 부르는 것도 잊었습니다. 행복한 것도 잊었지요.

창문으로 바라보던 부자는 언제나처럼 거지의 즐거운 노래 소리가 들려오기를 기다렸습니다. 그렇지만 아무 소리도 들리지 않고,

무언가 계산하는 거지의 뒷모습만 보였습니다. 금괴가 거지의 행복을 망친 것을 보자 부자는 행복을 얻으려고 갖은 애를 써서 모은 돈이 실제로는 행복을 깨고 만다는 생각이 들었습니다. 행복을 찾기 위해 시작한 일이었는데 행복을 추구하는 과정에서 행복이 그만 사라진 거였습니다.

물질과의 관계

삶에서 물질적인 것을 우선으로 할지는 각자가 결정할 일입니다. 이것은 또한 자신의 정체성을 결정하는 일부분이기도 합니다. 만약 직업이나 소유물로 자신이 어떤 사람이며, 얼마나 중요한지, 어떤 위치에 있는지 나타내려 한다면, 이는 우리가 앞뒤를 대단히 혼동하고 있음을 보여줍니다. 물질적인 것과 관련하여 우리가 취해야 할 태도에서 중요한 부분을 놓친 것입니다.

얼마 전부터 티베트에는 호랑이와 표범 가죽으로 만든 옷이 유행하고 있습니다. 몇몇 부자들이 유행을 주도하더니, 이제는 너도나도 경쟁하듯 따라가는 추세입니다. 모두들 앞다투어 비싼 모피를 걸치기 시작했지요. 옛날에는 일반인은 가죽옷을 입지 못하도록 금지했습니다. 티베트 문화에 흠집을 내려는 사람들이 티베트인들을 부추겨 오랜 전통에 반항한다는 표시로 가죽옷을 입게 만드는 것 같습니다. 달라이라마 존자님께서도 모피 의류는 티베트 전통에서 벗어난 좋지 않은 관행이므로 티베트인들은 입지 말 것을 요청하셨습니다.

이와 비슷한 종류의 군중심리는 작은 규모 심지어는 가정에서도 볼 수 있습니다. 채식주의자의 경우 다른 식구들이 모두 고기를 먹는다면 종종 채식을 포기하고 고기를 먹게 될 것입니다. 인간은 누구나 자신만의 사고방식과 독자적인 존재방식을 가질 권리가 있습니다. 하지만 때로 우리는 다른 사람들을 따라가면 된다는 생각에서 결국 하찮은 이유로 스스로 결정하는 권리를 포기하고 맙니다. 이런 종류의 순응주의에 무분별하게 빠지지 않으려면 소비자로서 자신의 태도를 관찰할 필요가 있습니다.

지금 행복하기

내가 자란 곳은 문명세계에서 아주 멀리 떨어진 티베트의 오지였습니다. 그 지역 전체를 통틀어 소비재라고는 눈을 씻고 보아도 찾기 어려웠지요. 그런 오지이니만큼 사람들도 뒤떨어졌을 거라고 대부분 생각할 것입니다. 그곳 사람들은 하루에 몇 시간만 일했습니다. 할 일이 있을 때만 일을 했으니까요. 할 일이 없을 때는 그저 쉬었지요. 다른 사람들에게는 무척 게으르게 보였겠지만, 우리는 매우 행복했습니다. 식구들은 함께 있는 시간을 즐겼습니다. 낮에는 모두 둘러앉아 먹을 것을 나누고 저녁에는 불가에 모여 앉아 이야기를 나누었지요.

도시의 삶은 전혀 다릅니다. 사람들은 자기가 할 일이 무엇인지 살펴보는 대신 시계를 보고 무엇을 해야 할지 압니다. 자신의 삶을 시계에 맡겨버린 셈입니다. 일할 시간이 아닌데도 무엇인가 해야 한다는 느낌을 떨치지 못하고 바쁘게 살기 위해 일을 스스로 찾아 나섭니다. 이런 행동은 행복해지려면 실제로 무엇을 해야 하는지 더 이상 생각하지 않는다는 표시입니다. 시계에서 고개를 돌려 자신의 내면을 보라는 신호입니다.

상품을 만들어내고 이 세상에 있는 모든 것에 이름표를 붙인 것은 우리 인간입니다. 우리들이 주인이라는 뜻입니다. 그런데도 우리는 기계가 돌아가는 한 그 옆에서 같이 뛰어야 한다고 생각합니다. 우리는 자신이 만들어낸 것들의 노예가 되고 말았습니다. 잘못 이해하면 이렇듯 심각한 해를 입게 됩니다. 안목과 균형을 다시 찾아야 합니다. 조작된 상품과 조작된 정체성이 어디에서 오는지 이해해야 합니다.

결국, 돈과 그 돈으로 사들이는 것들이 자신에게 실제로 어떤 가치를 가지는지는 각자가 결정할 일입니다. 진정한 행복을 추구하는 대신 돈과 재산을 추구하는 데 얼마나 힘을 쏟을지를 결정하는 것도 각자에게 달렸습니다.

여러분은 자기 재산이나 직업으로 자신을 나타내기 원하나요? 이것은 아주 심각한 질문입니다. 왜냐하면 여러분이 스스로를 자기 직업, 돈이나 재산과 동일시할 수 있으니까요. 아니면, 자신의 내적 품성 그리고 행복감과 여러분을 동일시할 수도 있습니다. 그것은 전적으로 여러분 스스로 결정할 일입니다.

가장 위대한 재산은 자족

앞에서 언급했듯, 우리는 우리가 가진 것들과 건강한 방법으로 관계를 맺을 수도 있고 건강하지 못한 방법으로 관계를 맺을 수도 있습니다. 나는 자족自足이야말로 가장 위대한 재산이라고 생각합니다. 누구든 요구할 수 있고, 누구든 가질 수 있습니다. 자족은 돈을 낼 필요도 없고 우리 밖에서 따로 구하지 않아도 되는, 참으로 놀라운 재산입니다. 자족의 원천은 우리 마음의 풍요로운 내적 자원입니다. 자족은 최고의 만족을 가져다 주는 재산으로, 마음의 자원을 캐어 우리의 마음이 무엇인지 알기만 하면 얻을 수 있습니다. 우리는 지금 가진 것으로 충분하다는 관점을 길러야 합니다. 지금 우리에게 있는 것보다 더 많이 필요하지 않다는 사실을 깨닫고 지금 가진 것에 온전히 만족해야 합니다.

우리는 보통 행복해지려면 아주 많은 조건과 아주 많은 것이 필요하다고 믿습니다. 그렇지만 행복은 사실 아주 단순하기도 합니다. 어느 날 사원 주변을 걷다가 문득 그런 생각이 들었지요. 아주 맑은 날이었습니다. 어디선가 부드러운 바람이 한 줄기 불어왔지요. 바람 때문인지, 내 마음이 호흡을 알아채기 시작했습니다. 나는 단순한 사실 몇 가지를 의식하게 되었지요. '나는 숨을 쉬고 있다. 숨은 나 혼자만의 힘으로 되지 않는다. 공기 속에 산소가 있어야 한다. 내가 숨 한 번 쉬는 데 필요한 산소가 이곳에 있기까지 얼마나 많은 단계를 거쳐야 했을까?'

이 생각이 들자 나는 온통 경이로운 느낌에 휩싸였습니다. 나 스스로 산소를 만들지 못한다는 사실이 새삼 다가왔습니다. 그런데 내가 죽고 사는 것은 숨을 쉴 때마다 산소가 있느냐 없느냐에 달려있는 것입니다. 이제껏 나는 헤아릴 수 없이 많은 숨을 쉬었는데, 단 한 번이라도 산소가 없었다면 내 생명은 그때 끝났겠지요. 그런데 산소는 늘 그때 그곳에 있었습니다. 산소는 처음부터 지금까지 언제나 있어 왔습니다. 이 사실이 나를 완벽하고 온전한 행복감으로 채워주었습니다.

평범하기 그지없는 것들이 이토록 경이로울 수 있습니다. 우리는 생존의 기본적인 조건들에는 전혀 관심을 기울이지 않습니다. 그러나 그것들은 항상 존재하며, 우리는 그것들을 우리 마음대로 쓰고 있습니다. 언제든 이 사실을 떠올리기만 하면 나는 그때 체험했던 기쁨을 다시 느끼게 됩니다.

무엇인가를 사들이거나 소유하지 않아도 우리는 행복할 수 있습니다. 언제라도 이 기쁘고 즐거운 느낌에 접속할 수 있습니다. 소비지상주의라는 원인이 환경파괴를 가져옵니다. 상호의존의 원리이지요. 다만 가슴 가득 공기를 들이쉴 뿐 다른 아무것도 취하지 않아도 자연은 우리에게 끝없는 기쁨과 경이를 줍니다. 이 또한 상호의존의 원리입니다. 단지 이 연결 고리를 어떤 쪽으로 선택하는가에 따라 달라지는 것입니다.

　결국 모든 것은 태도의 문제로 귀착됩니다. 탐욕에 휘둘려 우리에게 없는 것을 쫓아다니는 짓을 멈추는 순간, 그리고 우리가 가지고 있는 모든 것에 대해 당연하게 생각하는 것을 멈추는 순간 우리는 심오하고 기쁨에 찬 감사의 마음을 느끼게 됩니다. 정말이지, 우리는 필요한 모든 것을 이미 우리 안에 가지고 있습니다. 자족이라는 무궁무진한 재산이 그곳에서 우리를 기다리고 있습니다. 그저 숨을 쉬는 것만으로도 우리는 무한한 행복을 느낄 수 있습니다.

06
사회 행동

모 두 를
위 하 는 길

소비문화와 그것을 주도하는 탐욕의 문제점을 들여다보면, 우리 사회의 많은 부분을 바꾸고 싶다는 생각이 들 것입니다. 자신이 싫어하는 부분과 무시하고 싶은 사항이 무엇인지 밝히는 것뿐만 아니라 그것들이 어떻게 바뀌면 좋을지, 긍정적인 미래상을 갖는 것도 대단히 중요합니다. 일단 미래의 그림을 그린 다음에는 그것을 실현하는 데 자신이 기여할 수 있는 분야를 스스로 찾아야 합니다. 우리가 어떤 종류의 사회 행동에 참여하든, 더 나은 세상을 만든다는 것이 무엇인지 또 어떻게 만들어야 하는지 살펴보겠습니다.

사회 행동은 타인을 보살피는 방법의 하나입니다. 인간이 사회를 이루어 함께 산다는 것은 서로가 다른 사람의 관심과 배려를 필요로 한다는 증거입니다. 우리가 서로 의존한다는 사실은 우리가 만드는 사회제도와 관련하여 실질적인 의미와 함께 윤리적 의미를 갖습니다. 우리는 서로 깊이 연결되어 있기 때문에 한 사람의 행복은 그 사회에 속한 나머지 사람들의 행복과 직접적인 관계가 있습니다. 우리가 상호의존의 원리를 존중하는 사회체계를 확립할 수 있다면, 그 사회는 인간이라는 존재의 본질과 일치하는 사회가 될 것입니다. 이런 체계를 기반으로 안정되고 구성원이 행복해지는 사회를 만들 수 있습니다.

우리가 지향하는 사회에 대해 보다 분명한 미래상을 확립하려면 행복을 그 중심에 놓고 생각해야 합니다. 우선, 지속적인 행복이야말로 국가나 사회가 창출할 수 있는 가장 중요한 자산이라는 생각을 가져야 합니다. 그러려면 구성원들에게 어떤 품성을 권유하는 사회를 만들어야 하는지 고민하게 되겠지요. 보다 행복해지려면 사회가 어떤 인간관계를 장려해야 하는지에 대해서도 생각하게 될 것입니다.

경쟁과 탐욕은 행복은 물론 삶의 의미도 가져다 주지 못한다는 사실을 우리는 살펴보았습니다. 잠재된 탐욕 대신 사랑과 연민이라는 품성에 의지하는 사회는 과연 어떤 모습일지 상상해 보세요. 경쟁자로 서로 싸우는 대신 다정한 친구와 공동체로서 서로 연결된 사회가 그려지지 않나요? 이제 우리 사회가 그런 방향으로 나아가려면 어떤 행동이 필요할까를 생각할 차례입니다.

자신이 어떤 가치를 지지하고 어떤 변화를 일으키기 원하는지 분명한 미래상을 갖게 되면, 해결을 기다리고 있는 사회문제들이 눈에 보이기 시작합니다. 자신의 능력과 관심에 맞는 분야를 선택하되, 결국 모든 사회문제는 서로 연결되어 있다는 확신을 가져야 합니다. 여러분이 한 문제에 긍정적인 영향을 준다면, 그 효과는 광범위하게 파급됩니다. 삶의 모든 양상은 서로 연결되어 있기 때문입니다.

사랑은 필수

우리의 사회생활 자체가 다른 사람들로부터 많은 것을 받고 또 서로 신세 지고 있다는 사실을 날마다 일깨워 줍니다. 타인에게 받은 호의와 친절에 대해 빚을 지고 있다는 생각이 분명해지면, 사회봉사나 사회 행동에 참여할 수 있는 안정된 기반이 마련된 것입니다. 세상이 우리를 보살핀 것처럼 나 또한 타인을 돌보겠다는 단순한 소망을 바탕으로 행동에 나서면 됩니다.

지금 여러분이 사용하는 것들은 이미 다 값을 치렀기 때문에 여러분은 아무것도 또 누구에게도 빚진 것이 없다고 생각할 수 있습니다. 그러나 여러분이 가진 모든 것은 다른 사람들의 수고를 거쳐 여러분에게 온 것입니다. 이 사실을 제대로 이해해야 합니다. 잠깐 생각해 봅시다. 이 책을 만드는 과정에서 인쇄 종이를 만들기 위해 여러분이 직접 나무를 자르지는 않았습니다. 이 책이 여러분 손에 들어오기까지 유통에 관여하지도 않았습니다. 그렇지만 지금 여러분은 그 일에 참여한 모든 사람들의 노동의 결과를 이렇게 앉아서 즐기고 있지 않습니까? 내 경우, 나는 늘 많은 것을 다른 사람들에게서 받습니다. 승려로서 내가 받은 계戒(승려가 지켜야 할 계율을 모은 것)에 따라 내가 가진 모든 것은 하나도 빠짐 없이 다른 이들이 보시布施(자비심으로 남에게 재물이나 불법을 베풂)한 것입니다. 음식, 의복, 도서관에 있는 책들, 모두가 보시물입니다.

지금 상황에서 누구에게든 내가 물질로써 보답할 수 있는 것은 없습니다. 사람들은 내가 무언가 해줄 것이라는 큰 기대를 안고 나를 찾아옵니다. 그렇지만 내게는 아주 작은 것 하나밖에 드릴 것이 없습니다. 내 마음으로부터 우러나온 사랑과 그들의 행복을 비는 마음이 그것입니다. 그리고는 그들의 안부를 묻는 인사를 합니다. "안녕하세요? 기분이 어떠세요? 요즘 마음은 편안한가요?" 비록 내게 달리 줄 것이 없더라도 나는 그에 대한 대답을 듣고 싶습니다.

예전에는 "안녕하세요?"라고 건네는 인사말에 상대에 대한 진심 어린 염려와 관심이 담겨 있었습니다. 요즘은 그저 형식적 인사치레같이 되어 대답을 듣는 데는 아무도 관심이 없는 것 같습니다.

그 대신 사람들이 진짜로 궁금해 하는 것은 상대방의 사업이 요즘 어떤지, 그 값어치는 어느 정도인지, 또 나를 위해 무엇을 해줄 수 있는지 등입니다. 내가 만난 사람들에게 비록 물질적으로 줄 것은 없지만 나는 그들의 행복에 관심을 기울입니다. 타인을 진정으로 염려하고 돌보는 것을 대수롭지 않게 여기는 세상에서, 진정한 사랑과 연민이 드문 이 세상에서 이런 마음가짐은 가치 있는 일이 아닐까요? 이 세상에서 누군가 한 사람이 자기를 진심으로 염려하고 사랑한다는 사실에 어쩌면 감동을 느끼는 이도 있겠지요. 사랑이 메마른 세상에서는 이렇듯 소박한 사랑의 표현조차 깊은 감동을 주니까요. 작지만 진실된 행복도 가져다 줄 수 있을 것입니다.

상대방의 안부를 묻고 진정으로 그 대답을 기다리는 것만으로도 우리의 행동에는 아주 작은 변화가 일어납니다. 이 작은 변화가 마음과 마음을 잇고 타인을 진정으로 돌보는 습관을 기르는 데 도움이 됩니다. 더 넓게 보면, 다른 사람들이 어떻게 느끼고 무엇을 필요로 하는지 묻고 또 그 답을 신중하게 듣는 태도는 사회 행동을 위한 건전한 기반을 형성합니다. 이렇게 하면 우리가 하는 모든 일에 다른 사람들을 이롭게 하려는 사랑이 스며듭니다.

앞의 4장 '성 정체성'에서 나는 전 세계를 아우르는 가치 전환이 필요하고, 주장하는 능력보다 경청하는 능력을 존중해야 한다고 강조했습니다. 사회 행동가로서 우리는 행동 계획을 수립하기에 앞서 남의 의견을 주의 깊게 들음으로써 이 같은 가치 전환에 기여할 수 있습니다. 경청은 사회 행동이 단순히 우리 견해를 강요하는 것이 아니라 타인의 안녕과 행복의 체험을 진정으로 배려하도록 이끌어 줍니다. 아주 간단한 방법으로 경청을 연습할 수 있습니다. "안녕하세요?" 하는 인사를 건넬 때마다 진정 어린 마음으로 상대방의 대답을 기다리는 것입니다.

사랑과 관심, 배려는 선택이 아니라는 것을 반드시 인식해야 합니다. 사랑과 배려에는 어떤 이유도 필요하지 않습니다. 아무런 대가나 조건 없이 사랑할 수 있습니다. 사랑은 그저 주는 것 외에 다른 보상이 필요하지 않습니다. 또한 사랑은 영원히 재생 가능한 자원입니다. 행복한 사회와 자신의 성장을 위해 이유나 대가를 요구하지 않는 사랑을 배우는 것이 대단히 중요합니다.

타인에게 진정한 사랑을 느낄 때, 우리는 깊이 감동하여 행동에 나서게 됩니다. 우리가 사랑을 느끼는 모든 사람들이 행복해지는 방법을 찾을 때까지 우리는 멈추지 않고 행동하게 될 것입니다. 더 많이 더 넓게 사랑하게 되면 그 사랑이 동기가 되어 자신과 가까운 이들뿐만 아니라 사회 전체 결국에는 이 세상 전체에까지 이로운 행동을 하게 됩니다. 어떤 종류의 사회 행동에 뛰어들든 이제 우리는 사랑이라는 강력한 기반을 갖게 된 것입니다. 11장 '마르지 않는 자비'에서 다루겠지만, 사랑과 자비에 기반한 사회 행동은 오래도록 지속됩니다.

발전이냐 퇴보냐?

우리 사회의 바람직한 변화의 방향을 규정하기 위해 일반적인 사회 발전 개념에 한 번 도전해 볼 필요가 있습니다. 이와 관련하여 내 어렸을 적 이야기를 잠깐 해보지요. 티베트보다 상대적으로 발전된 중국의 관점에서 볼 때, 내가 태어난 오지에 사는 이들은 대부분 '시대에 뒤떨어진' 사람들로, 우리는 낙오자로 간주되었지요. 사실 그곳에는 상점도 없고 공장도 없었습니다. 그런데 소위 '선진국'을 직접 접하고 나서 그 시절의 우리네 생활방식을 되돌아보니 우리가 과연 그토록 뒤떨어졌나, 하는 의문이 듭니다. 우리는 음식과 옷, 기본적으로 필요한 것을 조달할 수 있을 만큼 일했고, 그 밖에 우리에게 없는 것에 대해서는 걱정하지 않았습니다. 내가 느낀 바로는, 그곳 오지에 살던 사람들은 자기들에게 필요한 것만 가졌고, 그리고 행복했습니다.

삶의 만족도라는 면에서 볼 때, 내가 태어난 유목민 공동체 같은 전통사회보다 문명 세계가 오히려 뒤떨어진 것은 아닌지 의문이 생깁니다. 티베트 사람들이 고국을 떠나 망명자로서 현대화된 세상과 처음 만났을 때, 그들은 비교적 단순하고 솔직하고 인정이 많지만 잘 적응하지 못한다는 이유로 무시당했습니다. '선진' 사회에서는 덜 솔직할수록, 즉 좀 더 영리하고 남을 조종하는 데 능할수록 보다 잘 적응하고 최상층까지 올라가는 것 같습니다. 우리는 이 같은 시스템이 과연 건전한지 의문을 가져야 합니다. 이런 방법으로 더 많은 재물을 모으는 것을 발전으로 여긴다면, 그 사회는 완전히 거꾸로 된 사회라고 나는 생각합니다.

여러분은 어떤 방식으로 모으든 재산만 많으면 더 나은 사람이라는 생각에 기꺼이 동의할 수 있나요? 우리보다 더 많은 돈과 재산을 모은 사람들과 비교하는 것 말고도 우리가 과연 충분히 가졌는지 알 수 있는 척도가 있습니다. 만약 여러분의 성공의 척도가 주변 사람들보다 부유한 것이라면, 그것은 실패자가 되는 비결입니다. 다른 사람들과 경쟁해서는 절대로 행복해질 수 없습니다. 설사 최고가 되고 가장 많이 가지는 데서 행복이 오는 것이 사실이라 해도, 결국 단 한 사람, 즉 이 세상에서 제일 많이 가진 사람만이 진짜로 행복하거나 성공한 것이니까요. 나머지는 모두 실패자가 될 수밖에 없습니다.

경제적 성공과 개인의 행복을 혼동하지 않도록 주의해야 합니다. 우리 사회가 시장경제 체제라고 해서 시장사회가 되어야 한다는 법은 없습니다. 경제원칙이 아닌 다른 원칙을 바탕으로 서로 관계를 맺을 수 있는 방법을 찾으면 됩니다. 우정과 친밀감의 유대가 얼마나 강화되었는지, 공동체와 상호 배려를 얼마나 중요하게 생각하느냐는 관점에서 사회 발전을 정의할 수 있습니다. 행복을 창조하는 사회는 경쟁과 탐욕 대신 자비와 사랑이라는 정서적 힘으로 서로가 연결되는 사회라고 나는 생각합니다.

우리 사회의 구심점이 되는 가치를 스스로 재정립한 다음에는 관심 분야의 사회제도와 문제를 살펴보고 변화가 필요한 부분을 찾아 어떤 분야의 사회 행동에 참여하든 자신의 소망을 실현하는 데 필요한 준비를 해야겠지요.

모두가 평등한 사회

세상 사람들이 모두 우선순위를 심각하게 혼동하고 있다는 생각이 종종 듭니다. 우리가 삶을 영위하는 데 가장 중요하게 필요한 것이 상품이 되어버렸으니까요. 의료, 식품, 집같이 기본적인 필수품이 여유 있는 사람들이나 즐길 수 있는 사치로 간주됩니다. 누구도 다른 사람의 행복에는 관심을 갖지 않습니다. 이렇게 왜곡된 원칙들이 우리가 만들어낸 사회체계 곳곳에서 작동하고 있습니다. 철저한 무지에서 비롯된 것이지요. 인간이라면 누구나 행복해지고 고통에서 벗어나기를 똑같이 원한다는 사실을 깨닫지 못해 생긴 일입니다. 행복은 인간의 기본적 권리입니다.

평등과 상호의존성은 인간으로서 우리 존재의 바탕을 이루는 두 가지 기본원칙입니다. 이것을 깨닫지 못하면 비즈니스 원리가 사람과 사람이 맺는 관계를 지배하게 됩니다. 즉, 대가가 있어야만 상대를 돌보고, 대가가 없으면 전혀 상관하지 않습니다. 이것은 인간 사회에서 일어날 수도 있는 일이 아니라, 바로 지금 수많은 사회 제도에서 벌어지고 있는 현상입니다. 인간의 기본권이 사고파는 물건처럼 취급되어 상거래처럼 왔다 갔다 합니다. 타인을 위해 기꺼이 아낌없이 베풀 수 있다는 생각은 우리의 기억 속에서 완전히 사라진 것처럼 보입니다. 비즈니스 원리를 모방한 사회제도로 인해 우리는 자신의 선한 마음과 분리되고 말았습니다.

예를 들어, 전 세계에 걸쳐 의료 시스템의 대부분이 비즈니스 모델에 의거해 운영되고 있다고 들었습니다. 미국에서는 아무리 극심한 통증을 호소하는 환자가 병원 응급실에 도착하더라도 아픈 곳이나 증세에 대해 먼저 묻는 법이 없다고 합니다. 보험이 첫째랍니다. 보험에 가입되어 있어야 통증도 가라앉혀 주고 치료도 해줍니다. 그렇지 않으면 병원비를 낼 돈이 있다는 것을 증명하거나 다른 병원을 찾아야 합니다. 의료산업에 작용하는 복잡한 정치적·경제적 문제를 해결할 수 있는 방법이 내게 있다는 것은 아니지만, 자기와 똑같은 사람을 대하는 데 어쩌다 이렇게 부조리한 일이 공공연하게 일어나는 지경에까지 이르게 되었는지 몹시 안타깝습니다.

미국의 의료 시스템이 까다롭다면, 전 세계의 의료체제는 제대로 작동조차 되지 않습니다. 유럽·아프리카·아시아·호주 할 것 없이 모두 제각각 문제가 있습니다. 인도의 경우, 괜찮다는 병원은 보증금을 내야만 병실을 내줍니다. 최근에 한 병원에서 임산부인 환자에게 돈이 없다는 이유로 입원을 거절하여 환자가 병원문 바로 밖에서 아기를 낳다가 죽은 사건도 있었습니다.

　의료는 대부분 비싸기도 하지만 아예 제공되지 않는 경우도 많습니다. 이 세상에는 의료 서비스보다 자동차를 더 쉽게 구할 수 있는 곳이 수두룩합니다. 되도록 많은 사람들이 자동차를 구입하고 유지할 수 있도록 기업들은 온갖 수단을 동원하여 자동차와 휘발유 가격을 내립니다. 운전 중에 휘발유가 떨어질 것을 대비하여 어디를 가든 도로 바로 옆에 주유소들이 들어서 있지요. 타이어에 펑크가 나도 몇 블록만 가면 정비소가 나타나 타이어를 수리할 수 있습니다. 자동차를 사고 세차하고 타이어에 공기를 넣고 차에 휘발유를 넣는 것은 이렇게 쉽지만, 건강에 문제가 발생할 경우 좋은 병원을 찾아가기는 매우 어렵습니다. 병원에 도착했다 해도 필요한 진료를 받기가 자동차 서비스를 받는 것과는 비교할 수 없을 정도로 훨씬 더 어렵습니다. 사람 건강이 자동차보다 더 중요하게 여겨져야 하는데, 현실은 거꾸로입니다. 자동차를 돌보는 것이 우선인 사회가 되고 말았으니까요.

　의료체계의 예는 대부분의 사회에서 기업이 최우선이라는 것을 분명하게 보여줍니다. 우선순위 목록이 있다면, 자유라는 항목은 저 아래 있겠지요. 진정한 행복이라는 항목은 아예 없을지도 모릅니다. 우리가 행복을 더 이상 중요하게 생각하지 않는다면, 우리는 삶의 가치를 부정하는 사회에 살고 있는 것입니다. 우리에게는 진실되고 오래 지속되는 행복을 누릴 수 있는 잠재력이 있기 때문입니다. 우리가 이 잠재력을 실현할 수 있도록 사회는 모든 노력을 다해 행복해지는 데 필요한 현실적인 조건을 제공해야 합니다. 사랑과 자비는 인간을 행복하게 하지만, 경쟁과 탐욕은 그렇지 않습니다. 진정한 행복의 조건을 지원하지 않는 사회는 삶의 가치를 존중하지 않는 사회입니다.

인간의 삶과 행복의 가능성을 존중하는 사회를 상상하면서 한번 생각해 보세요. 치료를 원하는 환자의 통증과 고통을 우리가 이해한다면, 어떤 의료체계를 만들어야 할까요? 우리는 이 통증과 고통을 쉽게 알 수 있습니다. 인간이라면 누구나 똑같이 괴로움과 즐거움을 느낍니다. 슬픔과 기쁨, 괴로움과 즐거움을 느끼는 능력, 그리고 늘 고통에서 벗어나기를 바라는 마음은 우리 모두가 똑같습니다. 이것은 우리 개개인에게 다른 모든 사람들과 공감할 수 있는 확고한 기반이 있다는 사실을 의미합니다.

다른 사람들의 신체적 고통을 직접 느끼지 못하더라도 자신이 아팠을 때를 생각해보면 그들이 겪고 있는 괴로움을 쉽사리 생생하게 느낄 수 있을 겁니다. 이렇게 단지 상상만 해도 자신과 타인 사이의 간격이 사라집니다. 상대방의 처지에서 생각하는 습관을 기르면 우리가 평등하다는 사실을 쉽게 깨닫게 됩니다. 우리도 다른 사람들과 똑같이 고통을 겪을 수 있다는 것을 알게 되므로 남들의 고통을 그냥 방관하지 못합니다.

행복의 가능성 또한 우리 모두가 공유합니다. 우리가 근본적으로 평등하다는 의미는 다른 이들보다 권리가 더 많은 사람도 없고 더 적은 사람도 없다는 것입니다. 이 같은 평등의 인식을 지침으로 삼아야 인정이 있는 사회를 만들 수 있습니다.

편 가르지 않고 다름을 인정하기

우리는 모든 인간이 평등함을 이해하는 한편, 우리가 사회적, 문화적으로 다르다는 사실 또한 인정해야 합니다. 우리가 평등하다고 해서 모두가 똑같아야 하는 것은 아닙니다. 또한 문화적으로 다르다고 해서 행복해질 수 있는 권리나 의료와 교육 같은 기본 서비스를 평등하게 받을 수 있는 권리가 손상되면 안 됩니다. 이것들은 인간이라면 누구에게나 필요합니다. 사회체계는 인간의 평등과 서로 다름 양쪽을 다 고려해야 합니다.

사회 내부의 다양성이 꼭 문제가 되는 것은 아닙니다. 풍성함과 즐거움의 원천이 되기도 하니까요. 서로 다름을 인정하고 즐기되, 그 중요성을 과장하거나 다른 부분이 굳어지지 않게 주의해야 합니다. 그렇지 않으면 우리가 똑같은 인간임을 쉽사리 잊어버리고 이편과 저편, 높은 사람과 낮은 사람, 좋은 사람과 나쁜 사람으로 편을 가르게 됩니다.

티베트 망명 사회에서 이런 양상이 널리 나타납니다. 인도에 자리를 잡은 티베트인들을 살펴보면 신세대와 구세대의 시각과 행동이 판이하게 다릅니다. 신세대는 최근에 인도에 왔거나 티베트 이외 지역에서 태어난 이들이고, 구세대는 50여 년 전에 인도에 온 사람들입니다. 특히, 티베트에서 온 사람들은 대부분 티베트의 세 지방(우창·암도·캄) 중 어디 출신인지를 따져 지역 정체성에 집착합니다. 출신 지역이 다르다는 사실이 문제될 것은 전혀 없습니다. 문제는 출신지에 따라 이름표를 붙이고 그 이름표에 따라 사람들을 대하는 데서 일어납니다.

예를 들어, 자신이 캄 출신이라면 암도에서 온 사람을 만날 경우 그 사람에 대해 자기 편이 아니라고 생각합니다. 이런 식으로 자신과 다르다는 이유로 편을 가릅니다. 쓸데없는 짓이지요. 자신과 출신지가 다르다면 더 가까이 다가가고 더욱 관심을 가지는 것이 마땅하지 않을까요? 만약 그 사람이 암도 출신이라면, 캄에서 태어난 자기가 경험하지 못한 것을 많이 접했을 테니까요. 서로 다양한 관점을 나눌 수도 있겠지요. 출신지가 다른 사람을 알게 되어 세상을 보는 눈이 넓어지고 삶을 더욱 폭넓게 이해할 수도 있습니다.

그러나 암도 출신에 대해 선입견을 갖고 있다면 상황은 달라집니다. 누가 어디어디 출신이라는 말이 들리면 우리는 얼른 연상되는 몇 가지에 매달려 그것이 그들 집단의 대표적인 특징이라고 치부하고는 이름표를 붙이고 맙니다. 개개인의 사람 됨됨이에 대해서는 제대로 알지도 못하면서 말입니다. 이렇게 되면 더욱 배타적인 마음이 되어 새로운 것을 배우기는커녕 그들이 어떤 사람들인지도 알지 못하게 됩니다. 그들을 자신에게서 완전히 분리시켜 일정한 틀에 가두어 놓기 때문에 관계를 맺기가 더욱 어려워지지요.

이해를 돕기 위해 무슬림을 예로 들겠습니다. 무슬림 하면 금방 떠오르는 것이 하나 있을 겁니다. 테러입니다. 위대한 이슬람 문화는 도통 떠오르지 않습니다. 그들의 위대한 미술·건축·음악·철학은 전혀 기억나지 않고 오로지 테러만 생각납니다. 우리가 가진 단편적인 정보 몇 가지를 일반화시켜 그 집단의 모든 구성원에게 적용하는 것이지요. 우리가 가장 중요하다고 믿는 정보가 실제로도 중요한 경우는 거의 없습니다. 완전히 틀린 정보일 수도 있고 설사 맞는다 해도 전체 그림을 보여주지는 못합니다. 해당 집단의 구성원 모두에게 적용되는 것도 아닙니다.

"그쪽 사람들은 모두 지독하게 구식이야" 또는 "그 사람들은 모조리 도둑이야" 또는 "전부 다 그래"와 같은 말은 듣는 즉시 의심해야 합니다. 똑같은 사람들로 구성된 집단은 그 어디에도 없습니다. 한 사람을 놓고 보더라도 그 내면은 다양해서 매 순간 생각과 감정이 변합니다. 이 점에 대해 사유하면 다른 사람과 공동체를 보다 현명하게 판단하고 이해하기 위해 의식적으로 노력하게 될 것입니다. 우선, 다른 사람에 대한 자신의 판단이 과연 얼마나 적절하고 완벽한지 자문해 봐야 합니다. 서로 다른 부분에서 긍정적인 면을 찾아보는 방법도 있습니다. 다른 집단이 가진 장점에 초점을 맞추면 됩니다. 상대방의 관점에서 삶을 보면, 자신이 배울 만한 장점과 개선할 점들이 드러납니다. 만약 특별한 것이 없다면, 최소한 그 지방에서 볼 만한 장소와 고유 음식에 대해 물어볼 수 있겠지요. 이렇게 아주 간단한 것에서부터 우리가 서로 다름을 인정하고 존중하는 법을 배울 수 있습니다.

다양성 존중

나는 인간의 다양성을 기꺼이 인정해야 한다고 생각합니다. 우리 몸에 비유하자면, 우리 눈은 코와 팔다리, 입과 확연히 다릅니다. 생긴 것도 다르고, 하는 일도 다릅니다. 그래도 그것들 모두가 한 몸을 이루는 부분입니다. 제각각 중요한 역할을 하면서 서로 도움을 줍니다. 우리가 이것들의 연관관계를 직접 보지 못한다 해도, 각각의 기관이 전체를 위해 별개의 역할을 하는 가운데 이들 기관들이 모든 기능을 함께 수행한다는 것은 분명합니다.

이것과 관련된 설화가 있는데, 너무 저속하게 받아들이지 않으면 좋겠습니다. 몸에서 중요한 기관이 모두 모여 회의를 하게 되었답니다. 회의의 목적은 우리 몸에서 가장 중요한 기관을 결정하는 거였습니다. 내로라하는 거물들이 모두 초대되었지요. 허파·간·신장·심장·창자·뼈 등등, 요컨대 이렇다 할 만한 기관들은 전부 모였습니다. 그런데 누구도 이 모임에 항문을 초대하지 않았습니다. 신체 기관이 모두 모인 회의에 자기가 빠졌다는 사실을 알게 된 항문은 심한 모욕감을 느꼈습니다. '어떻게 나를 뺄 수 있지?' 감정이 몹시 상한 항문은 파업에 들어가기로 했습니다.

배설이 꽉 막혀버렸으니, 나머지 기관들이 얼마나 고통스러웠겠습니까? 그들은 이제 더 이상 귀하지도, 강하지도 않았습니다. 그들은 모두 항문에게 달려가 용서를 빌며 회의에도 참석하고 중요하기 그지 없는 활동도 부디 개시해달라고 애걸했습니다. 마침내 회의가 다시 시작되었고, 놀랍게도 항문이 만장일치로 신체에서 가장 중요한 기관으로 뽑혔습니다. 우리가 어떻게 생각하든 중요하지 않은 기관은 없습니다.

몸에는 계급이 없습니다. 모든 기관이 서로 의지하고 서로 돕습니다. 마찬가지로 우리 인간들은 모두 한 몸을 이루는 기관이라 할 수 있습니다. 우리가 다른 사람의 중요성을 인정하고 싶지 않다고 해서 그 사람이 우리의 행복에 중요하지 않은 것은 아닙니다. 단지 다른 사람들과 더불어 산다는 현실을 인정하고 싶지 않다 해서, 우리가 그들로부터 분리될 수 있는 것은 아닙니다. 상호의존성은 우리 존재에서 피할 수 없는 진실입니다.

물론 우리가 모두 똑같지는 않습니다. 서로 다른 점이 있기에 우리는 서로에게 무언가 줄 수 있습니다. 개개인이 다양하게 또 서로 보완해가며 우리는 함께 살아야 합니다. 우리는 모두 사회라는 몸을 이루는 기관이기 때문에 각자의 역할을 잘 해내는 것이 우리 자신을 최고로 위하는 길입니다.

지구촌

지금 우리는 지구촌이라는 사회에 살고 있습니다. 많은 사람들이 고향을 떠나 먼 타국에서 출세의 기회를 찾습니다. 그 결과 우리는 다른 문화와 국적을 가진 사람들과 공동체를 이루게 되는 경우가 많습니다. 이민은 우리가 서로 의존한다는 현실을 전 세계 차원에서 보여주는 또 하나의 예입니다.

이민자의 존재는 많은 사회에서 자비의 시험대가 될 수 있습니다. 우리는 이것의 실례를 미국과 페르시아만 연안의 부유한 산유국들, 그리고 서유럽에서 볼 수 있습니다. 이민은 서로가 명백하게 다르다는 사실에도 불구하고 우리 사회가 진정한 인간 평등이라는 약속을 지킬 수 있는지를 시험합니다. 상호의존의 원리와 평등이 윤리적으로 함축하는 바를 말 그대로 뼈저리게 느끼게 합니다. 고국에서의 삶이 고통스러워 행복을 찾아 떠나온 사람들이 여러분의 이웃이 된다면 여러분은 어떻게 하겠습니까? 그들이 여러분의 친절과 자비를 구한다면, 인종이나 국적을 핑계로 여러분과 그들 사이에 경계선을 그을 수 있겠습니까?

우리 사회가 옹호하는 근본 가치를 어떻게 적용해야 하는지 알고 싶나면 이민자의 경우를 보면 됩니다. 그러면 국적과 상관없이 그들도 우리와 똑같이 행복을 갈망한다는 진실을 알게 됩니다. 우리와 똑같이 그들에게도 행복이라는 인간의 근본 권리가 있습니다. 그들이 고국을 떠나게 된 복합적인 사회문제를 우리가 전부 이해하기는 어렵습니다. 그렇다 해도 보다 잘 사는 나라를 찾아온 사람들이라면 대부분 보다 나은 행복의 조건을 찾아서 이민을 선택했다는 것은 확실하겠지요.

많은 티베트 망명자들이 더 나은 기회를 잡으려는 희망을 안고 미국 이민을 시도합니다. 교육이나 특별한 직업훈련을 받은 것도 아니고, 돈도 없는 사람들이 대부분입니다. 미국에 도착하면 더 나은 삶을 살게 된다는 아무런 보장도 없지만, 그들은 모든 희망을 미국에 겁니다. 가족 전체가 돈을 모아 식구 중 한 사람이 자기들의 꿈을 이루도록 돕습니다. 몇 년에 걸쳐 거사를 검토하고 계획하지요. 자신에게 친숙한 모든 것을 놓아두고 떠나기로 결정한 후, 대부분의 이민자들은 자기가 가진 모든 것을 걸고 희망의 나라로 가기 위해 이루 말할 수 없는 시련을 겪습니다. 이런 단안을 내리기 전에 그들의 고국에서 안 해본 것 없이 모든 방법을 시도했겠지요.

가끔 일어나는 일이지만, 불법 이민자들이 다시 고국으로 추방되면 그들의 인생은 그것으로 끝입니다. 아마도 오늘날 이 세상에서 가장 삼엄한 국경은 남한과 북한의 경계일 것입니다. 고국을 떠나려는 많은 북한 사람들이 국경을 넘어 어렵사리 중국으로 들어갑니다. 중국에서 다시 북한으로 내쫓기면, 그들을 기다리고 있는 것은 끔찍한 고통뿐입니다. 티베트 탈출도 심각한 위험을 감수해야 합니다. 티베트 탈출 당시 나는 만약 체포되면 감옥에 가거나 더 나쁜 상황에 처하게 된다는 걸 알고 있었지요. 정말 끔찍한 경험이었는데, 수없이 많은 이민자들이 이런 고통을 겪고 있습니다.

물론, 어떤 나라든 이민을 원하는 사람들을 모두 받아들이기는 어렵겠지요. 우선, 자원이 한정되어 있으니까요. 국가 안보도 문제가 될 것입니다. 하지만 이민 또한 근본적으로 인간의 문제입니다. 이민법은 정할 수 있지만 인생은 정할 수 없습니다. 국경을 여는 것도 어렵고 닫는 것도 쉽지 않습니다. 그러나 어느 쪽이든 절망에 빠진 사람들을 도울 방법을 찾기 위해 꾸준히 노력해야 합니다.

미국이 아니라면 누가 이 일을 주도하겠습니까? 미국의 통치자들은 자기네 국민 모두가 원래 이민자였다는 사실을 기억해야 합니다. 애초 그들의 선조는 자기 고국에는 없는 기회와 자유를 찾아 미국 땅을 밟은 사람들입니다. 자유의 여신상이 상징하는 이상이 바로 그것이지요. 그러기에 "내게 오라, 지치고 가난한 사람들, 자유롭게 숨쉬기를 갈망하는 사람들"(엠마 래저러스Emma Lazarus가 쓴 시의 일부로 자유의 여신상 기단에 쓰여 있음)이라고 외치는 것이 아닙니까? 미국인들이 현재에 감사한다는 의미로 이민자들이 희망을 찾을 수 있게 배려하는 것은 진정 숭고한 이상입니다. 다른 나라들도 이 같은 이상을 받아들여야 합니다.

힘이 없는 이민자들은 대부분 다른 사람들이 기피하는 일을 하게 됩니다. 이민자들이 사회의 맨 밑바닥 층을 차지하는 것처럼 보여도, 그들은 그 사회의 나머지 사람들을 지탱하는 기초의 일부분을 담당하고 있습니다. 그들은 새로 도착한 나라의 시민들이 이용하고 또 필요로 하는 일을 수행합니다. 사실, 그들의 노동 덕분에 많은 상품과 서비스의 가격이 낮아지고, 그 나라의 경제가 계속 경쟁력을 갖는 것이지요. 불법이든 합법이든 이민자들이 사회적 유기체 전체에 꼭 필요한 일원으로 커다란 공헌을 한다는 것은 부인할 수 없는 사실입니다. 그런데도 이민자들은 전적으로 다른 사람들의 처분을 기다려야 하는 처지입니다. 법적 의무와 상관 없이 우리에게는 그들을 돌봐야 할 인간적 책임이 분명히 있습니다.

이민과 관련된 문제들은 해당 국가에서 이민자를 어떻게 대우해야 하는가 하는 논의를 넘어서야 합니다. 이 문제들은 보다 광범위한 물음으로 이어집니다. 우리를 위해 일하는 사람들과 우리가 평등하다는 진실을 어떤 방법으로 인정해야 할까요? 단지 가난하다는 이유로 우리라면 절대로 받아들이지 않을 임금을 받고 일하는 사람들을 어떻게 대해야 옳을까요? 그들이 고생한 덕분에 우리가 적게 돈을 들이면서 편하게 생활하는 데 대한 고마움을 대체 어떤 식으로 갚아야 할까요?

오늘날에는 사실 이민자의 숫자가 많든 적든 그들의 노동력에 의지하는 나라가 상당히 많습니다. 이들 외국인 노동자들은 여러분 나라에서 살기도 하고 또 다른 나라에서 일하기도 합니다. 어떤 경우든 이민자들의 노동과 그것에 따른 고통이 우리에게 혜택을 준다는 사실은 변함이 없습니다. 우리는 모두 전 세계를 아우르는 지구촌 사회와 세계 경제에 참여하고 있습니다. 그러므로 다른 사람들을 보살펴야 하는 책임 또한 전 세계로 확대되어야 한다는 점을 기억해야 합니다. 우리의 책임은 우주적입니다.

행동을 위한 열린 장

우리가 어디를 가든 분명한 가치관만 있다면, 보다 나은 사회를 위한 비전을 실현하는 기회를 아주 다양하게 발견할 수 있습니다. 이어지는 7장과 8장에서는 사회 행동에 참여하는 데 다양한 기회를 제공하는 두 가지 분야, 환경보호와 먹거리 정의(먹거리의 생산·가공·유통·소비 과정의 불평등과 불의에 대응하는 것)에 대해 초점을 맞추려고 합니다. 그러나 어떤 분야를 선택하든, 우선 자신이 지향하는 사회에 대한 개념을 제대로 정립해야만 그 이상을 현실로 만들기를 바라고 더 나아가 직접 행동할 수 있게 됩니다. 우리가 간절히 바라는 염원이 사회 행동에 참여하는 바탕이 되는 것이지요. 새로운 염원을 찾기 위해 밖으로 나가지 않아도 됩니다. 우리가 가진 모든 염원을 간직한 채, 모두에게 이로운 일을 하는 과정에 그 염원을 적용하기만 하면 됩니다.

이런 마음가짐으로 사회 행동에 참여하면 무엇을 하든 결과에 상관 없이 우리가 하는 일은 충분히 의미가 있습니다. 타인을 위해 일한다는 의도를 가졌다는 사실이 중요합니다. 올바른 의도와 이타적인 마음으로 행동하십시오. 사회에 도움이 되겠다는 생각이 중요합니다. 그 생각을 가꾸고 소중히 하며, 가능한 한 그것을 바탕으로 행동하세요. 그러면 여러분은 틀림없이 달라집니다. 여러분이 이 세상에서 이루고자 하는 변화가 시작되는 것입니다.

07
—
환경보호

다　　시
지　구　를
생 각 하 다

보다 자비로운 사회라는 우리의 이상을 구현하는 방법을 모색할 때, 우리의 관심을 애타게 기다리는 분야가 환경보호입니다. 우리의 생존에 꼭 필요한 자연환경을 보호하는 일은 모든 존재를 직접 돌보는 길입니다.

전 세계에 만연한 소비 지상주의가 지구를 파괴하고 있습니다. 이 같은 소비주의가 인간의 마음을 몰래 파고드는 탐욕이라는 강력한 감정에서 비롯됨을 우리는 앞에서 살펴보았습니다. 탐욕을 통해 그 한 예를 보았듯, 인간의 태도와 감정은 자연환경을 대규모로 파괴하는 하나의 원인이 됩니다. 그러므로 우리가 태도와 감정을 바꿀 때 환경을 보호하려는 우리의 노력은 최고의 결실을 거둘 수 있습니다.

최근 몇 년 사이에 인간의 행동이 환경에 얼마나 많은 영향을 끼치는지 보여주는 정보들이 엄청나게 쏟아져 나왔습니다. 우리 인간은 놀랄 만한 머리를 가졌으나, 우리의 머리와 가슴에는 아주 큰 간격이 있음이 분명합니다. 새로운 정보도 뚝딱 처리하고 번뜩이는 아이디어도 쉽게 내지만, 새로운 감정을 일으키기는 정말 어려우니까요. 어떤 상황이 닥쳤을 때 무슨 일을 해야 하는지 머리로는 금방 이해하지만, 어쩐지 마음이 움직이지 않는 때가 종종 있습니다. 지적 정보가 감정으로 전환되거나 이어지지 않고, 마음과 뇌는 완전히 동떨어져 있는 것처럼 보입니다. 환경보호를 위한 참신하고 효과적인 아이디어를 실행하려면 새롭고도 강력한 감정이 함께 일어나야 합니다.

지구에 대해 단순히 지식을 얻는 데 그치지 않고 여러 각도에서 사색하다 보면 지구환경에 가슴이 터질 듯한 깊은 감동을 느끼는 순간이 올 것입니다. 아름다운 지구에 대한 감사한 마음과 경이로운 느낌으로부터 환경에 대한 특별한 관심이 자연스럽게 생겨납니다. 우리가 환경에 대해 이야기할 때 가장 광범위하게는 우주 전체를 아우릅니다. 천문학을 배우면 이 우주가 얼마나 장엄한지 알게 되고, 지구과학을 공부하면 우리가 살고 있는 지구가 이 광대한 우주에서 얼마나 아름다운지 알게 됩니다. 내 경우, 환경과 불교를 공

부하면서 둘 사이에 밀접한 관계가 있음을 알았습니다. 불교는 환
경을, 환경은 불교를 깊이 이해하는 데 도움을 주었으며 느낌 또한
생생하게 살려주었습니다.

지구를 마치 물건같이 말하는 사람들이 있습니다. 이런 태도를
가지면 친밀감이나 사랑의 감정이 일어나지 않는데, 친밀한 감정이
야말로 우리를 감동시키고 마음을 움직여 지구를 보살피게 합니
다. 우리가 알다시피, 지구는 우주를 떠도는 죽은 바위덩어리가 아
닙니다. 지구는 살아있는 유기체로서, 전체가 하나로 또 각 부분은
부분대로 모두 살아있습니다. 나는 지구를 돌덩어리나 생명이 없
는 물체로 생각하지 않습니다. 나는 지구가 살아있다고 믿습니다.
여기, 이렇게 지구 위에 앉아 있노라면 어머니의 무릎에 앉아 편히
쉬는 느낌이 듭니다. 어머니 지구 덕분에 모든 것이 존재합니다. 그
러하니 지구는 바로 여신입니다. 살아있는, 숨쉬는, 그리고 한없이
베푸는 여신입니다.

지구는 삶의 무대

지구는 우리 모두의 보금자리로, 우리는 이곳에서 과거와 현재
생의 모든 국면을 겪었고 미래에도 그럴 것입니다. 지구는 이렇게
자신을 우리 모두에게 골고루 내어줍니다. 우리는 지구라는 무대

위에서 행복과 슬픔의 보따리를 풀어놓습니다. 신나는 희극과 가슴이 미어지는 비극, 그리고 희극과 비극 사이의 모든 일들을. 그러나 그런 지구를 우리 손으로 급속도로 파괴하고 있는 것이 우리의 현실입니다. 우리에게 있는 단 하나의 무대가 무너지면 현재와 미래의 생은 이대로 영원히 끝나버리겠지요.

지구는 우리에게 타인을 어떻게 돌보고 대해야 하는지 모범을 보여주는 스승이기도 합니다. 특히, 모든 사람들을 한결같이 평등하게 대하는 방법을 일러줍니다. 우리는 관습적으로 착한 사람과 나쁜 사람에 대해 말합니다. 우리 사회는 착한 사람으로 여기는 이들을 칭송하고 나쁜 사람으로 여기는 이들은 꺼리고 심지어는 쫓아내기도 합니다. 그러나 지구는 결코 그러지 않습니다. 지구에게 우리는 다 똑같은 존재입니다. 지구는 우리를 차별하지 않고 우리가 생존하고 살아가는 데 필요한 환경을 모두에게 똑같이 허락합니다.

사회에서 나쁜 사람들로 낙인 찍힌 사람들을 추방한다 해도, 그들이 달에 가서 살 수는 없는 노릇입니다. 아무리 흉악한 범죄자라도 어머니 지구는 가장 거룩한 성자를 대하는 것과 똑같이 그를 받아들이고 도와줍니다. 지구는 모든 존재에게 똑같은 공기를 아무 조건 없이 똑같이 제공합니다. 오래 참고, 남을 수용하고, 베푸는 것이 무엇을 의미하는지 우리에게 보여줍니다. 어머니 지구는 우리를 결코 포기하지 않습니다.

불교에는 우리들 인간이 지구와 같아지기를 염원하는 기도문이
있습니다.

> 나로 하여금 지구와 같아지게 하소서.
> 공기와 땅, 물을 베푸시니
> 어머니 지구가 주시는 모든 것,
> 우리 생명의 신성한 원천이어라.

우리에게 모범이 되는 지구를 찬양하는 기도문에서 영감을 받
아 우리는 모든 행복의 무조건적인 원천이 되기를, 또한 다른 존재
들을 위한 삶을 이루기를 염원하게 됩니다. 이것이 최고의 염원입
니다. 우리는 환경에 대해 많은 것을 배워야 할 뿐만 아니라 환경
으로부터 많은 것을 배워야 합니다.

심오한 생태계

티베트의 전통문화와 종교 그리고 철학에는 자연에 대한 뿌리
깊은 존경심이 배어있습니다. 자연은 신성합니다. 티베트인들이 자
연을 대하는 태도는 북미 원주민 문화에서 보여지는 그것과 비슷
합니다. 전통적으로 티베트 사람들은 산과 강에 신성한 존재가 살

고 있다고 믿습니다. 인상적인 나무나 바위를 보면 그곳에는 틀림없이 신령한 영혼이 머물고 있다고 생각합니다.

티베트 전통사회에서 사람들이나 동물들이 사용하는 수원지를 더럽히는 일은 감히 생각조차 할 수 없었습니다. 그 강이나 산에서 살고 있는 신령의 분노를 불러일으킬 거라고 믿었으니까요. 아궁이도 신성하게 여겨 깨끗한 연료 외에는 아무것도 태우지 않았습니다. 양털도 예외가 아니었지요. 양털이 불에 타며 내는 연기에 독성은 없을지 모르지만, 연기는 신령을 노엽게 한다고 믿었습니다. 그래서 우리는 양털을 절대로 태우지 않습니다. 하물며 플라스틱이라니, 꿈도 꿀 수 없는 일이지요.

내가 자란 곳은 현대적인 편리함과는 완전히 동떨어진 곳이었지요. 전기도 없고 자동차도 없고 자전거조차 없었으니까요. 사탕 몇 알만 있으면 좋아서 어쩔 줄 모르는, 그런 곳이었습니다. 아이가 어쩌다가 일 년에 사탕 세 알을 얻으면, 그 해는 정말로 운이 좋은 해였지요. 그 사탕 껍데기를 빼면, 일 년 내내 플라스틱이라고는 구경할 수 없었습니다. 쓰레기 처리에 대해서는 특별히 걱정할 필요가 없었지요. 전부 다 자연적으로 분해되었으니까요.

그곳은 고대 티베트의 문화가 여전히 살아있는, 이 세상에 얼마 남지 않은 마지막 유목 지역이었습니다. 하지만 지금은 완전히 달라졌습니다. 내가 떠난 뒤로 중국 당국이 강력하게 밀어붙여 사람들이 집을 지어 정착하고, 오토바이도 들어오고, 지하경제도 커졌습니다. 당시 내가 알던 생활방식은 전부 사라지고 말았지요. 전통 문화를 직접 체험했으니, 나로서는 정말로 다행이고 또 마음 깊이 고맙게 생각하고 있습니다.

자연을 신성하게 여긴 덕분인지 나는 어려서부터 지금까지 줄곧 자연환경을 가깝게 느끼고 또 보살펴야겠다는 생각을 합니다. 네 살인가 다섯 살 때, 우리가 살던 지역의 계곡에 있는 수원이 말라 갔습니다. 땅은 건조하고 돌봐야 할 가축은 많은 유목민들에게 그 것은 보통 심각한 문제가 아니었지요. 수원이 마르면 살기가 여간 힘들지 않습니다. 그곳에서는 다들 나무를 심으면 수원 보호에 도 움이 된다고 믿었습니다. 요즘 사람들이 과학시간에 배우는 것을 우리는 선조들이 물려주신 지혜를 통해 알고 있었지요. 나는 아버 지와 함께 물이 말라가는 샘 근처에 나무를 심었습니다. 내가 아직 어려서 일은 아버지가 거의 다 하셨지만, 나무를 심으면서 그곳에 사는 모든 존재들이 물을 얻게 되기를 기원하는 기도문을 외웠던 기억이 납니다. 고도가 높은 데다가 날씨도 험악해서 나무가 살기 어려운 곳이었지만, 우리가 심은 나무는 다행히 잘 살았고 물도 다 시 살아났습니다. 그때부터 환경을 보살펴야겠다는 간절한 나의 바 람이 시작된 것 같습니다.

타인의 감정을 일깨우기

티베트를 떠나면서, 나는 자연환경에 대해 그때 내가 가졌던 마음을 잊지 않고 그대로 가져왔습니다. 그 후 성인이 되어 나는 남녀 승려들에게 환경 문제를 일깨우기 위해 인도 바라나시에서 집회를 개최하기로 했습니다. 집회에 참석한 승려들 대부분이 처음 접해보는 환경 문제라는 주제가 무척 생소했을 텐데도 그들은 깊은 감동을 받은 것 같았습니다. 지적으로 자극을 받은 것은 물론, 마음도 크게 움직였지요. 그들이 환경보호에 참여하겠다는 마음을 일으키는 것을 보고 힘을 얻어 나는 환경 분야의 사회 행동에 더욱 관심을 갖게 되었습니다. 누구나 어려서부터 신성한 자연에 대한 경외심을 기를 수 있는 환경에서 자라지는 않지만, 나이가 든 이들에게도 환경에 대한 존경심과 경외심을 불어넣을 수 있다는 사실을 알게 되었지요.

히말라야 지역의 사원에서 지내는 티베트 승려들과 달리 서양 사람들은 대부분 정규 교육을 통해 환경 의식에 대해 광범위하게 배웁니다. 여러분은 환경오염과 지구 온난화가 가져오는 피해와 장기간에 걸친 지구의 착취에서 비롯된 해악에 대해 이미 엄청나게 많은 정보를 접했을 것입니다. 우리들의 터전인 지구를 보호하기 위해 행동에 나서는 것이 얼마나 시급한 사안인가는 내가 따로 말할 필요도 없을 것입니다.

그러면 환경을 어떻게 보호해야 하는지, 그 방법부터 생각해 보기로 하지요. 우리를 행동으로 이끄는 가장 중요한 요소는 자비입니다. 이때, 자비는 살아있는 존재와 마찬가지로 무생물도 아울러야 합니다. 실제로 생물과 무생물을 구분하기가 어려울 때도 있지만, 자연환경과 그 안에서 사는 존재들을 한결같이 자비롭게 대해야 합니다.

진정한 용기

자비는 환경보호의 중심입니다. 우리의 마음을 움직여 다른 존재를 지키고 돌보도록 행동하게끔 만들기 때문입니다. 환경보호는 자연환경에 의지하여 살고 있는 모든 존재를 돌보는 데 아주 유용한 방법입니다. 자비는 다른 존재가 처한 어려운 상황을 단순히 아는 데 그치지 않습니다.

남의 고통을 목격하더라도 자비라는 반응이 즉각 나타나지 않는 경우도 있습니다. 도살당할 동물들이 거꾸로 매달린 장면이 나오는 다큐멘터리에서 나는 그러한 예를 직접 보았습니다. 동물의 목을 자르자 피가 솟구치면서 녀석은 공포와 아픔으로 사지를 격렬하게 버둥댔습니다. 차마 눈 뜨고 볼 수 없는 장면이었습니다. 정말로 견디기 어려웠지요. 그렇지만 도살꾼들은 칼로 동물의 목을 쳐서 죽이는 순간에도 태연하게 웃으며 농담을 주고받았습니다. 틀림없이 그들은 동물이 괴로워서 버둥대는 모습을 보고 울부짖는 소리를 듣고 있었습니다. 그 모습과 소리는 동물의 고통을 소름 끼치도록 생생하게 보여주었지만, 도살꾼들은 그것이 끔찍한 고통 때문이라는 사실을 모르는 듯 행동했습니다. 자기들이 그렇게 만들었다는 것을 알았다 하더라도 그들에게는 동물의 고통쯤이야 아무것도 아니었을 겁니다. 그들은 마치 쇼를 보는 것처럼 행동했으니까요.

실제로 재미삼아 동물을 죽이는 이들이 있습니다. 사냥을 스포츠로 여기는 문화도 있지 않습니까? 동물을 죽이면 용감하다고 생각하는 사람들도 있는 것 같습니다. 불행하게도 오늘날 우리는 일종의 잘못된 용기를 길러 아무 두려움 없이 다른 생명을 해칩니다. 다른 존재를 해치는 것은 용기가 아니라 잘못이며, 잘못은 때가 되면 본인에게 돌아오게 되어 있습니다. 자기들이 가하는 고통에 대해 아무런 생각이나 반성 없이 동물을 죽이는 습관을 들이면, 결국에는 사람까지 아무렇지 않게 해치고 죽이게 됩니다. 자신과 똑같은 인간의 고통조차 무관심하게 느껴지는 것이지요.

자비에서 비롯되는 진정한 용기는 이것과 전혀 다릅니다. 자비심이 일어나면 다른 존재들이 괴로워하는 것을 보고 그대로 지나치지 못합니다. 오히려 자기 발등에 불이 떨어진 것처럼 그 고통을 끝장내려는 절박함이 있습니다. 이런 자비심이 일어나면 고통을 보자 마자 얼른 달려가 당장에 끝장을 내려고 하겠지요. 고통의 주체가 사람이든, 짐승이든, 심지어는 지구라고 해도 한 점 두려움이나 망설임 없이 그 고통에 뛰어들 것입니다. 이것이 내가 말하는 진정한 의미의 용기입니다. 진정한 영웅들에게서 볼 수 있는, 두려워하지 않는 마음입니다.

타인의 고통을 보고도 아무것도 느끼지 못하는 사람들은 친밀감이 부족하며 자신이 다른 존재와 실제로 같다는 사실도 알지 못합니다. 이런 품성이 없으면 설령 다른 이들을 돕는다 해도 실제로는 자비에서 비롯된 행동이 아닐 수도 있습니다. 저 높은 곳에 앉아 가난하고 비참한 동물이나 사람들을 내려다보면서 적선을 퍼붓는다면 자비에서 우러나온 행동이 아닙니다. 이런 종류의 선심을 쓰는 행동은 그저 자아를 키우는 것에 불과하며 진정한 자비라기보다는 구원자 콤플렉스savior complex(자신의 문제는 뒤로 한 채 다른 사람들을 돕는 성향)나 자만심에 가깝습니다. 동정 어린 태도를 취하면서 실제로는 그들에게서 멀리 떨어지려 하는 태도입니다. 자신이 그들과 속속들이 같다는 사실을 인정하고 싶지 않은 것이지요.

진정한 자비는 이것과 완전히 다릅니다. 자비심이 일어나면, 다른 존재들도 우리와 똑같이 고통에 취약하다는 사실을 알기에 그들에게 가까이 다가갑니다. 다른 사람들이 고통을 겪는 모습을 보면 우리가 느꼈던 고통이 떠올라 그들과 비슷한 감정을 느낍니다. 이런 감정이 우리 마음을 파고 들어와 견딜 수 없게 되면 그들을 지키기 위해 당장 무엇이든 하겠다는 단호한 결심을 하게 됩니다. 진정한 자비는 곧장 행동으로 옮겨집니다.

자비에 대한 오해

자비는 환경을 보호하려는 우리의 노력에 강력한 도구가 됩니다. 자비는 우리를 문제에 연결시키고 오래도록 지탱시킵니다. 문제를 외면하지 못하고 그것을 해결하기 위해 장기간 노력하게 되니까요. 이 점을 오해하여 자비심을 일으키고 싶지 않다고 말하는 사람들도 있습니다. 이들이 생각하는 자비는 주변에 보이는 고통을 자신이 직접 느끼는 것입니다. 자기 자신의 고통에 남의 고통까지 더해지면 괴로움만 더 커질 거라고 걱정하는 것이지요. 특히 대규모로 파괴된 야생동물이나 전체 지구환경을 떠올리면 더욱 그러합니다. "이건 정말 너무해. 나는 내 문제만으로도 벅차. 더 이상은 안돼!"라며 고개를 젓고 맙니다.

이것은 자비의 본질을 잘못 이해했음을 보여줍니다. 자비는 고통 받는 사람이나 동물에 초점을 맞출 때 일어나는 감정이지, 고통 자체에 초점을 맞출 때 느끼는 감정이 아닙니다. 여러분이 자비심을 일으키는 대상이 무엇입니까? 고통 받고 괴로워하는 존재입니다. 만약 동물이나 사람에게 자비심이 일어나면 그들의 고통에 압도되지 않습니다. 고통 그 자체에 마음을 쓰는 대신 대상에 주목하여 그들을 위해 할 수 있는 일을 찾게 됩니다.

여러분이 아끼고 소중히 여기는 물건이 불에 타고 있다고 상상해보세요. 그 물건을 집어삼키는 불길이나 열기는 문제가 되지 않을 겁니다. 여러분은 그 물건이 자신에게 얼마나 중요한지 절감하고, 그것을 지키려는 마음에 오로지 그 대상에 집중하여 손에 잡히는 것이 무엇이든 그것을 이용하여 당장 꺼내려 들 것입니다. 불이 나서 안타깝다는 생각도, 불이 얼마나 뜨거울까 염려하지도 않고, 가만히 앉아서 진짜로 불을 끌 만한 도구가 있는지 생각하지도 않을 겁니다. 그런 때는 자기 자신조차 돌보지 않게 됩니다. 대상을 지키겠다는 마음이 간절해서 이기적인 생각이 들어올 틈이 없으니까요. 단지 상황을 해결하는 데 필요한 정보를 받아들이고 행동할 뿐입니다.

중요한 것은 타인을 정성껏 보살펴서 그들을 고통에서 벗어나게 하겠다는 용기와 결의를 일으키는 것입니다. 그것이 자비입니다.

자비에 대한 또 다른 오해는 지금 우리에게 없는 것이어서 밖에 나가 어딘가에서 가져와야 된다는 생각입니다. 자비는 우리에게 없는 것, 어딘가에서 가져와야 하는 것이 아닙니다. 자비는 우리 모두가 타고난 것으로, 하루 종일 그리고 매일매일 우리를 이루는 일부분입니다.

여러분이 가족이나 반려동물을 사랑한다면 여러분의 내면에 사

랑과 자비가 이미 있다는 표시입니다. 창문 밖의 정원을 돌보려는
마음도 사랑과 관심의 표현입니다. 자비는 새로 구해오거나 새로
심을 필요가 없습니다. 우리 안에 이미 있는 씨앗을 기르기만 하면
됩니다.

남을 배려하기

자비와 집착은 비슷한 면이 있어서 혼란을 야기할 수 있습니다.
둘 다 보살핀다는 점에서는 같지만, 다른 면에서는 극단적으로 다
릅니다. 집착은 오로지 자신만의 이익을 추구하여 자기만 돌보고,
자비는 다른 사람들이 이익을 얻을 수 있도록 보살피는 것입니다.

일상의 영적 생활에서 자비와 집착의 유사성을 이용할 수 있습
니다. 간단한 예를 한 번 들어보겠습니다. 여러분에게 과일 세 조
각이 있다고 합시다. 만약 여러분이 혼자서 세 조각을 다 먹고 다
른 사람들과 나누지 않는다면, 그것은 집착 또는 욕망입니다. 오로
지 자기만 생각하는 것이지요. 그런데 여러분이 한 조각만 먹고 나
머지 두 조각을 다른 사람들에게 준다면, 그것은 자비가 될 수 있
습니다. 집착이나 욕망이 다른 사람들에 대한 배려로 바뀐 것이지
요. 이런 의미에서 자비는 자기 자신을 타인에게 옮겨놓는, 일종의
감정 이입입니다.

우리에게 어느 정도의 욕망이나 집착이 있는 것은 사실이지만, 우리에게는 이것을 자비로 바꾸는 능력도 있습니다. 그러나 앞에서 살펴본 탐욕은 집착의 극단적인 형태로서 자비심을 일으키는 데 심각한 장애가 됩니다. 우리가 탐욕이라는 마법에서 벗어나는 것, 그리고 일단 풀린 마법에 다시 걸리지 않게 방어하는 것이 얼마나 중요한지 지금쯤은 분명해졌을 것입니다.

그러려면 우리가 근본적으로 타인과 환경에 의존하고 있음을 인식하고, 이 같은 인식을 적극적으로 강화해야 합니다. 우리가 서로 얼마나 깊이 의존하는지 뼈저리게 인식하면 타인과 지구에 대한 친밀감도 깊어집니다. 상호의존성을 절실하게 인식하면 우리가 서로 다른 존재이며 분리되어 있다는 느낌이 점점 약해져서 결국에는 없어집니다. 집착에 사로잡혀 자기 자신만 돌보는 대신 자비로운 마음으로 세상을 돌보는 태도로 바뀌게 됩니다.

마음이 먼저

앞에서 환경에 대한 논의를 시작하면서 우리에게 참신하고 효과적인 생각이 많이 있다 하더라도 이런 생각들이 감정으로 잘 이어지지 않는다는 점에 주목했습니다. 건강한 감정이 일어나야만 지구를 치유하는 데 필요한 모든 자원을 갖출 수 있습니다. 자비는 이들 자원 중 하나로, 우리 모두가 느낄 수 있는 건강한 감정입니다.

나는 또한 지능과 감정이 보다 밀접하고 건전한 관계를 이루어야 한다고 강조했습니다. 이 둘 중 어느 것을 우선시해야 하는지 혼란스러울 때가 많습니다. 우리는 때로 지능은 중요시하면서 감정은 소홀하게 여기는 것 같습니다. 불교에서는 지혜와 자비는 반드시 함께 해야 한다고 말합니다. 이때, 자비는 마치 왕과 같고 지혜나 지능이 신하의 역할을 하는 것이 바람직한 관계입니다. 왕이 명령을 내리면 신하는 그 명령을 실행하는 방법을 강구해야 합니다. 이와 비슷하게 자비가 행동의 방향을 설정하면 지혜는 그 방향대로 나아가기 위한 최선의 방법을 결정합니다. 그런데 지금 우리는 그 반대인 경우가 너무 많습니다. 지능은 사방에서 마구잡이로 사용되는데, 자비는 저만큼 뒤에 처져 있습니다.

이것은 순서가 뒤바뀐 것으로 마음이 앞에서 이끌어야 합니다. 자비는 반드시 필요합니다. 진정으로 환경을 보호하고 정의로운 사회를 만들려면, 즉 매일매일 행복하고 건강하게 살려면, 우리에게 가장 필요한 단 한 가지는 자비입니다.

육식을 다시 생각함

일단 우리가 세상을 돌보고자 하는 자비로운 마음을 일으키고 변화가 필요한 환경 문제에 대해 충분한 정보를 가졌다면, 다음 단계는 무엇일까요? 실제로 우리가 할 수 있는 일이 어떤 걸까요?

우리 앞에 놓인 어마어마한 과제에 압도되지 않으려면, 사회는 개별 구성원을 떠나서는 아무런 의미가 없다는 사실을 명심해야 합니다. 현재의 환경 위기는 우리가 아무 생각 없이 수도 없이 저지른 작은 행동에서 비롯되었으니, 다시 작은 행동을 지속적으로 행함으로써 해결할 수 있습니다. 이때, 우리가 의식적으로 행동한다면 문제는 발생한 때보다 더 빨리 해결되는 경우가 많습니다.

지금 이곳에서 우리 각자가 스스로 확실하게 실천할 수 있는 방법을 찾아내는 것이 중요합니다. 우리가 개인으로서 직접 영향을 줄 수 있는 한 가지 방법은 자신의 고기 섭취에 대해 다시 생각하는 일입니다. 육식은 여러 가지 윤리적인 문제와 관련되어 있으며 또한 환경보호의 문제이기도 합니다. 육식은 기후변화와 삼림 파괴, 환경오염의 주요 원인이 됩니다. 이것을 보여주는 사례는 수없이 많습니다. 지구가 배출하는 온실 가스의 약 20퍼센트가 육식을 위해 사육되는 가축에게서 나옵니다. 가축이 배출하는 메탄가스는 일산화탄소보다 훨씬 더 큰 영향을 기후변화에 미칩니다. 이 사실은 상당수의 사람들이 채식으로 바꾸기만 해도 지구 온난화가 극적으로 감소한다는 것을 의미합니다.

또한 채식을 하면 지구 자원을 훨씬 더 효과적으로 사용할 수 있습니다. 가축을 기르려면 엄청난 양의 사료, 물, 땅, 연료 등의 자원이 필요하므로 작물을 생산하는 데 들어가는 것보다 훨씬 더 많은 자원을 쓰게 됩니다. 다양한 연구에 따르면, 육식가 한 명이 먹는 고기를 생산하는 데 필요한 땅이 있으면 채식주의자 20명을 먹일 수 있습니다. 고기를 포기하는 것만으로 생태 발자국ecological footprint(인간이 삶을 영위하는 데 필요한 자원의 생산과 폐기에 드는 비용을 토지로 환산한 지수로 생태파괴지수라고도 함)을 얼마나 줄일 수 있는지 알 수 있는 대목이지요.

구태여 과학자까지 동원하지 않더라도 축산업의 직접적 부산물인 환경오염을 증명할 수 있습니다. 축산농장이나 낙농장을 방문하기만 해도, 아니, 그저 그 옆을 지나면서 냄새만 맡아도 무엇이 방출되어 대기권으로 들어가는지 적나라하게 알 수 있습니다. 육식이 환경에 해롭다는 사실을 보여주는 정보는 얼마든지 있습니다.

이제 문제는 이 사실들이 시사하는 바에 대해 우리가 어떻게 대처하느냐입니다. 기후변화의 속도를 늦추고 오염을 줄이는 데 도움이 될 이 엄청난 기회를 꼭 놓치지 말아야겠다는 마음이 들지 않습니까? 그렇다면 육식을 포기하면 됩니다.

이들 가축이 어떻게 사육되는지, 어떻게 도살되는지, 또 그 결과물로 우리가 먹는 것이 무엇인지에 대한 정보 또한 아주 많습니다.

엄청난 환경파괴와 가축에게 가해지는 무지막지한 고통을 알면서
도 여전히 행동에 옮기지 않는 사람들이 많습니다. 이 사실에 주목
하여 식습관을 바꾸는 이들도 있지만, 대부분의 사람들은 마치 아
무런 해로움도 없다는 듯 전과 같이 고기를 먹습니다. 왜 그럴까
요?

머리에서 가슴으로

내 경우를 예로 들자면, 어렸을 적에는 고기를 먹었습니다. 사실
은, 고기라면 자다가도 벌떡 일어날 정도였지요. 고기를 먹어야만
했던 몇 가지 지역적 조건이 있기는 했습니다. 우선, 내가 자란 오
지에서는 주위에 있는 것을 먹고 살아야 했는데, 당시 우리가 가진
거라곤 고기와 버터, 달콤한 티베트식 치즈가 전부였습니다. 모두
토속 음식뿐이었고 달리 먹을 것이 없는 형편이었지요. 그러니 고
기밖에 먹을 만한 게 없었습니다. 상황이 그런 데다 오래된 관습이
다 보니, 너나 할 것 없이 모두 고기를 먹었지요.

그러고는 인도에 오게 되었습니다. 육식을 중단한 지 이제 5, 6
년이 되었습니다. 식육 산업을 다룬 다큐멘터리를 보고 나서 채식
을 결심했습니다. 동물을 도살하는 장면을 보니 녀석들의 살점을
도저히 먹을 수 없더군요. 물론 그 전에도 채식을 생각해본 적은

있었지만 행동으로 옮긴 것은 그 다큐멘터리를 보고 나서였습니다.

여기에서 중요한 문제가 제기됩니다. 생각이 마음을 움직이려면 무엇이 필요할까요? 내 경우, 필요한 정보는 진즉 알았지만 실제로 고기를 더 이상 못 먹겠다고 느끼기까지 한동안 시간이 걸렸습니다. 이렇게 바뀌는 데 필요했던 것이 무엇일까요? 이미 해로운 줄 아는 일을 중단하기까지 얼마나 더 기다려야 할까요? 태평양이 피로 붉게 물들 때까지 기다려야 할까요? 그래야만 대다수의 사람들이 눈을 뜨고 지금 벌어지고 있는 일들을 보게 될까요? 어쩌면 그것조차 우리 마음에 충분한 충격을 주지 못할지도 모릅니다. 사실 우리의 지구가 어디를 향해 가고 있는지 극명하게 보여주는 끔찍한 증거들이 수도 없이 많았으니까요.

육식을 그만두고 싶지만 그렇게 하지 못하는 사람들 대부분이 고기의 맛과 습관을 이유로 듭니다. 고기의 맛을 정말로 좋아한다는 사람들이 많습니다. 그들이 계속 고기를 먹게 되는 것은 혀에 느껴지는 맛을 갈망하기 때문입니다. 이것이 바로 이성을 누르는 감정의 힘입니다. 고기를 갈망하는 감정의 노예가 되기 때문에 고기를 끊는 것이 옳다고 생각하면서도 포기하지 못하는 이들이 많은 것입니다. 이들이 고기를 계속 먹게 되는 진짜 이유는 맛에 대한 욕망 때문입니다. 대부분의 사람들에게 그것 말고는 다른 이유가 사실은 없습니다.

이제, 육식을 계속하게 만드는 맛에 대한 욕망과 육식을 그만두어야 하는 다른 이유들을 비교해 봅시다. 윤리, 건강, 종교, 그리고 여러 가지 환경 상의 이유가 포함되겠지요. 이들 실제적이고 확실한 이유가 다른 어떤 이유보다 훨씬 더 중요합니다. 고기를 먹지 말아야 할 이유가 이토록 많으니 고기 맛을 잊지 못하겠다는 사소한 이유는 살아남기가 불가능할 것 같습니다. 그런데도 우리들은 여전히 대수롭지 않은 미각을 내세우며 다른 이유들을 묵살합니다. 육식과 비교하여 채식의 상대적인 장점과 축산업이 환경에 미치는 영향을 확실히 이해한다 하더라도, 우리에게는 이성이 명령하는 바를 따르려는 마음이 일어나지 않습니다. 이 때문에 우리의 마음을 파고 들어와 생각을 감정으로 바꾸어 놓을 무언가가 절실하게 필요한 것입니다.

다리를 놓다

나는 이성과 감정 사이에 필요한 다리를 놓을 수 있다는 사실을 체험했습니다. 2004년 말에서 이듬해 초까지 이어진 겨울, 부처님께서 깨달음을 얻으신 인도 보드가야에서 일어난 일이었지요. 세계 평화를 기도하기 위해 매년 열리는, 까규 몬람Kagyu Monlam이라 불리는 까규파의 대기원회에서였습니다. 이 기도 법회에는 히말라야 전역의 사원에서 3, 4천 명에 이르는 남녀 승려가 참가합니다.

세계 각국에서 오는 평신도들도 아주 많습니다. 몬람이 끝나갈 무렵 나는 그곳에 모인 사람들에게 채식에 대해 법문을 하기로 마음먹었습니다.

그날 법문에 새로운 내용은 없었습니다. 사람들이 여러 번 들었을 내용 말고는 달리 할 말이 내게 전혀 없었으니까요. 불교에서 채식은 유서 깊은 내용으로 많은 불교 경전에서 광범위하게 논의되었습니다. 그러나 부처님과 위대한 스승들이 말씀하셨다는 것만으로는 충분치 않다고 나는 생각했습니다. 단지 부처님께서 채식을 하라고 말씀하셨다는 이유만으로는 영속적인 변화를 일으킬 수 없습니다. 만약 권위 있는 사람들에게 떠밀려서 무언가를 한다면, 그분들이 가까이 계시지 않을 경우 다시 옛 습관으로 돌아가기 쉽습니다. 일단 채식을 결심하고 나서 계속 채식을 고수하는 방법에 대해서는 8장 '먹거리 정의'에서 더 자세하게 설명하겠습니다.

또한 생각이 건전한 것만 가지고는 충분하지 않습니다. 사람들은 흔히 생각이 감정보다 안정적이라고 여깁니다. 그렇지만 어떤 사안에 대해 절실한 느낌이 오지 않으면 적극적으로 뛰어들거나 제대로 참여하지 못하는 경우가 대부분입니다. 그래서 나는 채식에 대해 스님들이 이미 경전을 통해 알고 있는 내용을 골라 최대한 생생하게 또 직접적으로 법문을 했습니다.

법문의 요지는 고기를 먹지 않는 것이 생명을 보호하는 최선의 방법이라는 것이었습니다. 나는 채식이 생명을 살리는 최상의 행동임을 상기시켰습니다. 대단히 직선적으로, 그리고 아주 간절하게 호소했습니다. 그런 다음 그들에게 다양한 선택권을 제시했습니다. 만약 하루에도 여러 번 고기를 먹는다면 하루에 한 끼만 고기를 먹거나 일주일에 하루는 고기를 먹지 않는 방법부터 시작해서 그때부터 당장 고기를 완전히 끊는 방법까지 여러 가지를 제시했지요. 그리고는 적당한 기간 동안 고기를 먹지 않겠다는 계를 받을 것을 고려해보라고 제안했습니다.

정말 놀랍게도 참석자의 60~70퍼센트가 그날부터 어떤 종류의 고기도 먹지 않겠다는 계를 받았습니다. 계를 받은 사람들 중에는 평생 동안 육식을 하신 티베트 노스님들도 많았습니다. 지금도 가끔 뵙는데, 노스님들은 그 법문에 감동을 받아 그 자리에서 당장 그 오랜 습관을 완전히 끊으셨답니다. 이 법문에 대한 소문이 티베트까지 퍼졌습니다. 녹음기록도 함께 퍼진 것 같습니다. 그 후 티베트의 수도 라싸 인근 지역에서는 고기 판매량이 현저하게 줄었다고 들었습니다. 이 이야기는 까규파 사원은 물론 마을에도 퍼졌습니다. 그때부터 많은 승려들과 평신도들이 고기를 더 이상 먹지 않게 되었습니다. 티베트 음식에서 절대로 빠지면 안 된다고 생각했던 그 고기를 말입니다.

내 말이 이런 결과를 가져오리라고 나는 정말이지 기대하지 않았습니다. 진정으로 마음을 담아 호소한 덕분이라고 나는 확신합니다. 새로운 정보는 없었지만, 내가 생생하게 느낀 감정이 듣는 이들에게 그대로 살아서 전달되도록 노력했습니다. 단순히 생각에서 나온 말보다는 마음에서 우러나온 말이 사람들을 움직인다는 것을 보여주는 작은 예가 될 수 있겠지요.

오래도록 지속되는 관계

앞에서 살펴보았듯, 우리가 지금 같은 식으로 소비를 계속한다면 지구 자원은 도저히 유지될 수 없습니다. 우리는 말 그대로 환경 위기의 벼랑 끝에 서있습니다. 이 위기에 대처하려면 우리가 무엇을 어떻게 소비하는지 잘 돌아보아야 합니다. 고기를 덜 먹거나 아예 끊는다면 효과가 있을 텐데, 이것은 우리가 마음만 먹는다면 지금이라도 당장 실천할 수 있습니다. 또한 우리의 지능을 여지껏보다 더욱 창의적으로 발휘하여 더 오래 쓰고 환경에 덜 해로운 물품을 만들고 또 그런 물품을 소중하게 생각하면 좋겠지요.

그렇지만 좀 더 현명하게 천연자원을 사용하는 것만으로는 환경이 완벽하게 지속되기 어렵습니다. 환경을 파괴하지 않으려는 우리의 태도 자체가 변함 없이 지속되어야 합니다.

그러려면 우선, 이 지구의 주인이 정말로 누구인지 스스로에게 질문을 던져보세요. 우리 인간이 주인이라는 생각이 들겠지요. 우리는 "이 땅은 우리 땅이야"라면서 다른 존재들을 '우리' 땅 저 멀리로 걷어찹니다. 그런데 우리에 앞서 누가 이곳에 존재했나요? 인간이 나타나기 전에 지구에는 동물들이 있었는데, 그 숫자도 지금보다 훨씬 더 많았습니다. 우리 인간은 지구 위에 있는 150여 만 종의 하나에 불과할 뿐입니다. 그러니 지구의 진짜 주인이라고 주장할 권리는 어쩌면 동물들이 더 클지도 모릅니다. 그런데도 우리는 지구가 우리 것이라고 어째서 그토록 확신하는 걸까요?

설령 우리가 지구의 주인이라 하더라도 우리는 이 소유권이 내재하고 있는 책임 또한 짊어져야 합니다. 그렇지만 상황을 꼼꼼히 따져보면 우리가 주인이 될 수 없음을 알게 될 것입니다. 기껏해야 우리는 보호자로서 살아있는 모든 존재의 미래 세대를 위해 지구를 잠깐 맡고 있을 뿐입니다.

우리는 지혜와 자비를 겸비한 보호자가 될 수 있는 능력이 있습니다. 인간의 특징은 선한 것과 선하지 않은 것을 구별하는 능력으로, 우리는 이로운 것을 받아들이고 해로운 것을 삼가야 할 책임이 있습니다. 즉, 인간에게는 도덕 체계에 따라 창조하고 살아가는 특별한 능력이 있습니다. 우리가 가진 지능으로 어떤 것이 행복을 가져오고 어떤 것이 고통을 가져오는지 식별할 수 있습니다. 어떤 것이 이 세상을 위해 유익하고 지구의 건강에 도움을 주는지, 또 어떤 것이 해가 되는지를 알아내는 능력이 있습니다. 또한 무엇이 동물에게 유익하며, 무엇이 그들에게 고통을 야기하는지 분간할 수 있습니다.

이런 능력에도 불구하고 우리가 지능을 잘못 사용하는 것은 비극입니다. 지금 이 시간에도 우리는 환경을 고갈시키고 가장 폭력적인 방법으로 지구를 남용하고 있습니다. 단지 새로 나온 상품으로 바꾸기 위해 우리는 아직도 새것같이 멀쩡한 물품을 마구 버립니다. 그것에 어떤 자원이 들어갔는지, 우리가 버린 물품이 어디로 가는지는 조금도 생각하지 않습니다. 우리는 먹기 위해, 심지어는 단지 재미를 위해 동물을 죽이기도 합니다. 우리가 이 땅에서 얻은 모든 것 그리고 이 땅을 의지하여 살아가는 모든 존재들을 생각할 때, 우리가 지구에 돌려준 것이 과연 무엇입니까?

받기만 하는 대신 지구를 보살피는 데 지능과 창의력을 쏟겠다는 마음을 가진다면, 우리는 실제로 많은 것을 지구에 돌려줄 수 있습니다. 제일 먼저, 우리의 지능을 감정, 특히 자비라는 감정과 연결시켜야 합니다. 그리고 윤리에 어긋나지 않게 지능을 활용해야 합니다. 지능·감정·윤리, 이 세 가지를 모두 동원하여 모든 존재와 환경, 또한 미래 인류 세대에게 유익한 것이 무엇인지 생각해야 합니다. 다시 말해, 우리의 도덕 체계를 보다 광범위하게 적용하여 이 모든 것을 완전히 포함시켜야 합니다.

자신의 소비생활에서 어느 것이 옳고 어느 것이 그른지, 또 어느 것이 이롭고 어느 것이 해로운지 살펴볼 때, 우리는 인간은 물론 동물, 그리고 지구의 물리적 환경까지 포함하여 생각해야 합니다. 우리는 이들 동물과 함께 지구에서 살아가며, 지구는 우리 모두에게 살아갈 터전을 내주었으니까요. 덜 쓰고 더 오래 가는 것을 쓰는 것도 매우 중요하지만, 그 자체로는 우리가 현재 처해 있는 상황을 해결할 수 없습니다. 우리의 생각과 감정이 함께 움직여 이해하고 돌보려는 마음이 일어나야만 진정으로 오래도록 노력할 수 있습니다. 이런 태도가 발판이 되어 환경에 대해 지속적으로 관심을 기울이고 행동하게 됩니다.

물질적인 것에는 한계가 있지만 미래에 이 지구에 의지해야 할 사람과 동물은 끝이 없습니다. 그들이 살 수 있는 터전을 남겨주는 임무는 전적으로 우리의 몫입니다. 우리에게는 지혜와 자비라는 아주 강력한 도구가 있습니다. 이 두 가지 도구를 지금 바로 환경보호에 적용한다면, 우리에게 의존하는 헤아릴 수 없이 많은 미래의 존재들을 적극적으로 돌볼 수 있습니다.

우리 인간이 자비와 지혜를 바탕으로 환경을 대할 때, 그 관계는 진실로 오래도록 지속될 수 있습니다. 인간으로서 우리에게는 이런 관계를 만들어 내는 능력이 있습니다. 우리의 마음을 이 일에 쏟는다면 위대한 목표를 온전히 성취하게 될 것입니다.

08

먹거리 정의

배 고 픔 과

해   악   의

사 슬 에 서

벗 어 나 다

살아가는 동안 다른 사람들이 베푸는 친절을 직접 느낄 수 있
는 것 중 하나가 먹거리(식량·식품·음식을 포함하여 사람이 살
아가기 위해 먹는 온갖 것)입니다. 또한 먹거리를 통해 우리가 지구와
사회에 의존하고 있음을 이해하게 됩니다.

　식탁 앞에 앉을 때마다 우리는 우리의 생명을 유지시켜 주는 수
많은 사람들과 지구의 선물을 받고 있는 것입니다. 매끼 밥을 먹을
때마다 우리는 다른 많은 존재들, 그리고 이 지구에 의존하고 있음
을 느끼게 됩니다. 어떤 음식에든 그들이 우리에게 베푼 친절이라
는 맛이 배어 있으니까요.

음식은 앞서 언급했던 지구의 한량없는 베풂을 절감하게 해줍니다. 우리를 둘러싼 세상과 우리가 아주 가까이 연결되어 있다는 사실도 깨닫게 해줍니다. 우리가 먹는 음식 하나하나는 수많은 사람들, 그리고 수많은 식물과 동물들이 함께 참여하는 길고 복잡한 체계를 거쳐 우리의 식탁 위에 오릅니다. 여기에는 구름과 흙도 함께합니다. 사실상, 지구 전체가 참여하여 우리의 생존에 필요한 먹거리를 만들어 냅니다. 이 모든 것들이 긴 사슬처럼 서로 연결되고 작용하여 우리가 살아있는 내내 매끼 음식을 먹을 수 있는 먹거리 체계를 만듭니다.

불행하게도 이 먹거리 체계의 많은 과정에서 인간과 동물, 그리고 환경이 착취를 당합니다. 이런 사실을 알든 모르든, 우리는 착취의 부산물을 먹는 혜택을 누리고 있습니다. 그러므로 우리가 일용할 양식이 만들어지는 과정에서 동물들이 받는 엄청난 고통에 대해 우리는 책임을 져야 합니다. 논밭이나 공장에서 열악한 조건을 감수하고 일하는 사람들이 겪는 육체적·정신적 고통에 대해 책임을 져야 하며, 비료와 제초제를 사용하여 토양과 물을 지속적으로 오염시킨 것에 대해서도 책임을 느껴야 합니다. 더욱 심각한 문제는 현재의 먹거리 체계가 결과적으로 우리 건강에 해로운 식품을 만든다는 사실입니다.

이들 문제가 하나같이 중대하지만, 현재 체계에서 가장 심각한 결함은 이 세상 사람들이 모두 먹을 수 있을 만큼 충분한 먹거리를 제공하지 못한다는 점입니다. 21세기인 지금도 수많은 사람들이 여전히 영양부족과 기아에 시달리면서 살고 있습니다.

다시 말해, 우리에게 자양분을 공급해야 하는 먹거리 체계가 우리 몸은 물론 다른 존재들과 지구를 해치고 또 많은 사람들을 영양실조에 빠뜨리고 있습니다. 이런 지경에 이른 지금이야말로 우리의 먹거리와 그것의 생산과 분배방식에 대해 사회의 일원으로서 재고해야 할 때입니다.

버티기보다 바꾸기가 더 쉽다

영적 수행이든 먹거리 정의를 위한 사회개혁이든, 이들 주제에 대해 논의하려면 변화의 필요성을 인식하는 데서부터 출발해야 합니다. 대부분의 경우 이 출발점에 도달하기까지가 제일 어렵습니다. 일단 출발점에 서면 사람들은 각기 다른 반응을 보입니다. 사회 개혁과 영적 수행은 둘 다 태도와 행동의 변화를 내포하고 있습니다. 이런 변화가 쉽게 일어나지 않으리라고 전망하는 이들도 있는데, 특히 진정한 변화는 불가능하다는 회의론자들이 그러합니다. 실제로 시작도 하기 전에 낙담부터 하는 사람들도 있는데 자기네 본성까지 바뀌게 될까 봐 염려하기 때문이지요. 먹거리 생산방식을 바꾸거나 심지어는 자신의 식습관을 바꾸는 간단한 일조차 호랑이에게 얼룩무늬를 없애라는 주문같이 어렵다고 생각한다면, 먹거리 체계 전반을 바꾸려고 하는 도전은 정말 넘을 수 없는 벽처럼 보일 것입니다.

이 같은 도전이 처음에는 매우 어렵게 보일 수 있습니다. 경제, 공공정책, 사회 규범, 환경, 개인의 습관 등 우리 사회는 물론 삶의 아주 많은 부분이 먹거리와 연결되어 있으니까요. 그렇지만 사실 우리의 먹거리와 식습관은 항상 변합니다. 식육산업만 해도 계속 변화를 겪어왔습니다. 맥도날드가 생긴 지 100년이 채 안 됩니다. 수십 년 전만 해도 화학비료라는 게 없었지요. 유전자조작 종자 같은 것도 최근에야 생겼습니다. 모두 근래 들어 일어난 변화입니다.

더욱이 먹거리 체계는 사람이 개입하여 만들었으므로, 바꾸는 것도 사람이 해야 합니다. 실제로 먹거리 체계는 이미 급속한 변화 과정에 들어섰습니다. 사실은 끊임없이 변하고 있습니다. 변화는 모든 것의 본성이니까요. 현실적으로도 변하지 않고 그대로 있기가 계속 변하는 것보다 더 어렵습니다. 여기에서 우리가 생각해야 할 점은 바람직한 변화의 방향입니다. 앞에서 보았듯이 지속적인 사회 변화를 꾀하려면 우선 변화의 필요성을 인식한 다음에 긍정적인 변화가 어떤 방향으로 일어나야 하는지 이상적인 미래상을 정립해야 합니다. 그리고 나서 문제 해결을 위해 행동에 나서야겠다는 마음이 절실하게 생기고 확고해지면 실제로 변화가 일어날 때까지 오래도록 참여할 수 있는 바른 동기를 바탕으로 행동을 이어나가야 합니다.

먹거리 체계의 변화는 사회를 구성하는 우리들 개개인에게서 나와야 합니다. 앞에서도 언급했지만, 사회나 공동체는 그것을 구성하는 개인을 떠나서는 아무 의미가 없습니다. 그러므로 긍정적인 변화를 일으키는 추진력 또한 개인, 즉 우리에게서 나와야 합니다. 어쨌든 먹거리를 주문하는 것도 우리들이고, 돈을 내는 것도 우리들이고, 또 먹는 것도 우리들이니까요.

자기와 관련된 먹거리 체계 안에서 효과적인 변화가 무엇인지 찾는 것은 어디까지나 우리들 개개인이 할 일입니다. 다국적 식량기업들이 어디에나 영향을 미치는 것처럼 보여도 사람들이 먹는 식품과 그것을 생산하는 방법은 문화와 지역에 따라 크게 다릅니다. 우리가 먹는 식품은 지역 조건과 깊이 관련되어 있습니다. 경험을 통해 내가 얻은 지식은 지금 내가 살고 있는 인도의 먹거리 체계에 한정되어 있으므로 나는 다른 나라의 먹거리의 생산과 유통방식의 변화와 관련하여 의견을 낼 만한 처지가 못 됩니다. 여러분이 어디에서 살든, 그것은 여러분 각자에게서 나와야 합니다.

마음의 거울

원칙적으로는 스스로의 식습관과 먹거리 구입 습관을 바꿔야 한다는 것을 인정한다 해도, 우리는 다른 사람들과 외부 환경이 먼저 달라지기를 바라는 경향이 있습니다. 먹거리 체계가 잘못된 원인을 온통 남의 탓으로 돌리거나 누군가가 문제를 해결할 때까지 기다리는 대신 스스로 문제를 일으킨 데 책임을 지는 자세가 중요합니다. 이것과 관련된 설화가 하나 있습니다.

이야기의 주인공은 아주 오래 전 티베트 오지에 있었던 작은 나라의 왕입니다. 이 나라는 거울이 얼마나 희귀했는지, 거울이란 말을 들어본 사람조차 거의 없을 정도였지요. 그러던 중에 왕에게 용케 손거울 하나가 들어왔습니다. 어느 날, 왕은 충직한 신하에게 무언가 지시하던 중 손거울을 들어 올렸습니다. 거울에 비친 자기 얼굴을 이리저리 잘 뜯어보니 그 생김새가 영 마음에 들지 않았습니다. 이 왕은 대단히 못 생겼던 모양입니다. 거울 속에서 자기를 뚫어지게 쳐다보는 얼굴에 왕은 기분이 몹시 나빠졌습니다. 왕은 거울을 옆으로 밀치며 소리쳤습니다.

"저 추물이 대체 누구인가? 짐은 저 자를 다시는 보고 싶지 않도다. 이 거울을 나의 왕국에서 치워버려라."

그 말을 들은 신하는 가만히 있을 수 없었습니다. 왕의 추한 얼굴을 쳐다보며 지내야 했던 그 오랜 세월 끝에 찾아온 기회를 그는 놓치지 않았지요.

"전하! 소인은 기나긴 세월 전하를 뵈어야만 했습지요. 소인에게는 전하의 얼굴을 치워버릴 수 있는 권한이 없었으니까요."

이야기 속의 왕처럼 우리는 다른 사람들은 살펴보면서 자신은 잘 보려 하지 않는 경향이 있습니다. 티베트 속담에도 "남을 보려면 두 눈이 있어야 하고, 자기를 보려면 마음의 거울이 있어야 한다"는 말이 있습니다.

먹거리 체계를 바꾸는 데 첫 번째 단계는 먹을 때마다 우리가 자신과 다른 사람, 그리고 이 세상에 어떤 영향을 주는지 인식하는 것입니다. 우리의 견해를 다른 사람들에게 강요하거나 반대로 다른 사람들이 자신들의 견해를 우리에게 강요하는 식으로는 지속적이고 의미 있는 변화가 일어나지 않습니다. 스스로 마음의 거울을 들여다보고 바로 지금 자신이 있는 이곳에서 바람직한 변화를 일으켜야 한다는 것을 인식하는 데서 변화가 시작됩니다. 여기에는 우리가 날마다 먹는 먹거리의 선택도 들어갑니다.

5장 '소비 지상주의와 탐욕'에서 우리는 물질적 부의 추구를 최우선으로 하는 사회와 삶이 얼마나 헛된지 살펴보았습니다. 물질적 부의 추구는 당연히 끝이 나지 않습니다. 얼만큼 가져야 충분한지 측정할 수 없기 때문입니다. 그러나 먹거리에 관한 한, 누가 충분하게 가졌는지 또는 불충분한지 분명하게 알 수 있습니다. 영양실조와 기아가 '불충분'의 기준임은 누구도 부정할 수 없겠지요. 지금도 수백만이 넘는 사람들이 매일 굶고 있습니다. 그들은 이 지구촌에서 우리와 함께 사는, 우리의 동료입니다. 우리는 같은 먹거리 체계로 서로 연결되어 있습니다. 이들 체계의 혜택으로 먹을 것이 충분한 사람들은 그렇지 못한 사람들에 대해 반드시 책임을 느껴야 합니다.

전 세계의 기아 문제를 단 한 번에 해결할 수 있는 거시적인 해결책은 없습니다. 그렇지만 지금의 이 상황은 작은 요인들이 겹겹이 쌓여 일어난 것이므로, 우리 모두가 작은 노력을 함께 모으면 바꿀 수 있습니다.

굶주림은 어디에서 오는가

먹거리 체계는 먹거리뿐만 아니라 굶주림도 가져옵니다. 교육이나 의료 등 다른 체계와 마찬가지로 먹거리 체계는 대체로 부자들에게 이롭습니다. 먹거리 체계는 경제체계와 연결되어 있는데, 경제체계 자체가 가난한 이들보다 부자에게 유리합니다. 덜 가진 이들의 노동으로 더 많이 가진 이들이 이득을 보니까요.

무책임하고 게으른 탓에 살림이 넉넉지 못하다고 가난한 사람들을 손가락질하는 부자들도 있겠지요. 그 비난의 손가락은 마땅히 반대쪽을 가리켜야 한다고 나는 생각합니다. 못 가진 사람들이 가난해진 근본적인 이유는 사회적으로 소외되었기 때문입니다. 자신의 이익을 위해 우리는 그들을 가난하게 내버려둔 것입니다. 식품산업은 가난한 사람들을 착취하여 이득을 얻는 대표적인 부문입니다. 햇볕이 뜨겁게 내리쬐는 밭에서 하루 종일 일하는 가난한 이민 자들과 착취적 조건에서 식품을 가공하는 가난한 공장 노동자들은 아무리 힘들게 일해도 가족을 먹여 살릴 만한 돈을 벌지 못합니다.

우리 시대의 눈부시게 발달한 기술을 감안하면, 이 세상에 아직도 굶는 사람들이 이렇게 많다는 사실을 납득하기 어렵습니다. 부자가 한끼 먹는 돈만 있으면 이들 중 한 사람이 며칠을 먹고 살 수 있습니다. 앞서 6장 '사회 행동'에서 우리는 선진 사회의 진정한 의미가 무엇인지 살펴보았습니다. 사치와 탐욕이 넘치는 사회가 선진 사회일 수는 없습니다. 다른 사람을 희생시켜서라도 이익을 취하겠다는 발상은 후진 사회임을 여지없이 드러내는 것이 아닐까요?

누군가가 가난하다고 말하는 것은 옳지 않습니다. 우리가 그들을 가난에 빠뜨렸다는 표현이 더 적절합니다. '아메리칸 드림'의 어두운 단면이지요. 우리는 가난한 사람들을 보고 열심히 일하지 않은 탓이라고 비난합니다. 그러나 대부분의 경우, 가난한 사람들이 돈이 없는 이유는 부자들이 더 많이 가져갔기 때문입니다. 우선, 가난한 사람들은 혹사당하는 데다가 겨우 최저 생계비 정도의 보수를 받습니다. 그 돈으로는 고등교육을 받을 수 없기 때문에 자신이나 자식들이 보수가 더 나은 직업으로 진출할 수 없습니다. 이들 대부분이 보험을 들지 못해 가족 중 누군가가 건강에 문제가 생기기라도 하면 남은 가족들은 죽는 날까지 의료비 부담을 떠안아야 합니다. 이런 식으로 우리 시대의 사회와 경제체계는 약자들이 아무리 노력해도 가난에서 도저히 헤어나올 수 없도록 악착같이 굴레를 씌웁니다. 그런데도 우리는 부끄럽게도 이들을 향해 게으르고 뒤떨어졌다고 비난합니다.

이런 역학관계를 명심하시기 바랍니다. 그렇지 않으면 먹을 것이 없는 사람을 보고서도 그 굶주림의 고통이 나와 상관없다고 생각하게 됩니다. 먹을 것이 넉넉한 우리가 그들의 굶주림에 원인을 제공했다는 사실을 상기하면, 그들의 고통이 우리 때문이라는 것을 좀 더 쉽게 인정하고 그 고통을 덜어주려는 책임을 보다 기꺼이 받아들이게 될 것입니다.

여러분이 가진 모든 것을 이용하여 의식적으로 책임감을 느끼는 연습을 통해 해결의 실마리를 찾는 것도 좋은 방법입니다. 식탁 위에 한 접시 가득 먹을 것이 놓여있으면, 특히 실제로 필요한 양보다 많다면, 이 세상에는 먹을 것이 부족한 사람들이 많이 있다는 현실을 여러분에게 일러주는 신호라고 생각하세요. 여러분에게 먹거리를 제공하는 바로 그 체계가 그들의 굶주림도 만들었다는 사실을 잊지 마세요. 그들의 딱한 형편을 잊지 않고 기억하는 습관을 들이다 보면 그들의 고통을 함께 나누고 굶주림을 덜어주는 기회를 만들고자 노력하게 됩니다. 이렇게 간단한 연습을 통해 필요 이상의 음식을 볼 때마다 그것으로 굶주린 누군가를 배부르게 할 수 있다는 사실을 의식하게 됩니다. 이런 생각이 아주 간절해지면 마음이 움직여 행동에 나서게 됩니다. 위대한 첫 발자국을 내딛는 것이지요.

육식을 반성하다

먹거리와 관련하여 변화를 꾀할 때, 육식은 값진 교훈과 기회를 제공합니다. 7장 '환경보호'에서 언급한 것처럼 현재의 고기 섭취량은 지구에 여러 가지 해를 끼치는 수준에 이르렀습니다. 그렇지만 세계 기아 퇴치라는 관점에서 우리의 지대한 관심을 끄는 것은 상당수의 사람들이 육식에서 채식으로 바꿀 경우 기존의 자원으로도 훨씬 더 많은 사람들을 먹여살릴 수 있다는 사실입니다. 아무리 작은 축사에 가축을 우겨 넣어 공간을 줄인다 하더라도, 이들 가축의 사료를 재배하는 데 필요한 땅은 똑같은 영양분을 가진 채식작물을 기르는 데 필요한 땅보다 훨씬 더 넓습니다. 육식가 한 명을 먹이려면 약 4,000㎡의 땅이 필요한데, 앞에서도 말했지만, 이 정도의 면적이면 채식주의자 스무 명을 먹일 수 있다는 연구결과가 많이 나와 있습니다. 만약 세상 사람들이 모두 채식을 한다면 지금보다 스무 배나 많은 사람들이 먹고 살 수 있다는 뜻이지요. 세계 기아 퇴치를 진지하게 고려한다면, 우리는 마땅히 이 사실에 특별한 관심을 가져야 합니다.

육식가를 위한 가축을 기르는 데 지구 자원을 사용하면, 보다 많은 사람들에게 보다 효과적으로 먹거리를 제공할 수 있는 채식 작물을 기르는 데 필요한 땅이 크게 줄어듭니다. 만약 전 세계에서 기아를 종식시키는 것이 우리의 목표라면, 긴 안목으로 볼 때 육식이 과연 지속될 수 있을까요? 우리 스스로 한 번 생각해야 할 문제입니다.

육식이 지속될 수 없다는 것에 동의하든 동의하지 않든, 육식이 가장 현명한 선택은 아니라는 점에는 모두가 동의할 것입니다. 육식은 가장 자비로운 선택이 아니라는 것 또한 확실합니다.

나는 곧 내가 먹는 음식이다

7장 '환경보호'에서 나는 환경을 보호하는 수단으로서 채식을 고려해 보라고 여러분에게 제안했습니다. 여러분이 보다시피 채식은 먹거리 정의에 크게 기여하는 방법이기도 합니다. 이런 주장이 이론적으로는 설득력이 있지만 실행하기는 어렵다고 생각하는 사람들이 있겠지요. "요점은 알겠는데 내가 하기는 어려울 것 같아"라고 생각할 겁니다. 또는 고기를 끊으려고 시도했지만 며칠 못 가서 그만 포기한 이들도 있겠지요. 이제부터 내가 할 수 있는 모든 것을 동원하여 여러분을 돕겠습니다. 우선, 여러분이 고기를 덜 먹겠다는 결심을 유지하는 데 도움이 될 수 있는 몇 가지를 함께 생각해보기로 하지요.

고기를 끊음으로써 여러분이 받는 이익을 마음에 새기는 것이 중요합니다. 육식은 환경과 동물을 해칠 뿐만 아니라 우리 몸에도 해가 됩니다. 우리 사회에서 '정상' 수준으로 인정되는 고기 섭취량이 우리의 건강에 나쁜 영향을 줄 수 있습니다. 많은 사람들이 건강을 유지하기 위해 막대한 양의 에너지를 소비합니다. 전 세계적으로 수많은 사람들이 엄청나게 많은 시간을 운동하느라 보냅니다. 헬스장에 가고, 요가 수업을 받고, 또 이것저것 많은 노력을 들입니다. 이렇게 건강이라면 신경을 곤두세우는 사람들에게 육식이 과연 좋을까요? 고기를 먹는다는 것은 그 동물의 몸에 들어간 모든 것을 먹는 것입니다. 성장 호르몬과 항생제, 그리고 백신. 그 동물이 일생 동안 먹은 제초제도 빼놓을 수 없습니다. 대량 생산을 위해 기르는 동물들에게 '유기농 인증' 사료를 먹일 리는 없으니까요.

잔인한 도축 방법이 동물에게 미치는 영향에 대해서는 아직 언급도 하지 않았는데, 이것만으로도 육식이 건강에 이롭지 않다는 사실이 자명해지지 않았나요? 아드레날린, 스트레스, 공포가 야기하는 물리적 영향은 여러분이 익히 아는 바입니다. 도축장에 들어선 동물이 먼저 도살된 동료들의 피냄새를 맡으면서 빠지게 될 끔찍한 공포와 공황상태를 한 번 상상해 보세요. 고기를 먹을 때, 여러분은 동물의 몸을 구성하는 화학물질뿐만 아니라 그 동물이 사는 동안 그리고 도살되는 순간에 겪은 감정적·육체적 스트레스를 함께 섭취하는 것입니다. 이 스트레스 또한 여러분이 먹는 고기의 일부분입니다.

티베트와 중국의 요구르트를 모두 먹어본 사람들은 대개 티베트 것이 훨씬 더 맛있다고들 합니다. 차이가 있다면, 티베트 소들은 마음대로 돌아다닌다는 것이지요. 소가 편안하고 행복하면 소에서 나온 우유와 요구르트 또한 맛이 더 좋습니다. 극심한 고통을 당한 소에게서 나온 우유와 고기는 과연 어떤 맛이 날까요?

건강을 위해, 단백질 섭취를 위해 고기를 반드시 먹어야 한다는 의견도 많습니다. 그러나 전혀 그렇지 않습니다. 전 세계에 걸쳐 수백만에 달하는 건강한 채식주의자들이 이 사실을 증명하고 있습니다. 단백질은 다양한 콩 작물과 다른 식품에서 충분히 섭취할 수 있고, 또 그쪽이 우리 몸과 환경에 더 좋습니다. 이것은 다만 우리가 현실적으로 단백질을 어디에서 얻느냐를 선택하는 문제일 뿐입니다. 매끼 우리는 이러한 사실을 반드시 인식해야 합니다.

안 먹는 자유

문화적 환경이 식습관에 영향을 미친다는 사실은 아무도 부인할 수 없습니다. 그렇다 해도 우리에게는 습관을 바꿀 수 있는 자유가 있습니다. 고기를 먹거나 먹지 않는 것은 전적으로 우리에게 달려 있습니다. 티베트인들은 불모의 땅에서 살았습니다. 유목과 육식이 수천 년에 걸쳐 중심 문화로 이어져 내려온 곳이지요. 그런 티베트 사람들이 육식을 중단할 수 있다면, 단백질 대체 식품과 채소를 손쉽게 구할 수 있는 곳에 사는 사람들은 누구라도 그렇게 할 수 있습니다.

그래도 고기를 먹어야 한다는 압박감을 떨치기 어렵다면, 고기를 끊어야 하는 이유와 고기를 먹어야 하는 이유를 모두 적어놓고 그것들을 하나하나 서로 비교해 보세요. 우리가 고기를 먹는 주된 이유는 습관과 쾌락에 대한 욕망 때문입니다. 이렇게 피상적이고 단기적인 이유와 비교하면 고기를 끊어야 하는 이유가 훨씬 더 중요하다는 사실을 인정하게 될 것입니다. 채식의 이유는 현실적이고 합리적이며, 또한 긴 안목으로 생각한 결과입니다. 식습관이 자신의 몸과 환경 그리고 동물 자체에 끼치는 영향에 대해 진지하게 생각해보면, 논리적으로도 채식이 정답이라는 것이 자명해집니다.

고기를 끊기 위해 노력하기로 마음을 먹었다면, 이런 식으로 이성적으로 따져가며 결심을 다지세요. 여러분의 마음을 믿고 스스로의 몸에 책임을 지세요. 지혜를 발휘하여 결심을 다지고 흔들리지 않는 마음으로 몸을 잘 보살피세요.

선택권은 우리에게

그 누구도 여러분에게 육식이나 채식을 강요하지 못합니다. 여러분 스스로 신중하게 생각하여 자신의 가치와 이성에 근거하여 행동해야 합니다. 중국에 채식을 옹호하던 왕이 있었답니다. 왕은 육식을 금하고 이를 어기면 무거운 처벌을 내렸습니다. 이 나라에 한 부부가 살았는데, 하루는 고기를 먹고 있는 남편을 현장에서 목격한 부인이 당국에 고발하고 말았답니다. 처벌을 피하려고 채식을 한다면, 틀림없이 바른 동기가 아니겠지요. 강력하고도 설득력이 있는 동기는 육체적 행동뿐만 아니라 정신적 태도까지 바꿉니다. 결국, 태도가 바뀌어야만 행동의 변화가 일어납니다.

채식은 외부에서 억지로 강요한다고 해서 할 수 있는 일이 아닙니다. 우리는 동물들에게 어떤 일이 일어나는지 그 진실을 알고 있습니다. 그러나 우리 마음이 움직이지 않는다면, 이 세상의 모든 정보를 가졌다 해도 충분치 않습니다. 우리 마음 저 깊숙한 곳에서 진심으로 우러나온 결정이라야 고기를 정말로 원치 않게 되고, 또 그런 마음이 저절로 또 절실하게 일어납니다.

이 과정에서 좋은 점은 만약 여러분이 고기를 끊었는데 얼마 후에 다시 먹게 되더라도 언제든 다시 시작할 수 있다는 것입니다. 다시 시도하면 안 된다는 법이 어디 있습니까? 다시 하고, 다시 하고, 또 다시 한다고 해도 손해 날 일이 없습니다.

마지막으로, 육식을 중단하고 싶은데 고기 먹는 습관을 도저히 버릴 수 없다면 도살하기 전에 동물을 가두는 우리에 한 번 스스로 갇혀 보는 것도 좋은 방법입니다. 우리 안에서 얼마간 가만히 있어 보세요. 만약 닭고기를 좋아한다면, 스스로 닭장에 갇혀 보세요. 돼지고기를 좋아하면 돼지 우리에 들어가세요. 상상 속에서. 기분이 어떤가요? 그 느낌을 잘 보세요. 그리고 결정하세요.

마음가짐이 중요하다

여러분이 어떻게 결정하든 육식이나 채식은 하나의 선택이고, 선택은 의식적으로 하는 것이 가장 좋습니다. 만약 육식을 택한다면 그것이 여러분 스스로의 선택임을 인정하고 또한 그것이 여러분에게 주어진 유일한 선택권이 아니라는 사실도 알아야 합니다.

티베트는 오지에다 기후가 척박해 작물이 자라기 어려워 우리는 주로 육식에 의지해야 했습니다. 그렇지만 오랜 불교 문화에 젖은 사람들인지라 고기를 먹으면서도 뭔가 께름칙한 짓을 한다는 것을 알았습니다. 우리는 정말이지, 아무렇게나 동물을 죽이고 마음대로 먹을 권리가 있다고는 생각하지 않았습니다. 우리는 유정물有情物(의식이 있는 존재)의 살을 먹는다는 것에 무언가 양심의 가책을 느껴 나름대로의 법도를 갖추어 먹었습니다.

"자비의 마음으로 고기를 먹어라." 티베트 속담인데, 상당히 모순적이지요? 자비롭기 때문에 고기를 찾아서 먹으라는 뜻이 아니라, 고기를 먹게 되는 상황이면 자신이 먹는 동물에 대해 한없는 연민을 느끼라는 의미입니다. 우리는 그들을 위한 기도문을 외우고 또한 고마움을 표합니다. 이렇게 티베트에는 우리의 양식이 되기 위해 죽은 동물에 대한 자비와 연민의 마음으로 고기를 먹는 문화가 생겼습니다.

내용이 충격적이긴 하지만, 자비와 연민의 마음으로 고기를 먹는 것이 어떤 것인지 보여주는 이야기가 있습니다. 이야기의 무대는 땅이 아주 비옥하고 기름져서 해마다 풍작을 거두는 마을입니다. 어느 해, 이 땅에 모진 가뭄이 오는가 싶더니 오래도록 계속됐습니다. 마을에는 노부부가 어른이 된 아들과 살고 있었지요. 전에는 늘 풍족하게 먹고 살았지만 현명한 이 가족은 먹는 것을 줄여나갔습니다. 남은 식량을 극도로 아껴가며 먹었지만 바닥이 나기 시작하더니, 급기야 어느 날은 먹을 것이 완전히 떨어지고 말았습니다.

세 식구가 모두 굶어 죽을 지경이 되자 노부부가 아들에게 말했습니다.

"우리가 죽으면 넌 우리 몸을 의지해서 어떻게든 살아야 한다. 꼭 어미와 아비의 살을 베어 먹도록 하거라."

그러자 아들이 말했습니다.

"그건 절대로 안 됩니다. 두 분이야말로 꼭 제 살을 드시고 사셔야 합니다. 제가 하늘에서 두 분이 어떻게 하시는지 지켜볼 겁니다. 제 살을 그대로 버리시면 안 됩니다."

그날 밤, 부모님이 목숨을 부지할 수 있도록 아들은 스스로 목숨을 끊었습니다. 아들은 위대한 사랑과 자비의 마음으로 자기 몸을 부모님께 바친 것입니다. 극심한 슬픔에 빠진 노부부는 아들의 말을 떠올리고 마지못해 아들의 몸에서 살을 베어 억지로 먹었습니다. 한 입 먹을 때마다 노부부는 죽은 아들과 그의 숭고한 희생에 대한 사무치는 고마움과 미안함으로 굵은 눈물을 한없이 쏟아야 했습니다.

여러분이 육식을 한다면, 이 이야기에서 고기를 먹을 때 어떤 태도를 가져야 하는지 배울 수 있을 것입니다. 이 이야기의 요지를 오해하지 마세요. 자살을 용서하라는 것이 절대로 아닙니다. 인육을 먹는 것과 육식이 같다는 의미도 아닙니다. 고기를 얻기 위해서는 다른 살아있는 존재의 목숨이 희생된다는 사실을 의식하라는 것입니다. 비록 식용동물들이 이야기 속의 아들처럼 자진해서 생명을 내주지는 않지만, 어쨌거나 그들에게는 이 세상에서 가장 중요한 생명을 잃었기에 우리 중 누군가가 접시 위에 놓인 고기를 즐길 수 있는 것입니다. 고기를 먹을 때면 이들 동물의 희생을 알아차려 아무 생각 없이 마구 먹지 말아야 합니다. 먹지 않고 버리는 낭비 또한 옳지 않습니다.

두 가지 장애 - 욕망과 습관

앞에서 말했지만, 티베트에서 살던 시절에 나는 고기를 정말 많이 먹었습니다. 내가 있었던 추르푸 사원Tsurphu Monastery(티베트 중부 라싸 인근에 있는 까르마빠의 주석 사원으로 1대 까르마빠가 1159년에 설립) 인근 지역에서 나온 육포를 정말로 좋아했습니다. 그걸 좋아한 사람이 나뿐만은 아니었지요. 사원 근방에서 만든 육포는 아주 유명해서 정치인들도 그걸 구하기 위해 라싸Lhasa(지금은 중국에 합병된 티베트의 옛 수도)에서 일부러 찾아올 정도였습니다. 아직도 추르푸 육포의 독특한 맛이 기억납니다. 오로지 그 맛 때문에 먹곤 했으니까요. 습관이었지요. 그런데 아이 때 습관을 맹목적으로 따라가다 보니 그 맛에 집착하게 되더군요. 채식으로 바꾼 지 몇 년이 지난 지금도 독특한 그 맛이 가끔 생각날 때가 있습니다.

내 경우와 같이, 식생활은 대부분 무의식적인 습관에서 비롯됩니다. 우리는 자라면서 먹던 것을 갈망합니다. 그러니 어떤 것에 맛을 들였느냐의 문제일 뿐입니다. 우리는 분명히 건강한 음식에 새로 맛을 들일 수 있습니다. 다시 말하자면, 보다 건강한 욕망을 기를 수 있다는 것입니다.

불교 경전에는 세 가지 종류의 욕망이 나옵니다. 긍정적 욕망, 부정적 욕망, 그리고 혼합된 욕망입니다. 긍정적 욕망은 우리에게 이로운 것들을 바라는 욕망으로 정의됩니다. 부정적 욕망은 우리에게 해로운 것들을 탐하는 욕망입니다. 혼합된 욕망은 해로운 것과 이로운 것 양쪽이 결합된 것입니다. 만약 여러분이 욕망이 이끄는 대로 먹거리를 선택하고자 한다면, 긍정적이고 건강한 욕망을 길러야 합니다. 충분히 가능한 일이지만, 이때 주의할 점은 집착이 이끄는 대로 욕망을 일으키지 말고 지혜로 욕망을 조절해야 합니다. 여러분이 무엇을 원하는지 이성적으로 생각해야 합니다. 부정적 욕망이 일어나면 그것이 해롭다는 사실을 알아차려 쫓아가지 말고 멈추어야 합니다.

이 과정에서는 늘 주의를 기울여서 자신이 무엇을 하고 있는지 명료하게 알아차려야 합니다. 해로운 식습관에 빠지지 않으려면 자동차를 운전할 때 장애물을 피하는 것과 똑같은 요령이 필요합니다. 운전하는 동안에는 초롱초롱한 정신으로 깨어있어야 합니다. 그래야 달리는 길에 위험의 요소가 나타나면 얼른 방향을 틀 수 있으니까요. 불건전한 습관과 욕망에 이끌려 여러분의 자동차를 망가뜨리지 마세요. 그것들이 나타나는 대로 즉시 알아차려 곧바로 방향을 바꾸세요. 오랜 식습관을 버리고 더욱 건강한 맛을 새로 들이는 데 이 방법을 한 번 써보기 바랍니다.

최선의 선택

아무 슈퍼마켓이든 들어가서 선반에 진열된 상품들을 한 번 돌아보면 이제라도 욕망과 습관에 끌려다니는 대신 의식적으로 상품을 선택하는 것이 얼마나 중요한지 확실히 알게 될 것입니다. 지난 수십 년 동안 우리 인간들은 새로운 먹거리 생산기술을 독창적으로 발전시켜왔습니다. 제초제와 유전자 조작 종자, 새로운 가공기술이 결합되어 먹거리 생산이 더욱 쉬워지고 농작물 재배나 가축 사육의 수익성이 높아졌습니다. 그러나 그와 동시에 이들 먹거리가 환경과 우리 몸에 점점 독이 되고 있습니다. 우리 몸에 영양을 공급해야 하는 바로 그것들이 말입니다.

이런 상황에서 우리가 무엇을 할 수 있을까요? 그렇다고 아예 안먹을 수야 없겠지요. 먹거리가 어떻게 생산되는지 또 거기에 무엇이 들어있는지 알면 아무것도 사고 싶지 않을 겁니다. 먹거리 생산에서는 '발전'이 오히려 사태를 악화시키는 것 같습니다. 슈퍼마켓과 패스트푸드가 나오기 이전으로 되돌아가서 자신이 먹을 것은 자기 손으로 농사 짓는 꿈을 꿀 수도 있겠지요. 물론 노력할 만한 가치가 있는 일이기는 하지만, 대부분의 사람들에게는 그저 그림의 떡일 뿐입니다. 지금부터 몇 가지 허브나 채소를 직접 기른다 하더라도, 우리는 여전히 근본적으로 소비자일 뿐이며 규모 있는 생산자는 될 수 없습니다. 그러므로 소비자로서 우리는 지금 시중에 나와 있는 것 중에서 가능한 한 최선의 선택을 하고, 미래에는 모든 사람들이 보다 나은 먹거리를 먹을 수 있도록 애써야 합니다.

예를 들어, 여러분은 오로지 유기농 제품만을 구입할 만한 형편이 안 될 수도 있습니다. 또 순전히 유기농 먹거리로 먹을 만큼 여유가 있다 하더라도, 여러분이 사는 곳에서 전부 다 구할 수 없는 경우도 있겠지요. 아니면, 유기농 먹거리를 사더라도 그 지역에서 재배된 것이 아닐 수 있습니다. 비행기나 트럭으로 멀리 떨어진 지역에서 먹거리를 들여오려면 화석연료를 많이 쓰게 되고, 또한 로컬 푸드(장거리 운송을 거치지 않은 지역 농수산물)가 아닌 먹거리는 환경에 또 다른 나쁜 영향을 끼칩니다. 건강과 환경에 미치는 영향이라는 관점에서 볼 때, 여러 가지 이유로 이상적인 선택을 전혀 할 수 없는 때도 있습니다. 그러나 여러분이 지금 무엇을 먹고 있는지를 분명히 아는 한, 적어도 각자 자신의 상황에서 가능한 최선의 선택을 할 수 있습니다. 반면에 이 문제들을 인식하지 못하거나 고려하지 않는다면, 여러분 자신의 몸과 환경 그리고 여러분이 먹을 음식을 만들기 위해 착취당하는 사람들과 동물들에게 어떤 형태로든 해를 끼칠 수밖에 없습니다.

현명한 소비를 위한 장보기 훈련

이 같은 먹거리 체계에서 보다 현명한 소비자가 되려면 의식적인 노력이 필요합니다. 누구나 쉽게 연습할 수 있는 방법을 한 가지 일러드리지요.

먹거리를 사러 갈 때 슈퍼마켓이든 어디든 입구에서 잠깐 걸음을 멈추고 자신의 태도를 점검하고 가다듬으세요. 평소처럼 무엇을 사기 위해 온 것이 아니라, 오늘은 선택을 하러 왔노라고 스스로 다짐하세요. 여러분의 선택이 다른 사람들에게 도움이 되기를 간절히 기원하세요. 슈퍼마켓으로 들어가는 동안, 여러분과 마찬가지로 현명한 선택을 하려는 많은 사람들이 함께 걸어가고 있다고 상상하세요. 슈퍼마켓 안을 돌아볼 때는 자신의 선택이 그 사회의 모든 구성원들에게 먹거리를 공급하는 체계에 결정적인 요소가 된다는 사실을 계속 마음에 새기세요. 선반 위에 놓인 상품들은 사람들이 여태까지 어떤 먹거리를 선택했는지 보여줍니다. 상품을 구입한다는 것은 특정 업체나 분야를 지원한다는 의미로, 무언가를 살 때마다 여러분은 그것을 받아들이고 승인한다는 작은 신호를 보내는 것입니다.

장을 보는 동안에는 모든 사람들에게 좋은 먹거리가 어떤 종류인지를 고려해서 그것들을 수레에 담으세요. 먹거리 산업이나 관행 중에서 고쳐야 할 것이 무엇인지 생각하고, 그런 것들은 절대로 수

레에 담지 마세요. 그러는 동안 여러분의 선택이 자신과 같은 마음을 가진 다른 사람들의 선택과 합쳐져서 지속적인 변화를 가져와 타인을 이롭게 하기를 기도하세요.

이런 태도로 접근하면, 여러분이 선택하는 먹거리에 대해 더 많은 것을 알기 위해 자연히 노력하게 됩니다. 시판되는 먹거리에 대해서는 이미 엄청난 정보가 나와 있습니다. 슈퍼마켓에서 판매되는 개별 품목에 대해 관련 정보를 살펴보고 분석할 수 있는 스마트폰 앱이 나오면 아주 좋겠지요. 각 제품의 성분 목록은 물론 원산지, 유통 거리, 건강에 미치는 영향, 재배나 생산 또는 도축 방식, 기업의 노동자 처우 등의 정보를 알려주면 아주 유익할 것입니다. 장을 보는 동안 이들 정보를 이용하여 여러분의 건강, 동물, 인간 그리고 환경에 덜 해로운 제품을 찾아낼 수 있을 테니까요.

영양과 관련된 일반적인 문제는 물론 우리가 먹는 먹거리에 대해서도 스스로 잘 알아야 우리가 늘 먹는 먹거리의 장단기적 효과를 보다 잘 이해하고 또 기대할 수 있습니다. 정보 출처를 찾아내서 적극적으로 활용하면 여러 가지 대안과 다양한 방안을 얻게 됩니다. 또한 대기업에 대해 소비자의 권리를 요구하고 강화할 수 있습니다. 대기업이 무엇을 하는지 우리가 잘 알고 있을 뿐만 아니라 우리가 아는 바에 따라 행동할 준비가 되어 있다는 것을 확실하게 알릴 수 있으니까요.

오늘날 많은 도시에 채식 전문 음식점이 문을 열고 일반 음식점에서도 채식주의자를 위한 음식을 먹을 수 있다는 사실은 우리가 개별적으로 선택한 먹거리가 집단적 영향력을 발휘하여 변화를 일으키고 있음을 보여줍니다. 채식에 대해 문의하는 사람들이 많아지자 채식 메뉴를 추가하면 수익이 늘어나리라고 인식한 경영자가 많아진 것이지요. 슈퍼마켓에 유기농 먹거리가 들어온 것도 마찬가지 경우입니다. 변화를 일으키는 우리의 힘을 스스로 과소평가하지 마세요.

쉬운 길만 찾다가는

오늘날은 먹거리의 생산과 가공, 유통을 아우르는 체계가 발달하여 먹거리의 선택이 매우 다양하고 장점도 많습니다. 고기를 대체하는 단백질 공급원을 시장에서 구할 수 있는 것도 그 장점 중 하나입니다. 그러나 사람들이 신제품을 찾는 이유는 대체로 영양이나 환경에 좋기 때문이 아니라 더 편리하고 맛있기 때문입니다. 앞에서 우리는 특정한 맛에 대한 욕망을 다스리는 것이 중요함을 살펴보았습니다. 자신의 먹거리와 아울러 어떤 먹거리 체계를 지지해야 할지 올바르게 선택하려면 편하고 접근하기 쉬운 것을 취하려는 유혹에 넘어가지 않도록 조심해야 합니다.

우리는 늘 바쁘고, 기계처럼 시간에 매여 삽니다. 기계는 먹을 필요도 없고 쉴 필요도 없습니다. 기계적 사고방식에서는 능률과 생산성이 최고입니다. 이런 태도로 인해 우리가 개발한 먹거리 체계가 크게 훼손되었습니다. 우리들이 음식을 대하는 자세도 마찬가지여서 그저 쉽고 편리한 것만 찾습니다.

쉬운 길을 선택한 대가로 결국 길을 잃게 된 명상가에 대해 들은 적이 있습니다. 티베트 사람들이 너도나도 미국 이민 비자를 받던 때 일어난 일이라 합니다. 그들 중에 크게 성취하신 명상가 한 분이 있었습니다. 영어가 서툰 데다 특별한 전문기술도 없는 분이었지요. 이 분이 일은 무척 쉬우면서 보수도 상당히 좋은 직장을 갖게 되자 다들 다행이라 여겼습니다. 명상가 스스로도 무슨 회사인지 전체적으로는 잘 모르지만 자기처럼 이렇다 하게 내놓을 기술이 없는 사람에게는 이상적인 직장이라고 생각했습니다. 어떤 기계 앞에 가만히 앉아 있다가 버튼을 몇 개 누르는 것이 하는 일의 전부였으니까요.

명상가는 직장에서 기도문을 외우고, 자비에 대해 명상하고, 교육받은 대로 시간에 맞추어 버튼을 눌렀습니다. 명상가의 사촌 동생은 형이 한다는 쉬운 일이 대체 무엇인지 몹시 궁금했습니다. 어느 날 그는 명상가의 직장을 찾아갔습니다. 여기저기 캐물은 결과 동생은 형이 그 기계로 닭을 죽인다는 사실을 알아냈습니다. 명상가가 맡은 일은 기계를 지켜보는 거였습니다. 기계실에서 닭을 죽일 준비를 모두 마치고 신호를 보내면 명상가는 버튼 몇 개를 누르고 레버를 당겼습니다. 이때 기계가 작동되면서 보이지 않는 곳에서 살육이 자행된 거였지요.

자기가 저지른 짓이 무엇인지 알게 된 명상가는 죄책감에 몸을 떨었습니다. 몹시 후회한 나머지 그는 자신이 그 동안 받은 돈을 회사에 돌려주었습니다. 사장은 그가 제정신이 아니라고 생각했지요. 명상가는 이 잔인한 직장을 떠났고, 얼마 후 은둔 생활에 들어갔다고 합니다.

우리는 흔히 주변이나 우리가 속한 보다 광범위한 체제와 제도 안에서 실제로 무슨 일이 일어나고 있는지 잘 알지 못합니다. 우리는 그저 따라갈 뿐, 규모가 큰 먹거리 체계 안에서 자신이 무슨 역할을 하는지 파악하지 못합니다. 명상가처럼 자신만의 작은 공간에 안주하다 보면 전체적으로 이 체계가 무엇을 만드는지 아니면 파괴하는지 스스로 알고 싶어하지도 않게 됩니다. 이것은 지금 여기 있는 우리뿐만 아니라 미래 세대에까지 파괴적인 결과를 가져올 수 있습니다.

쉽거나 편한 것 자체가 잘못은 아닙니다. 문제는 우리가 무엇을 어떻게 먹을지 선택할 때 편리함을 가장 중요한 기준으로 삼는 데서 옵니다. 장기적으로 볼 때, 쉽고 편한 것을 기준으로 선택하다 보면 앞을 내다볼 줄 모르는 어리석은 결정을 내리게 되는 경우가 많습니다.

지금의 아이들과 미래 세대를 생각해 보세요. 그들에게 우리가 물려줄 것이 무엇입니까? 오랜 세월 우리의 선조들은 자신들의 지혜와 경험을 다음 세대에게 물려주었습니다. 옛 방식과 지혜가 소중하게 여겨지고 지금까지 전해져 내려온 것은 그것들이 사려 깊고 합리적이고 이롭기 때문입니다. 세월의 시련을 견디어낸 것이지요.

조리법도 그 중의 하나입니다. 그런데 이 소중한 지혜가 아주 빠른 속도로 '옛 것'이 되어 가고 있습니다. 이러다가는 얼마 안 가서 '옛날 사람들이 했던 것'이라는 소리가 나올 것 같습니다. 하긴 당장 나부터도 요리를 할 줄 모르니 이런 말을 할 자격이 없지만, 한 가지 음식이라도 제대로 만드는 법을 배우는 것은 우리가 할 수 있는 간단하지만 아주 의미 있는 일입니다. 요리는 화합의 수단이기도 합니다. 우리의 가정과 친구 집단을 화기애애하게 만들고 건강도 선사하니까요.

작은 행동이 위대하다

스스로 지혜로운 식습관을 실천하는 한편 전 세계의 먹거리 정의를 실현하려는 의도는 장기적 목표로서 범위도 대단히 넓습니다. 당장에 이루어지지 않을 거창한 목표를 떠올리며 낙담하지 마세요. 단번에 세계 기아를 퇴치하지 못한다고 해서 작은 행동을 무시하면 안 됩니다.

작은 행동이 엄청난 힘을 발휘하기도 합니다. 우리가 이 지구에 존재하는 것 자체가 작은 행동에 의지하고 있습니다. 수없이 많은 작은 행동들이 모여 우리의 생명을 유지시킵니다. 수없이 많은 손들이 수없이 많은 씨를 뿌리고 말없이 작물을 기릅니다. 각각의 씨앗과 각각의 손은 보잘것없었지만 이들이 함께 합쳐 엄청난 수확을 거두어 지구 위의 사람들 모두가 삶을 영위할 수 있게 에너지를 공급하는 것입니다.

우리는 각자 수없이 많은 원인과 조건에 의지해서 살아갑니다. 상호의존의 의미는 나라는 존재 또한 다른 사람의 행복과 안녕의 조건이 된다는 것입니다. 우리의 삶은 완벽하고 영속적인 상호관계의 맥락에서 일어납니다. 이것은 우리가 무엇을 하든 다른 사람들에게 영향을 준다는 뜻입니다. 대규모 먹거리 체계도 그런 맥락에서 형성되었습니다.

내가 사는 북인도에 추위가 찾아오면 나는 자주 담요로 몸을 감싸거나 무릎을 덮습니다. 그럴 때면 나는 보드가야의 빈민촌에서 빈손으로 살아가는 사람들을 생각합니다. 그곳에는 거리에서 사는 사람들이 많은데, 그들이 가진 것이라고는 동냥 그릇 하나뿐입니다. 따뜻한 담요를 덮으면서 나는 그 사람들을 생각합니다. 그들도 담요를 갖게 되기를 발원하고 기도하면서 다음 번 보드가야 방문에는 그들을 위해 담요를 가져가리라 굳게 다짐합니다. 이와 비슷하게, 여러분이 밥을 먹을 때 굶주린 이들과 적으나마 음식을 직접 나누는 방법에 대해 생각해볼 수 있겠지요. 담요 한 장이나 한 끼 식사로 그들의 가난이나 세계 기아가 끝나지 않을 것은 분명합니다. 그러나 이것을 통해 결국에는 좋은 결과를 낳는 태도가 길러집니다.

여러분이 마음속 깊이 책임감과 관심을 느낀다면, 여러분이 목격하는 고통을 덜어주기 위해 저절로 움직이게 됩니다. 이상주의에 빠지거나 엄청난 효과를 가져올 기회를 기다리는 대신 아무리 작은 일이라도 해야겠다는 마음이 일어나겠지요. 길게 보면 이렇게 절실한 관심을 가져야만 한 번의 행동에 그치지 않고 오래도록 참여할 수 있습니다.

단기적으로도 단 한 사람이라도 누군가의 삶에 실질적인 영향을 준다는 것은 아주 가치 있는 일입니다. 고통 받고 있는 사람을 고통에서 벗어나게 하는 것은 깊은 의미가 있습니다. 만약 몇 사람의 삶에 영향을 준다면, 그것은 정말 대단한 일입니다. 가장 중요한 것은 진정성입니다. 자신의 먹거리에 따르는 책임을 늘 진지하게 의식해야 합니다.

바로 지금 무엇이든 시작하세요. 고기를 끊는 것도 좋습니다. 소득의 일부를 가치 있는 일을 위해 기부하는 것도 훌륭합니다. 스스로 배워야 합니다. 동료에게 모범을 보이세요. 마음을 활짝 여세요. 나누고 베푸세요. 남들에게 여러분을 따라 하고 싶다는 마음이 일어나게 만드세요. 위대한 일은 이렇게 시작되는 것입니다.

09

갈등 해소

분 노 가
문 제 다

우 리는 모두 서로 의지합니다. 그러므로 우리가 이기심으로 행동할 때마다 우리의 이기적인 목표와 다른 사람들의 목표가 곧바로 충돌합니다. 우리의 목표를 이루려면 그들에게 의지해야 하므로 이런 상황에서는 갈등을 피할 수 없습니다. 자신의 일만 고집하는 대신 타인의 관심사 또한 균형 있게 존중하려고 노력하면 갈등에 빠지는 일이 자연히 줄어듭니다. 한편으로는 이기심과 상호의존의 원리가 부딪치면 필연적으로 갈등이 일어난다는 사실을 이해하면 도움이 될 것입니다. 일단 이 사실을 이해하면, 갈등이 일어나더라도 충격을 받거나 화를 낼 일이 아니라는 것을 알게 되니까요.

오히려 차분하고 현명하게 갈등에 대처할 수 있을 것입니다.

우리가 이기적으로 행동할 때 다른 사람들과 갈등을 일으키는 것은 모든 존재가 서로 의존한다는 원리 때문인데, 이때 우리가 타인의 행복을 고려한다면 같은 원리에 따라 모두가 조화를 이룰 수 있습니다. 다른 사람들 사이에 갈등이 일어난 경우 이를 진정으로 염려하는 제3자가 개입하여 해결을 도울 때도 상호의존의 원리가 작동합니다. 여기서는 우리 자신이 관련된 갈등과 함께 타인 간의 갈등을 해결하는 방법을 알아보려고 합니다.

갈등에는 여러 종류가 있지만 최악의 갈등은 분노에 의해 일어납니다. 갈등 그 자체가 꼭 해롭지는 않지만, 분노가 있는 한 어떤 식으로든 해를 끼치게 됩니다. 일단 분노가 일어나면, 최소한 화를 내는 당사자는 마음이 불편할 테니까요. 갈등을 해소하는 데 일조하기로 마음을 먹었다면, 많은 사람들을 갈등으로 몰고 가는 분노라는 파괴적인 폭력을 반드시 이해해야 합니다.

갈등을 부채질하는 분노

마음에 불만이 쌓이고 몹시 언짢으면 분노가 일어납니다. 일단 분노라는 불씨에 불이 댕겨지면 짜증과 마음의 동요가 부채질을 합니다. 이것은 직접 경험을 통해 바로 알 수 있는 사실입니다. 화가 난 사람의 마음을 불편하게 만들고 어지럽히면 그 사람은 틀림없이 불같이 화를 더 내기 마련입니다. 여러분이 남의 마음을 불편하게 하면 그들에게 화를 내거나 북돋는 조건을 만들어준다는 사실을 이해해야 합니다. 이렇게 끔찍한 방식으로 남을 대하면 안 되겠지요.

분노는 화를 내는 사람 주변의 모든 이들에게 심각한 해를 입힙니다. 가정·공동체, 심지어는 사회 전반에 걸쳐 그 안에 분노가 존재하면 모든 구성원이 영향을 받게 됩니다. 다른 사람이 화를 내면 우리는 두려움이나 불안을 느끼거나, 되받아 화를 내기도 합니다. 공동체 안의 적대감이 커지면 스트레스와 갈등이 늘어나고 심지어는 폭력 사태까지 일어납니다. 그러므로 여러분 자신이 관련된 갈등을 해결하거나 다른 사람들의 갈등에 개입할 때, 스스로 공격적으로 나가거나 화를 내지 않는 태도가 대단히 중요합니다. 이미 존재하는 갈등에다 여러분 자신의 분노를 더하면 결국에는 갈등을 부채질하는 사태가 일어납니다.

알다시피 화를 내는 사람들은 대부분 그 대상을 해치게 됩니다. 그런데 여기에서 반드시 알아야 할 점은 분노가 화를 내는 당사자 또한 해친다는 것입니다. 이런 일이 어떻게 일어나는지 과정을 한번 살펴보기로 하지요. 제일 먼저, 상대방이 여러분에게 잘못을 저질렀다고 믿게 됩니다. 도저히 그냥 넘어갈 수가 없습니다. 일단 분노가 일어나면 억울하고 분한 마음이 드는 것이 당연하다는 생각이 듭니다. 상대방에게 복수하고 싶어집니다. 기분이 몹시 나빠지면서 이 기분이 분노와 뒤섞입니다. 과거에 상대방이 잘못한 일들을 떠올려 분노를 부채질하면서 그러지 않아도 불편한 심기를 더욱 부추깁니다. 상대방에 대해 좋은 소리가 들리는 것을 참을 수 없습니다. 복수해야겠다는 생각에 점점 더 사로잡히게 되고 온갖 부정적인 생각도 더욱 커집니다. 얼마 지나지 않아 식욕을 잃고 밤이면 잠을 이루지 못하는 단계에 이릅니다. 막상 혼내주고 싶은 상대방은 이런 사실을 전혀 알지도 못하는데 이쪽은 이미 스스로 망가질 대로 망가지고 말았으니, 이 얼마나 바보 같은 짓입니까?

분노가 더욱 해로운 까닭은 우리의 판단을 흐리게 하기 때문입니다. 분노에 사로잡히면 제대로 판단하거나 행동하지 못합니다. 상대방의 긍정적인 면을 한사코 부인하려 듭니다. 하지만 상대방의 긍정적인 부분을 되도록 빨리 받아들여야만 상황을 해결할 수 있습니다. 분노에 눈이 멀면 갈등을 원만하게 해결하기보다는 복수를 꿈꾸는 데 더 마음을 쓰게 됩니다.

그 옛날 티베트에도 그런 할머니가 살았다 합니다. 할머니는 정부와 통치자들이 밉고 화가 나서 3년이란 세월을 씩씩대며 혼자서 마음을 끓였습니다. 정작 통치자들은 할머니의 존재조차 몰랐습니다. 그러니 노인의 분노에 대해서는 알 턱이 없었지요. 할머니 스스로 고통과 불행을 자초한 것입니다. 할머니의 분노는 오직 자기 자신만 해쳤을 뿐입니다. 얼마나 엄청난 손해입니까?

마음의 병

우리가 느끼는 분노도 대부분 이 할머니의 분노와 다르지 않습니다. 분노는 고통을 야기합니다. 분노는 독약입니다. 적의와 분노를 품으면 자진해서 독을 삼키는 것과 같습니다. 독인 줄 모르고 계속 삼키다가 더 이상 모르는 척할 수 없을 정도로 고통이 분명해져서야 비로소 그것이 독이라는 사실을 알게 되는 것이지요.

예를 들어, 어떤 남자가 아침부터 식구 중 하나와 말다툼을 했다고 가정합시다. 집을 나선 그는 직장에 가는 길에 커피 한 잔을 마시려고 스타벅스에 들렀습니다. 그곳에서 그는 화를 삭이지 못해 씩씩대다가 실수로 잔을 놓쳐 커피를 셔츠에 쏟았습니다. 남자는 더욱 화가 났지요. 그런데 이번에는 차들이 거북이처럼 움직이는 거였습니다. 그는 큰 소리를 지르며 운전대를 탕탕 쳤습니다. 화가 치밀어 어쩔 줄 몰라 하던 중에 그만 액셀러레이터를 잘못 밟아 가벼운 사고를 내고 말았습니다. 이제 남자는 진짜로 머리끝까지 화가 났습니다. 직장에 도착해 엘리베이터에 들어선 그는 마치 우리에 갇힌 짐승 같았습니다. 누구라도 가까이 다가오면 덤벼들 기세였지요. 남자는 사람들을 향해 마구 인상을 썼습니다. 그 상태로 사무실에 들어섰는데 기다렸다는 듯이 상사가 그를 향해 말했습니다.

"자네, 지각이야!"

아무것도 아닌 이 한 마디가 결정타였습니다. 남자는 폭발하듯 상사를 향해 대들었습니다.

"왜 사사건건 나를 걸고 넘어지는 거야? 당신이 대체 뭔데?"

그는 서류가방을 팽개치고 바람같이 사무실을 나가버렸습니다.

아침에 일어난 사소한 말다툼이 이렇게 한 남자의 실직을 불러오기도 합니다. 며칠 후, 실업자가 되어 집에 들어앉은 남자는 어쩌다가 일이 그렇게 한순간에 엉망이 되고 말았는지 도저히 이해가 되지 않아 고개를 저었습니다.

이것은 그저 지어낸 이야기이지만, 우리는 그 속에서 우리 자신의 어떤 면들을 발견하게 됩니다. 살다보면 누구나 화가 나는 상황에 맞닥뜨리는 법이지만, 그 상황에 완전히 빠질 필요는 없습니다. 이야기 속의 남자는 자신의 심사를 건드리는 사소한 일에 사사건건 100퍼센트 빠지고 말았습니다. 어느 것에도 마음을 의지하지 못한 채 균형이 완전히 깨져버린 것입니다. 일어난 상황에 마음이 동요되더라도 완전히 빠져들면 안 됩니다. 마음만 먹으면, 자기 자신을 믿고 흔들리지 않을 수 있습니다. 아무리 불안한 상황의 한가운데 있더라도 거기서 빠져나와 본래의 자신으로 돌아가야 합니다. 중심을 잘 잡아야 합니다.

분노는 우리 마음에 생기는 질병의 한 형태로서 일종의 마음의 병이라고 해도 틀린 말이 아니라고 나는 생각합니다. 매년 병원에 가서 신체검사를 하듯, 우리는 마음의 병이 있는지 마음을 검사할 필요가 있습니다. 마음에 병이 들면 몸에 병이 든 것보다 훨씬 더 심각할 수 있습니다. 대부분의 사람들이 병이 난 후에야 건강을 생각하듯, 우리는 분노를 그런 식으로 다스립니다. 증세가 드러날 때까지 기다려서는 안 됩니다. 분노를 비롯하여 마음의 병에서 나타나는 징후가 있는지 거듭 살펴봐야 합니다. 이것이 우리 마음의 건강과 행복을 보호하는 가장 좋은 방법입니다. 분노를 다스리는 법을 배우면 갈등에 빠지는 일이 점점 줄어들고, 갈등이 일어나더라도 스스로와 타인에게 확실히 해를 덜 끼칩니다.

결과보다 원인이 중요하다

자기 자신을 정직하게 들여다보면, 우리 스스로가 갈등의 원인임을 깨닫는 때가 틀림없이 있을 것입니다. 갈등을 해결하는 데 도움이 되기를 바라지만 실제로는 우리가 문제의 일부분임을 자각하게 됩니다.

우리가 다른 사람들과 갈등을 일으키고 스스로에게도 문제를 일으키는 이유는 원인보다 결과에 초점을 맞추기 때문입니다. 우리는 행복을 원한다면서도 행복의 원인에는 관심을 기울이지 않습니다. 분노는 행복이 아니라 고통과 고뇌를 가져옵니다. 그것은 틀림없는 사실입니다. 우리는 고통이나 불행을 바라지 않는다면서도 그것들을 일으키는 태도와 행위에 한사코 매달립니다. 결과를 지향하기보다는 원인을 보다 중요시하도록 노력해야 합니다.

사실 이것은 매우 간단합니다. 조금만 생각해 보면 원인과 결과의 관계를 쉽게 알 수 있습니다. 우리의 목표를 성취하려면 타인에게 의지해야 하므로 그들과 대립할 경우 목표를 이루기 어렵다는 이성적인 결론이 나옵니다. 우리가 행복해지려면 자신의 사사로운 욕구만 챙기지 말고 타인을 배려하고 그들의 행복을 돌보는 것이 훨씬 더 현명하고 효과적인 방법입니다. 원인과 결과, 자신과 타인과의 연관성을 일단 이해하면 우리가 원하는 결과를 가져오는 원인을 가까이하고 원치 않는 결과를 가져오는 원인을 멀리 하는 법을 배울 수 있습니다.

고통의 씨앗을 심지 마세요. 씨앗이 보다 건강하게 자랄 수 있는 조건을 마련해 주세요. 쉽게 말하자면, 불행을 피하고 싶다면 불행해지는 원인을 피해야 합니다. 남들과 다투면 불행해집니다. 행복의 열쇠를 가져다 주리라는 착각으로 남들과 갈등에 빠진다면, 여러분은 단지 수없이 많은 문제와 고통의 씨앗을 심고 있는 것입니다.

귀를 막은 사람들과 대화하기

자신의 생각과 근본적으로 다른 생각을 가진 사람을 만날 때 흔히 갈등이 일어납니다. 물론, 의견이 서로 다르다고 해서 꼭 갈등이 일어나지는 않습니다. 자신의 관점과 어떻게 결부시키느냐에 따라 달라집니다. 예를 들어, 자신의 관점에 대해 근본주의적 태도를 가진 사람들은 자신의 시각에서 벗어난 어떤 것도 받아들이지 않습니다. 이런 사람들은 다른 이들보다 논리적으로 설득하기가 매우 어려울 수밖에 없습니다.

티베트 시절에 내가 살던 캄 지방의 사람들을 캄파라고 부르는데, 캄파는 고집이 세고 다른 사람들의 말을 듣지 않는 것으로 유명합니다. "캄파는 귀가 엉덩이에 달렸다"는 티베트 속담이 있는데, 캄파는 말로 해서는 안 되고 때려야 말을 듣는다는 뜻입니다. 우스개 소리 같지만 이 말 속에는 어느 정도 진실이 담겨 있습니다. 캄파 문화에는 타인의 견해에 배타적인 양상이 흔히 나타납니다. 물론, 다른 문화도 마찬가지이긴 합니다. 자신과 다른 의견이라면 한사코 듣지 않으려는 사람들이 꽤 있는데, 이런 사람들은 도대체 귀가 어디에 달렸는지 의아합니다. 캄파가 아닌데도 그러니 말입니다!

오만하거나 완고하게 느껴지는 이들과 어쩌다가 맞닥뜨리면 우리는 그들의 기를 강제로라도 꺾어놓으려는 경향이 있습니다. 이와 비슷하게, 화가 난 사람들과 마주할 때 우리는 흔히 부드럽거나 점 잖게 대하면 안 된다고 생각합니다. 그들이 우리를 무시하거나 심 지어는 우리의 온순함을 약점으로 여겨 공격할 수도 있다고 염려 하지요. 이것이 정말로 적절한 접근법인지 신중히 생각해봐야 합니 다. 상대방의 분노에 우리 자신의 분노까지 더한다면 분노만 커질 뿐이어서 서로 공감하는 방법을 찾기가 더욱 어려워집니다.

이제까지 보았듯, 자신과 다른 견해에 귀를 잘 기울이지 못하는 이유는 우리에게 일어나는 여러 감정 때문이기도 합니다. 고집도 그 중 하나입니다. 순간적으로 일어나는 분노도 그렇습니다. 상대 방의 관점을 이해하기 위해 사고의 폭을 넓힐 수 없거나 넓힐 의사 가 없는 사람들과 생산적으로 대화를 나누는 방법을 생각해 보아 야 합니다. 이런 경우에는 이쪽에서 그들의 관점에 현명하게 다가 가는 방법을 찾아내야 하겠지요.

내가 옳다는 생각 내려놓기

생각해보면 때로 우리 인간은 정말로 이상합니다. 다른 사람들 의 관점과 자신의 관점이 갈등을 일으키는 경우 우리는 언제나 자 신의 시각이 틀림없이 옳다고 확신합니다. 각자가 어떤 입장을 지 지하든, 양쪽이 똑같이 잘못은 전적으로 상대방에게 있다고 무조건 확신합니다. 정말 불합리하지 않나요?

이해관계도 마찬가지입니다. 우리는 마치 자기에게 최선이면 당연히 이 세상 전체에도 최선이라는 듯이 자신의 목표를 자신만만하게 추진합니다. 사람들은 누구나 자신만의 견해와 목표가 있습니다. 또한 누구나 자신의 견해가 가장 합리적이고 자신의 목표가 가장 중요하다고 전적으로 확신합니다. 모든 관심이 자신의 목표를 추구하는 데만 쏠려 있어 그 밖의 다른 것들은 아무런 의미가 없는 것처럼 보입니다. 그야말로 이기적이지요.

만약 다른 사람이 자신의 목표에 방해가 될 때는, 비록 자신에게 늘 호의를 베풀고 아주 가까운 사이일지라도 가차없이 잘라 냅니다. 단지 '내 것'이라는 이유로 자신의 목표가 최고라고 주장한다면 전혀 사리에 맞지 않는 일입니다. 설령 자신의 목표가 최고라 하더라도, 다른 사람들에게 손해를 끼쳐가며 그것을 추구할 권리가 있는지 스스로에게 물어보아야 합니다.

완고하거나 성난 사람들을 대할 때는 더욱 이해하는 마음으로 다가가야 하겠지요. 상대방이 편협하거나 완고할수록 더욱 열린 마음으로 부드럽게 대해야 하는 이유도 많아집니다. 늘 마음속에 분노를 지니거나 좁은 소견으로 살아가려니 얼마나 힘들고 고통스러울까 생각해보면 그들에게 연민이 느껴질 것입니다.

앞에서 나는 분노가 일종의 마음의 병이라고 했습니다. 우리가 미친 사람을 대할 때 어떻게 하는지 빗대어 생각하면, 극단적으로 편협한 이들을 만날 경우 더욱 따뜻하고 친절하게 대해야겠다는 생각이 들 것입니다. 완전히 미치광이처럼 행동하는 사람들을 대할 때 우리는 그들이 제정신이 아님을 알아차리고 적절하게 대처합니다. 우리 방식대로 세상사를 보라고 강요하지 않습니다. 마음을 다스리지 못하는 그들을 보며 화를 내지도 않습니다. 오히려 우리는 마음의 평정을 잃지 않은 채 그들이 괴로워하는 모습을 지켜봅니다. 그들이 우리 말을 전혀 듣지 않거나 침착하게 대응하는 우리를 향해 큰 소리를 지르면 제정신이 아니라는 표시이므로 그들에게 더 큰 연민을 일으키게 됩니다. 그리하여 그들이 처한 상황과 조건에 더욱 관심을 가지고 염려하게 됩니다.

제정신인 것은 분명하지만 타인의 말을 들을 의지나 능력이 전혀 없는 사람들을 대할 때도 이와 똑같은 연민의 마음을 가진다면 좀 더 건설적인 관계를 맺을 수 있을 것입니다. 모욕적으로 받아들이지 말고 그들의 마음을 세심하게 헤아리고 배려하는 것이 좋겠지요.

이해심을 발휘하세요. 이해심은 모든 관계와 소통에서 가장 중요한 덕목입니다. 경직된 관점을 가진 사람들을 상대할 때야말로 여러분은 최대한의 이해심과 유연성을 발휘하고 또한 여러분의 지혜와 자비를 모두 동원해야 합니다.

스스로 괴로움에 집착하다

어느 때 우리들이 하는 행동을 보고 있자면, 우리가 진짜로 원하는 것은 행복이 아니라 괴로움이라는 생각이 듭니다. 우리들의 행동 방식을 놓고 본다면, 행복에는 도통 관심이 없는 것처럼 보입니다. 우리가 두 손으로 움켜쥔 채 한사코 놓지 않는 것은 행복이 아니라 괴로움입니다. 우리의 행동은 진정한 행복과는 거리가 멉니다. 마치 행복은 철철 넘쳐나고 불행과 괴로움은 턱없이 모자라서 그것들을 미친 듯 찾아 나선 사람들 같습니다. 정말로 미친 짓입니다.

실제로 우리에게 없는 것은 참되고 진정한 행복이지만 우리는 겉으로만 그럴싸한 거짓된 행복에 매달립니다. 화가 났을 때 누군가 따뜻하게 위로의 말을 건네면 우리는 들으려고조차 하지 않습니다. 늘 화를 내며 괴로워하기를 원하는가 하면 다정함과 행복은 한사코 밀어내는 것처럼 보입니다. 괴로움을 느낄 때마다 마치 소중한 보물이라도 되는 양 부여잡고 놓지 않습니다.

우리가 붙들고 있는 정체성이 문제입니다. 자신을 그릇되게 이해하고는 그것을 한사코 놓지 않습니다. 자기는 늘 분노하고 불안한 사람이라는 그릇된 가정 아래 행동하는 것이지요. 하지만 우리가 꼭 그런 사람이란 법은 없습니다. 단 하나의 정체성으로 우리를 완벽하게 규정할 수는 없습니다. 우리에게는 언제라도 달라질 수 있는 선택권이 있습니다. 화 내지 않고, 불안하지도 않은 사람이 될 수 있습니다. 다른 사람이 되면 됩니다. 진정한 행복, 다정함, 평온함을 소중히 여기는 사람 말입니다.

여러분도, 나도, 이 세상 누구도 태어나서부터 죽을 때까지 타인이 베푸는 갖가지 형태의 친절을 받지 않는 사람은 없습니다. 여러분이 잊지 말고 소중하게 간직해야 할 것은 바로 이런 체험입니다. 이제까지 여러분이 살아온 여정을 찬찬히 돌아보면 그 동안 여러분이 얼마나 많은 사랑을 받았는지 알 수 있을 것입니다. 여러분도 자신의 행동과 태도를 잘 살펴서 여러분의 사랑을 보여주세요. 여러분 마음에 사랑을 위한 공간을 마련하세요. 갈등의 쓰라린 독침도 사랑 앞에서는 힘을 잃을 것입니다.

청하지 않은 충고 받아들이기

모든 갈등이 서로 다른 이해관계로 인해 일어나지는 않습니다. 우리는 때로 진심으로 우리를 도와주려는 이들과 갈등을 빚기도 합니다. 우리에게 무엇이 최선인가에 대해 서로 다른 생각을 갖고 있기 때문이지요. 살아가는 동안 우리는 청하지 않은 충고를 유난히 많이 듣게 되는 단계와 상황이 있습니다. 아직 젊은 우리는 늘 이래라 저래라 하는 사람들로 둘러싸여 있습니다. 부모님·숙부·숙

모·할아버지·할머니·형·누나·선생님, 그리고 선배 등등. 이런 분
들과는 개인적인 견해 차이뿐만 아니라 세대 간의 차이도 있습니
다. 사고방식이나 나이에 차이가 많이 나면 아주 사소한 언질도 갈
등과 불화를 야기합니다.

세대 차이로 일어난 것이든 근본적으로 관점이 달라서 일어난
것이든, 갈등의 양상은 비슷합니다. 우리는 대체로 다른 사람들의
충고를 달가워하지 않고 상대방을 피하기조차 합니다. 자신의 행동
거지와 생활방식 심지어는 성격까지 흠을 잡으니 몹시 불쾌하기도
하겠지요. 그 동안 일어났던 사소한 의견 충돌이나 대립을 과장하
고 상처받은 느낌을 버리지 못할 때도 있습니다.

그러나 스스로가 느낀 불쾌감에 대해 상대방을 탓하는 것은 우
리 자신에게 이롭지 않습니다. 그 상황에서는 그렇게 느끼거나 대
처할 수밖에 없다고 스스로 믿는 것 또한 전혀 도움이 되지 않습니
다. 그러면 불만족이라는 마음의 틀에 갇혀 색안경을 끼고 타인을
보게 됩니다.

내 자신의 체험담을 들려드리지요. 이 방법이 다른 맥락에서도
통할지는 잘 모르겠지만 내게는 이런 종류의 갈등에서 벗어나는
데 큰 도움이 됐습니다. 앞에서 말했듯이 일곱 살에 집을 떠나 사
원으로 들어간 후로 내게는 보호자와 후견인이 여러 분 계셨습니
다. 노스님도 한 분 계셨는데, 이 분은 아주 하찮은 일도 그냥 지
나치는 법이 없어서 내가 보기에는 정말 별것 아닌 일까지 들추어

서 사사건건 나를 고쳐주려 드셨지요. 이런 일이 자꾸 일어나는 데다가 노스님과 좁은 공간에서 함께 지냈기에 내 나름대로 대처 방법을 찾아야 했습니다. 궁리 끝에 한 가지 방법을 생각해냈습니다. 노스님의 잔소리가 시작될 때마다 나는 노스님이 내가 아닌 누군가 다른 사람을 꾸중하신다고 상상했지요. 스님이 이 제삼자를 꾸중할 때면, 나는 마음으로 노스님 편을 들었습니다. 노스님의 비난에 지당한 말씀이라는 듯 고개를 끄덕이며 속으로 중얼거렸지요.

"맞는 말씀이야. 까르마빠라는 친구는 정말 괴상하군. 대체 무슨 짓이야? 그렇게 꼬깃꼬깃한 옷을 입고 다니다니, 내 원 참!"

노스님이 야단칠 때면 나는 으레 이런 놀이를 했습니다. 이 놀이는 진짜로 재미있어서 나중에는 즐기는 지경에까지 이르렀습니다. 우리 둘 사이에 무슨 일이 일어나든, 이 놀이를 하면 노스님을 향한 사랑과 온정을 생생하고 진하게 느낄 수 있었습니다. 내게는 그것이 제일 중요했지요. 나는 지금도 노스님이 당신 방식대로 최선을 다해 나를 보살폈다고 생각합니다.

삶의 어떤 단계나 상황에서 우리도 다른 사람들을 돌봐야 하는 입장에 처하게 되는데, 때로 그들이 당장 인정하지 않는 방식을 쓰게 되는 경우가 있습니다. 예를 들어, 우리는 어른으로서 아이들을 이끌 책임이 있으며 아이들이 해로운 행동이나 상황을 피하도록 돌봐야 합니다. 어른인 우리도 남이 현명한 충고를 하는 경우 곧바로 알아듣지 못하고 주제넘다거나 불쾌한 생각이 들어 거절하는 경우가 흔하지 않습니까? 남에게 충고할 때는 이런 점을 유념해야 겠지요.

아이들은 호기심이 많고 꼬치꼬치 묻기를 좋아합니다. 또 자기가 혼자서 해결하려고 들기 때문에 아이들에게 지시하거나 권고할 때는 이유를 설명하는 편이 효과적입니다. 겉으로 드러나는 권위를 믿고 아이들에게 행동을 명령하거나 원칙을 강요하기보다는 어떤 방식으로 행동하면 어떤 결과가 오는지 아이들 스스로 알 수 있도록 설명하는 쪽이 더 유용합니다. 길게 보아서는, 아이들이 외부에서 강요한 가치관 대신 자신들만의 가치관을 세울 수 있게 도와주면 더욱 좋겠지요.

아이들을 상대로 이야기할 때 아이들의 머리에 어떤 의식을 집어넣으려는 사람들이 많은데, 그들의 마음에 의식을 심어주는 것도 똑같이 중요합니다. 아이들과 이야기를 나누고 또 가르치려면 인내심이 필요합니다. 아이들이 자신의 원칙을 중요하게 생각할 수 있도록 도와주세요. 이때의 목표는 아이들 스스로 올바르게 생각하고 느끼는 방법을 서서히 불어넣어 주는 것입니다.

남의 갈등을 중재할 때

우리 자신이 관련된 갈등 외에 가족, 친구들 또는 직장 등 보다 규모가 큰 단체 안에서 다른 사람들 간에 갈등이 일어날 때가 있습니다. 이런 갈등을 대할 때 스스로 분노에 휩싸이지 않으리라는 확신이 서면 그들의 갈등 해결에 제삼자로 개입하여 도움을 주는 방법을 생각해 볼 수 있습니다. 건설적으로 조언할 수 있는 기회가 생긴다면 마다하지 않는 것이 중요하다고 나는 생각합니다. 최상의 조언은 갈등의 핵심을 바로 짚어 근본적인 문제들이 무엇인지 밝혀 냅니다.

그러나 다른 사람들의 갈등에 건설적으로 개입하려면 관련된 사람들에게 진정으로 도움을 주겠다는 마음을 가져야 함은 물론 상당한 중재 기술이 필요합니다. 선한 의도로 시작하되 지혜와 통찰력으로 그 의도를 이루어가야 합니다. 정황과 시기를 반드시 고려해야 합니다. 당사자에게 우리의 충고를 들으려는 마음이 있고 또한 달라지려는 의지가 기본적으로 있는가를 살펴서 개입하는 것이 중요합니다. 상대방이 바꾸려는 마음이 있을 때 잘못을 일러주면 크게 도움이 됩니다. 그러나 상대방에게 달라지려는 의지도 없고 제삼자의 말을 들을 마음도 전혀 없는 상황에서 충고한다면 우리가 가진 선한 의도에도 불구하고 오히려 그들의 분노를 불러일으키게 됩니다.

다른 사람들의 갈등을 중재할 때, 우리에게 마땅한 지혜가 없다면 좋은 의도만으로 접근하는 것이 오히려 해가 되는 때가 있습니다. 조심하지 않으면 정의감을 가질 수도 있습니다. 주어진 상황과 상관없이 좋은 의도를 가진 것만으로 충고를 건네거나 개입해도 괜찮다는 생각이 들 수 있으니까요.

지구촌 갈등과 해결책

이제까지는 주로 대인 관계에서 오는 갈등을 살펴보았습니다. 사람과 사람 사이에서 생기는 갈등의 대부분이 사회 또는 국가 간에도 일어납니다. 갈등은 개인 사이뿐만 아니라 국가를 포함하여 모든 규모의 단체 간에도 일어나는데, 개인 간의 갈등에서 나타나는 원인과 비슷한 경우가 대부분이고 양상 또한 비슷하게 전개됩니다. 그러므로 강대국이 다른 나라들 간의 갈등을 중재하기 위해 개입할 때 개인 간의 갈등 해결에 적용했던 원칙의 대부분이 똑같이 적용됩니다. 중재에 나서려면 진정성 있는 동기가 절대적으로 필요하고 거기에 더해 세심한 태도와 기술 또한 갖추어야 합니다.

우리가 사는 이 지구촌에서 국가는 서로 의존하며 공존합니다. 한 나라의 행위는 다른 나라들에게 심각한 영향을 미칩니다. 강대국들은 더 큰 영향력을 가지겠지요. 이 힘에는 막중한 책임이 따릅니다. 자국의 이익을 추구하려는 목적으로 그 힘을 다른 나라에 행사하는 일이 있어서는 안 될 것입니다.

국제 갈등과 관련하여 미국은 규율이 매우 엄격하다고 들었습니다. 미국은 유엔 안전보장이사회 상임이사국 중 하나입니다. 당연히 도덕적 책임이 따르는 위치이지요. 현지에서 실제로 어떤 일이 일어나는지 나는 잘은 모르지만, 미국을 보는 세계의 시선은 분명히 복합적입니다.

나 자신은 미국인들이 친밀하게 느껴집니다. 인도에 온 이래 나는 두 차례 외국을 방문했는데 두 번 다 미국이었습니다. 전대이신 16대 까르마빠Rangjung Rigpe Dorje(1924~1981, 서양 전법에 특히 힘썼음)는 미국을 여러 번 방문하셨고 시카고에서 열반하셨습니다. 티베트 사람들은 이런 사실을 그 나라 사람들과의 특별한 인연을 나타내는 의미 있는 징표로 생각합니다. 개인적으로 나는 미국과 가깝게 연결되었다고 느낍니다. 그렇지만 미국은 좋은 면으로 유명한 만큼 나쁜 면으로도 악명이 높다는 인상을 받았습니다. 미국이 유익한 일을 많이 하지만 다른 나라의 내정에 간섭하는 경향이 있다고 생각하는 이들이 많습니다. 미국 정부가 경제 논리로 자국의 이익을 추구한다는 인식이 널리 퍼져 있는데, 이는 어느 정도 사실이라고 생각합니다.

강대국은 자국의 지위와 자원을 다른 나라의 행복을 위해 사용해야 하는 책임이 있다고 나는 믿습니다. 또한 제삼국으로서 다른 국가 간의 갈등을 조정하려면 관련 당사국을 이롭게 하려는 동기만을 가지고 개입해야 하며 자국의 이익을 꾀하려는 의도를 절대로 가져서는 안 된다고 생각합니다. 밖에서 보면, 주요 강대국들이 순전히 자국의 이익을 보호하기 위해 무역이든 다른 분야든 개입하는 것으로 보이는 경우가 대부분입니다.

주요 강국들 모두가 정책 결정에 있어서 국민들에게 진정한 발언권을 허락하지는 않습니다. 그러나 국제 갈등과 관련하여 개입 가능성이 공적으로 논의될 경우 여러분은 민주 강국의 시민으로서 자신의 이름으로 입안되는 정책의 동기를 검토하는 데 적극적인 역할을 해야 합니다. 공개 보고서에 제시된 정보와 정치 지도자들이 내린 결정을 무비판적으로 받아들이는 것은 현명치 못합니다. 겉으로 드러나지 않은 동기가 있는지 세심하게 살펴야 합니다.

이 지침은 국가가 다른 나라들 간의 갈등을 해소하기 위해 개입할 때 적용되지만, 개인이 개입할 때도 마찬가지입니다. 동기와 관련하여 스스로에게 엄격하게 정직해야 합니다. 공정하게 상황을 파악하고, 어느 한쪽의 관점에만 의존하면 안 됩니다. 자국뿐 아니라 세계 전체에 최선임을 확신한 후에라야 제안을 승인해야겠지요. 신중하고 책임을 다하는 시민이 되려면 스스로 사유하고 세계 평화와 안정 그리고 행복을 고려해야 합니다. 통찰력을 발휘하여 여러분 국가만이 아니라 세계 전체에 도움이 되는 입장을 견지하세요.

정책의 동기가 전 세계의 안녕에 적극적으로 기여하려는 것임을 분명하게 확인한 후에는 목표를 추구하는 데 사용하는 수단 또한 면밀히 검토해야 합니다. 다른 나라에 자유를 가져다 준다는 명목으로 무기를 생산하고 전쟁을 벌인 예도 있으니까요. 강대국들이 군사물자를 늘리고 더 많은 전쟁을 일으키면 자국은 물론 전 세계의 평화와 안정이 위험에 처하게 됩니다.

순수한 동기에 지혜가 더해져야 한다는 점을 다시 한 번 강조합니다. 전쟁과 투쟁은 평화와 안정, 번영과 자유를 가져다 주지 못한다고 나는 확신합니다. 전쟁은 결국 역효과를 낳을 수밖에 없고 백해무익함을 역사가 입증할 것입니다.

내가 만난 강대국 국민들 중에는 자기네 지도자들이 전 세계를 상대로 권력을 함부로 휘두르는 것을 몹시 안타까워하는 이들이 많았습니다. 특히 정책 결정자를 상대로 보다 인간적이고 지혜로운 노선을 촉구하려다 실패한 경우에는 예외 없이 분노를 드러냈습니다. 자기네 정부에 분노하는 이들이 있는가 하면, 자신의 분노를 다른 나라의 정부로 돌리는 사람들도 있습니다.

어느 쪽이든 분노가 일어나면 자신과 타인들 모두에게 분노가 얼마나 해로운지 떠올리고 굳은 의지로 마음을 가라앉혀야 합니다. 절대로 동요되지 않겠노라고 스스로에게 굳게 맹세하세요. 흔들리지 마세요. 마음이 평화로운 상태에 그대로 머무세요.

문제에 직면하여

어려운 상황에서 균형을 잃지 않겠다는 의지를 다지는 데 도움
이 될 만한 불교 경구가 있습니다.

해결할 수 있는 문제라면, 왜 걱정하는가?
해결할 수 없는 문제라면, 무엇하러 걱정하는가?
(샨티데바의 『입보리행론』 6장 인욕품에 나오는 구절)

이 말씀은 우리 삶의 온갖 정황에 다 적용됩니다. 만약 어떤 사
태를 개선할 수 있는 방법이 여러분에게 있다면, 아주 훌륭합니다.
걱정할 이유가 없으니까요. 반면에 여러분이 손을 쓸 수 없는 일을
걱정한들 아무 소용이 없습니다. 여러분 나라가 다른 나라들 간의
갈등에 개입하는 방법과 관련하여 목소리를 내고자 할 때 이 충고
를 적용해 보세요. 다른 사람들의 갈등을 해소하려 노력할 때도
마찬가지입니다. 여러분 자신이 다른 사람들과 갈등에 빠질 때도
적용됩니다.

사실 이 충고는 세상사 모두에 한결같이 적용됩니다. 대부분의
상황은 개선될 수 있지만 개선될 수 없는 것도 있습니다. 어느 쪽이
든 애태우거나 괴로워할 이유가 없습니다. 한 번 생각해보세요. 여
러분이 불안하거나 괴로울 때 여러분을 괴롭게 만든 누군가가 있

던가요? 아니면, 무엇인가가 있던가요? 그렇다고 말할 수 없을 것입니다. 여러분이 괴로운 이유는 바로 여러분 자신 때문입니다. 그러니 공연히 스스로를 괴롭히지 마세요. 바꿀 수 있는 상황에서는 바꾸도록 최대한 노력하면 되고, 바꿀 수 없다면 그 사실을 받아들이고 할 수 있는 범위에서 최대한 노력하면 됩니다.

간단히 말해서, 애를 태우거나 괴로워하는 것은 아무 소용 없습니다. 단지 스스로를 해칠 뿐, 문제가 해결되지도 않고 다른 이들을 이롭게 하지도 못합니다. 여러분 마음에 있는 선하고 유익한 품성에 다가가기만 더 어려워질 뿐입니다. 여러분 자신의 선한 마음에 접속하지 못하게 될 뿐입니다.

나로부터 시작하기

이런 이유들을 감안할 때, 갈등을 해결하려면 자기 자신으로부터 시작하는 것이 최선이라고 생각합니다. 우리가 주는 최고의 충고는 타인이 아니라 우리 자신을 위한 것입니다. 불교에서는 우리 각자가 스스로를 수호하고 제도濟度(중생들을 고통의 세계에서 열반의 피안으로 구제하여 이끌어줌)한다고 합니다. 결국에는 우리 각자가 자신의 행동을 이끌어가며, 어떤 길이 선하고 유익한 길인지 스스로 깨달아야 한다는 의미입니다.

자신보다 타인에게 충고하기를 선호하면 자기 결점은 전혀 보지 못한 채 남의 결점만 보는 버릇을 기르기 쉽습니다. 심지어는 자신의 결점을 스스로에게 또 남에게 감추기도 합니다. 이럴 경우 누군가가 나서서 우리 자신의 결점을 들추어내지 않는 한 무엇을 개선해야 하는지 알 수 없게 됩니다. 자신의 문제점이 무엇인지 확인하기 위해 다른 사람들의 비난을 기다린다면, 좋은 방법이라 할 수 없겠지요. 문제가 있음을 알아차리고 그 문제가 우리 안의 어디에서 비롯되었는지 볼 수 있다면, 그때야말로 문제를 해결할 수 있는 절호의 기회입니다.

대부분의 갈등이 단 한 번의 만남으로 해결되지 않는다는 사실 또한 알아두어야 합니다. 아주 오래도록 해결되지 않는 갈등도 있습니다. 다른 사람들의 갈등이나 자신이 관련된 갈등을 해결하든 못하든 우리에게는 언제나 다른 선택권이 있습니다. 어떤 일이 일어나든 스스로를 다스리는 것입니다. 갈등이 진행되는 동안 압도되거나 동요하지 않도록 우리 안의 품성을 계발하는 것이지요. 자신의 품성을 계발하고 자신의 순수한 염원을 지키려고 노력한다면, 그래도 이 세상에는 해를 덜 끼치려고 애쓰는 사람이 하나 있다는 사실에 다시 힘을 낼 수 있을 것입니다.

신뢰

갈등이 일단 해결되면 이제 신뢰를 회복할 차례입니다. 갈등이 끝난 후에도 반목했던 상대와 솔직하고 편안한 관계를 다시 맺기 어려운 경우가 많습니다. 갈등으로 상처 받고 신뢰에 금이 간 것처럼 느껴질 것입니다. 개인·사회·국가 등 어떤 규모든 갈등을 해결하는 것만으로는 충분치 않습니다. 양쪽 당사자 간의 관계를 오랜 기간에 걸쳐 치유하려면 신뢰의 토대를 쌓아야 합니다.

신뢰에 관한 한, 나는 좋은 경험도 했고 나쁜 경험도 했습니다. 상대방이 내가 기대한 대로 조치를 취하거나 행동하지 않은 때가 꽤 많았기에 신뢰에 대해 나름대로 골똘히 생각해보았지요. 내가 내린 결론은 무엇보다도 상대가 내 기대에 부응하는지에 따라 신뢰 여부를 결정하지 않겠다는 거였습니다. 신뢰가 흥정이나 물물교환같이 되는 것을 원치 않으니까요. "네가 날 믿으면 나도 널 믿을게. 네가 이런 식으로만 나가면, 널 계속 믿을 거야." 믿음이란 이런 것이 아니라 거저 주는 선물 같은 것이라고 나는 생각합니다.

신뢰는 보통 서로 주고받는 것임을 나는 잘 압니다. 그러나 내가 생각하는 신뢰는 상대방의 행동이 아니라 상대방에 대해 내가 느끼는 사랑에서 비롯됩니다. 누군가를 좋아하고, 사랑의 느낌이 일어나고, 그러므로 그들을 믿기로 결정하는 것입니다.

물론 신뢰를 이런 식으로 이해하기가 쉽지는 않겠지요. 신뢰에 대한 새로운 정의가 필요합니다. 우리에 대한 상대방의 처신이나 행동 대신 우리가 상대방에게 느끼는 사랑과 염원에 초점을 맞출 때 새로운 정의가 나옵니다. 무엇을 얻는가에서 무엇을 주는가로 우리의 관심을 돌리는 것이지요.

사실 우리는 상대방의 행동으로 상처를 받는 경우가 가끔 있습니다. 하지만 사랑에 뿌리를 내린 신뢰라면 그리고 아무 조건 없이 상대를 신뢰한다면, 아무리 화가 나도 신뢰는 사라지지 않습니다. 3장 '건강한 관계'에서 우리는 아무런 이유 없이 사랑하는 법을 살펴보았습니다. 상대방이 우리에게 무엇을 주는지 또는 어떻게 하는지에 따라 조건부로 사랑하는 것이 아니라면, 상대방 때문에 사랑이 끝나는 일은 없습니다. 우리가 상대방의 근본적 선의와 인간으로서의 가치를 신뢰한다면 그 신뢰는 어떤 폭풍우도 이겨낼 수 있게 단단히 뿌리를 내릴 겁니다.

반대로, 수시로 변하는 조건에 의지하는 신뢰는 지속되기가 매우 어렵습니다. 단 한 번 조금만 실망해도 신뢰가 뿌리째 흔들립니다. 상대방에게 너무 많은 것을 기대하고 요구하지 않도록 조심할 필요가 있습니다. 비록 누군가와 더 이상 말을 나누지 않는 사이가 됐다 하더라도, 한때 우리가 사랑하므로 믿었던 그 사람들이 여전히 살아가야 한다는 사실을, 그리고 여전히 행복을 갈망한다는 사실을 우리는 알아야 합니다. 단지 우리를 실망시켰다는 이유로 그들이 고통 받기를 바래서는 안 됩니다. 비록 신뢰는 빛이 바랬더라도, 우리가 그들에게서 받고 싶었던 것은 이제 뒤로 하고 그들이 행복하기를 바라는 우리의 소망을 여전히 소중하게 간직해야 합니다. 이렇게 하면 장기적 관계에서 어떤 갈등도 이겨낼 수 있는 굳건한 기초를 마련할 수 있습니다.

신뢰는 상대방을 위해 우리가 품는 최선의 염원과 같습니다. 관계에 무슨 일이 생기든 상관없이 상대의 행복을 바라는 우리의 염원은 언제든 지속될 수 있습니다. 어떤 경우든 우리가 살아가는 내내 관계는 발전하며 또한 삶의 노정에서 관계는 계속 변할 것입니다. 내가 보는 시각은 그렇습니다. 내게 신뢰는 영원한 선물입니다. 일단 누군가를 믿는다 하면, 그것은 영원히 믿는 것입니다.

무엇을 얻는가에서 무엇을 주는가로 가치관을 바꾸면 여러 측면에서 관계에 큰 도움을 줍니다. 우리가 타인과 갈등하거나 다른 사람들 간의 갈등 해소에 도움을 주려 할 때도 확실히 힘이 됩니다. 가치관을 완전히 바꾸기는 어렵다는 생각이 들기도 하겠지만, 작은 일에서부터 타인의 행복을 보다 우선시하려는 작은 노력으로도 우리는 갈등과 점점 멀어지게 됩니다. 우리 자신의 행복을 위해 우리가 의지하는 사람들의 행복을 진정으로 보살피는 것은 갈등을 해결하는 데 가장 강력한 도구입니다. 그것은 모두가 서로 의존하는 세상에서 우리가 쓸 수 있는 가장 지혜로운 도구이기도 합니다.

10
영적인 길

삶   과

영   성   이

하나되는 길

이 책에서 나는 이른바 '인본주의적 영성'의 밑그림을 그리고 있습니다. 물론 이 그림의 밑바탕은 내가 불교에서 배운 가르침입니다. 하지만 여태까지 내가 말한 내용은 다 우리와 타인을, 그리고 우리와 지구를 연결하는 상호의존 법칙의 논리적 결과물입니다. 누구라도 나와 똑같은 결론에 도달할 수밖에 없을 것입니다. 종교적 지향과 관계없이 누구나 관찰하고 경험할 수 있는 것들을 근거로 했기 때문입니다. 보편적 진리는 어느 한 종교나 세속적 견해의 전유물이 될 수 없습니다.

나는 이 책에서 세상을 바라보는 여러 가지 시각을 소개하고 특정 종교에 귀의하기를 요구하지 않는 삶을 제안하고자 합니다. 보다 충만하고 보다 자비로운 삶, 보다 의미 있는 삶을 살고자 하는 사람들에게 이 책이 조금이라도 도움이 되기를 바라는 마음에서입니다. 그렇지만 특정한 영적인 길에 좀 더 깊이 헌신하고자 갈망하는 이들도 있을 겁니다. 이 장은 바로 그런 사람들을 위한 것입니다.

내 경우, 우리 집안은 불교를 믿었습니다. 매우 영적인 가족이었지요. '종교적'이라는 말 대신 '영적'이라고 한 까닭이 있습니다. 우리 가족은 우리가 직접 인식하는 물질세계 너머에 있는 무언가를 대단히 흠모했으면서도 종교적 이념이나 교리에 대해서는 거의 알지 못했습니다. 완전히 무지했던 것은 아니지만, 우리가 가진 지식과 우리가 따른 원칙은 몇 가지 안 되는 데다 아주 단순했습니다. 그런 분위기에서 나는 소년으로 자라났습니다.

일곱 살쯤 된 어느 날, 사원에서 몇 사람이 우리가 사는 계곡을 찾아와 우리 가족에게 내가 까르마빠라고 말했습니다. 내가 불교도가 될 수밖에 없었던 결정적인 사건이었지요. 내게 달리 무슨 수가 있었겠습니까? 어떤 종교를 택해야 하는지, 내게는 의문의 여지가 없었습니다. 그야말로 불교도로 각인된 것입니다. 여러분도 어느 날 갑자기 자기가 까르마빠라는 말을 들었다면 불교도가 될 수밖에 없었을 겁니다.

나는 다른 영적 대안을 탐색하고 나서 내가 가야 할 길을 선택하는 과정을 거치지 않았지만, 여러분은 하려고만 든다면 그런 기회를 갖게 되겠지요. 예전에는 부모님이 어떤 종교를 믿든 그것을 따르는 것을 당연하게 여겼습니다. 보다 전통적인 문화에서는 이 관행이 지금도 여전합니다. 그러나 현대 사회에서는 대체로 개인이 종교적 정체성을 선택하며, 여러 종교적 대안을 신중하게 살펴본 후에 결정하는 경우가 많습니다. 종교나 영적인 길을 선택하는 일은 삶에서 아주 중요한 결정입니다. 종교와 영성을 모두 거부하기로 결론을 내리는 이들도 있습니다. 처음에는 모태신앙으로 시작했지만 스스로 그 가치를 다시 깨달아 신심이 더욱 확고해진 사람들도 있을 겁니다. 반면에 자신의 마음에 더 잘 맞는 영적인 길을 새롭게 찾은 이들도 있겠지요.

이 시대에는 불교 문화나 집안에서 태어나지 않았지만 불교의 가르침에 관심을 가지는 사람들이 아주 많습니다. 나는 이런 현상을 시대 정신의 지표로 받아들이며, 아울러 삶의 의미와 이 세상에서의 우리의 역할을 설명하는 데 여러 가지 방식이 있음을 확실히 의식하게 됩니다.

과학과 종교

역사는 우리 인간이 수천 년 동안, 아마도 인류 사회가 시작된 바로 그 시점부터 종교를 믿어왔다는 사실을 보여줍니다. 영적인 삶을 추구하는 것이 인간의 근본 욕구 중 하나임은 분명합니다. 그렇지 않다면 종교적 전통이 역사 이래로 줄곧 인류 문화의 일부분으로 자리매김하지 못했겠지요. 그러나 많은 사람들이 종교적 또는 영적인 삶에서 의미를 찾는 지금, 종교는 이제 더 이상 적절하지 않다고 믿는 사람들도 여전히 많습니다. 이들은 종교는 과거에 속하는 유물이라고 말합니다.

현대 사회에서는 과학이 종교의 자리를 차지해야 한다는 이들도 있지만, 많은 사람들, 심지어는 위대한 과학자들조차 이런 의견에 동의하지 않습니다. 아인슈타인은 "종교 없는 과학은 절름발이이고 과학 없는 종교는 맹인이다"라고 설파한 바 있습니다. 과학은 물론 필요합니다. 그러나 종교 또한 필요합니다. 과학의 발달은 결과를 낳습니다. 과학으로 인해 우리는 핵무기라는 무시무시한 골칫거리를 가지게 되었습니다. 게다가 물질의 발달은 가진 자와 못 가진 자의 격차를 거의 좁힐 수 없는 수준까지 벌려놓았습니다. 진정성 있는 목표가 없다면 기술과 과학은 이로운 것만큼, 아니 어쩌면 그보다 더 큰 해악을 야기할 수 있습니다.

과학을 우리의 사지, 즉 손과 발로 볼 수 있다면 영성은 눈의 역할을 합니다. 손과 발만으로는 어느 방향으로 가야 하는지 알 수 없습니다. 현실적으로도 만약 우리 앞에 무엇이 있는지 눈으로 볼 수 없는데 앞으로 성큼성큼 걸어간다면 위험에 빠질 수 있습니다.

과학 발달이 어떤 결과를 가져올지 예견할 수 있는 능력이 필요합니다. 과학을 무조건 진보로 생각해서는 안 됩니다. 무엇을 위한 진보인가를 우리는 반드시 질문해야 합니다.

외적 지식과 내적 지혜

과학 연구와 기술의 발달은 주로 외적 물질 영역에 한정되어 왔습니다. 우리 세대가 수많은 연구와 조사를 통해 얻은 지식은 외적 단계에 머물러 있습니다. 마치 우리가 삶에 대해 알아야 할 것들이 전부 바깥에만 있는 것처럼요. 그 결과 우리는 겉으로 보이는 것을 강력하게 지향하게 되었습니다. 세상이 이렇게 물질적으로 발달하는 동안 우리는 안으로 눈을 돌려 지혜와 자의식을 키우지 못했습니다. 우리는 이런 의문들을 갖지 않습니다. "이런 지혜를 누가 찾아냈을까? 대체 누가 무슨 목적으로 이것들을 알려고 했을까? 내가 만들고자 하는 세상은 무엇일까? 그 세상에서 나는 어떤 역할을 하게 될까?" 이들 물음에 답을 주고자 하는 것이 바로 종교입니다.

그렇다고 해서 우리를 둘러싼 세계가 어떻게 돌아가는지 더 이상 탐구하지 말라는 뜻은 아닙니다. 다만, 그것과 똑같은 탐색의 눈길을 내부 세계로 돌려야 한다는 것입니다. 만약 그렇게 한다면 우리는 진실로 자신을 알게 되고, 마음과 생각을 합칠 수 있습니다. 자기 마음의 본성과 더욱 친해지려면 노력과 헌신이 필요합니다. 마음을 내버려두면 우리는 매우 산만해지기 쉽습니다. 마음은 어지러운 생각으로 가득해서 우리는 마음의 본성을 명료하게 보지 못합니다. 우리는 스스로를 돌아보는 공간을 만들어야 합니다. 때로 분주한 삶과 그 삶을 채우는 잡다한 것들로부터 거리를 둘 필요도 있습니다. 우리는 습관적으로 밖으로 튀어나가려는 성향이 있으므로 스스로와 더불어 가만히 앉아있으려면 어느 정도 익숙해지려는 노력이 필요합니다.

물론 타인을 진정으로 이해하는 것도 매우 중요합니다. 그러나 타인을 잘 이해하려면 먼저 자기 자신을 이해하고 알아야 합니다. 이 세상의 모든 종교 전통은 각기 삶의 의미가 무엇인지에 대한 견해를 제공하고, 자기 자신에 대해 보다 잘 알 수 있는 방법도 일러줍니다. 여러 종교와 영적인 길을 탐색하고 그 중 하나를 자신의 종교 철학이나 종교 전통으로 택하는 것은 시작에 불과합니다. 종교 철학이나 종교 전통은 중요한 문제에 대해 일종의 소개만 할 뿐입니다. 예를 들어, 불교 전통의 철학·논리학·형이상학은 매우 광범위하고 풍부합니다. 철학이나 종교 공부는 아주 재미있기도 합니다. 그러나 재미만으로는 부족합니다. 여러분 스스로 적극적으로 그 진리를 추구하고 찾아내야 합니다.

슈퍼컴퓨터 이야기가 생각나네요. 이 컴퓨터의 임무는 삶의 의미를 계산하는 거였습니다. 컴퓨터는 몇 년에 걸쳐 이 복잡한 문제와 씨름한 끝에 마침내 답을 냈습니다. 컴퓨터가 정답으로 내놓은 삶의 의미는, 무엇인가 하면, 42라는 숫자였답니다. 물론 웃자고 하는 이야기이고, 또 진짜로 웃기기도 합니다. 그 누구도 우리에게 삶의 궁극적인 물음에 답해줄 수 없습니다. 하물며 기계라니요.

우리 스스로 삶의 의미를 찾는 노정에 직접 뛰어들어 답을 찾아내야 합니다. 이 답은 기계나 다른 사람이 찾아서 우리 손에 쥐어줄 수 있는 것이 아닙니다. 우리가 직접 뛰어들지 않고는, 종교만으로 삶에서 우리에게 일어나는 엄청난 의문들을 풀지 못합니다. 이 때문에 영적인 길에서는 스스로 체험하는 것을 대단히 중요하게 여깁니다. 이 길 위에서 우리의 삶을 이루는 모든 것을 체험한다면 영적인 길은 정말 강력할 것입니다.

밖에서 보면 내가 극단적으로 종교적인 사람으로 보일 겁니다. 어린 시절을 처음에는 전통적인 불교 사회에서 지냈고 그 다음에는 사원에서 집중적인 불교 교육을 받았기 때문에, 내가 가진 종교적 믿음은 강요된 것이라고 생각하는 사람들도 있을 것입니다. 그러나 그렇지 않습니다. 나는 불교 철학의 여러 부문에 걸쳐 많은 교육을 받았지만 어느 정도 시간이 흐르고 나서야 종교에 대해 어떤 느낌이 왔습니다. 이 느낌은 내 자신의 체험으로부터 커진 것입니다. 이 방법이 내게는 효과가 있었지만, 스스로 체험하기에 앞서 세상의 이치를 공부하는 것이 대부분의 사람들에게 보다 효과적일 것이라는 생각은 들지 않습니다. 오히려 종교는 자신의 체험을 근거로 이해하는 것이 좋다고 생각합니다.

그렇다면 어떻게 해야 할까요? 특정한 종교나 영적인 길을 탐색할 때, 우리가 누구인가에 대해 그 종교가 무엇을 가르치는지 질문해봐야 합니다. 영적인 길은 우리 자신의 삶에 대해 절실하게 사유할 수 있게 도와주고, 또 행복해지는 방법을 배우는 데도 도움이 되어야 합니다. 여태껏 우리가 삶에서 체험했던 것들을 이해하는 데 이 가르침이 어떻게 도움을 주는지 살펴봐야 합니다. 특정 종교를 선택한 후에도 살면서 우리에게 일어나는 일들을, 그것이 무엇이든, 종교적 가르침과 연결해야 합니다. 이렇게 삶의 체험에 뿌리를 깊숙이 내린 영성은 우리의 삶에서 중심적인 추진력이 됩니다.

진정한 발견

나에게 "당신의 종교는 무엇인가요?"라고 물었을 때, 내가 만약 "불교"라고 대답하지 않는다면 무척 이상하겠지요? 어쨌거나 사람들은 나를 불교 지도자로 보고 있으니까요. 이런 상황을 편하게 넘기려면 그저 "불교를 믿습니다"라고 말하면 되겠지요. 그렇지만 나는 스스로에 대해 그렇게 생각하지 않습니다. 나는 불교를 믿는 사람이라기보다는 부처님을 따르는 사람이라고 생각합니다. 나의 염원은 부처님의 발자국을 따르는 것입니다. 불교라는 이름표에 매달리고 그것을 깃발처럼 흔드는 것과는 전적으로 다릅니다.

부처님의 발자국을 따르고자 한다는 말에서 내가 가장 중요하게 생각하는 점은 부처님은 당신의 지혜로써 당신 안에서 삶의 의미를 스스로 찾았다는 사실입니다. 다른 누군가가 쓴 경전이나 공인된 일련의 법칙에서 발견한 것이 아닙니다. 부처님은 당신 안에서, 당신의 선한 마음 안에서 삶의 의미를 발견했습니다. 우리도 모두 그렇게 할 수 있는 잠재력이 있습니다.

단순히 경전이나 의식을 통해서는 '나'가 누구인지 찾을 수 없습니다. 책에서 읽거나 남에게서 들은 말에 대해 곰곰이 사유한다 하더라도 그것의 진실한 의미는 여러분 스스로 찾아내야 합니다. 한 조각 한 조각 여러분 스스로 찾아내고, 그 조각들을 맞추는 것 또한 여러분 스스로 해야 합니다. 누군가 여러분을 위해 이미 조합해 놓은 것을 그저 취하는 방식으로는 여러분이 구하는 것을 찾을 수 없습니다.

발견이라는 행위에는 강력한 변화의 힘이 있습니다. 어느 종교의 창시자도 다른 이들을 추종하거나 모방하지 않았습니다. 부처님이 깨달은 부처가 된 것은 중요한 진리를 스스로 발견했기 때문입니다. 부처님 전승을 잇는 수많은 훌륭한 제자들 또한 다들 스스로 진리를 찾았습니다. 다른 주요 종교의 창시자와 훌륭한 제자들도 모두 마찬가지입니다. 각자 새로운 통찰과 깨달음에 이르렀지요.

누구나 그럴 수 있습니다. 다만 적합한 조건만 갖춰지면 됩니다. 종교에 입문하거나 가르침을 배우는 것도 이들 조건 중의 하나가 되겠지요. 그렇지만 불교 철학을 10년 넘게 공부한 사람으로서 내가 말할 수 있는 것은 이런 공부만으로는 진정한 의미를 찾는데 충분하지 않다는 것입니다. 여러분 자신이 이해한 것이 자기 내면에 완전히 뿌리내릴 때만 영적으로 깨어날 수 있습니다. 여러분의 삶을 이해하고 심오한 의미를 찾을 수 있는 사람은 오직 여러분 자신뿐입니다.

영적 가르침은 시대에 따라 다르게 형성되고 드러납니다. 예전 사람들이 당시의 사회적·역사적 환경에서 종교적 가르침을 따랐던 것과 지금 여기에서 우리가 영적으로 사는 것은 결코 같을 수 없습니다. 영성의 영역에서는 여러분 스스로 자신만의 깨달음에 도달하는 것이 중요합니다. 즉, 여러분은 그 길이 어떤 길이든 직접, 온 마음을 다해 영적인 길에 뛰어들어야 합니다. 그 밖에 다른 방법은 전혀 없습니다.

자신만의 깨달음을 찾는다고 해서 이미 존재하는 영적인 길을 모두 거부하라는 뜻이 아님을 분명히 밝혀둡니다. 기성 종교는 문제가 있거나 가망 없는 결함투성이라고 생각하는 사람들이 많습니다. 심지어는 다른 종교에서 자신이 좋아하는 부분만 골라서 조합하면 더 나은 종교를 스스로 만들 수 있다고 생각하는 이들도 있습니다. 이것은 전혀 현실적인 생각이 아닙니다. 우리가 생각하는 것처럼 그렇게 간단한 일이 결코 아닙니다. 우리를 송두리째 바꿔놓을 전체론적인 길이 아니라 그저 여러분을 잠깐 즐겁게 해주는 잡동사니가 나올 뿐입니다. 일종의 영적 소비주의가 될 수도 있겠지요.

더 심각한 문제는 위험성입니다. 자신에게 유익할 거라고 생각한 부분들이 본래 맥락을 벗어나 적용되면 효과가 없거나 심지어는 해로울 수도 있습니다. 단계적으로 이루어진 마음 바꾸기 수행에서 여기저기 명상법을 빼내어 조합할 경우, 원래 순서를 벗어난 수행으로부터 동일한 효과를 기대할 수 있을까요? 영적인 길은 유기적으로 펼쳐져야 합니다. 그 길이 우리를 이끄는 대로 한 걸음 한 걸음 걸어가야 합니다.

영적 스승

자기를 알아가는 과정에서 장애가 우연히 없어지는 않습니다. 영적 깨달음은 필요한 조건이 갖춰져야만 일어납니다. 우리는 이미 가장 중요한 조건을 갖추었습니다. 우리의 선한 마음이 그것입니다. 하지만 나머지 원인과 조건을 적극적으로 만들어주어야 합니다. 여기에 영적 가르침은 결정적 조건입니다. 우리는 이 가르침을 영적 스승, 선배, 그리고 책에서 얻을 수 있습니다. 자연계 역시 여러 요소(지수화풍地水火風 4대를 뜻함)들이 모이고 흩어지면서 우리에게 가르침을 펼칩니다. 흐르는 강물 소리조차 우리에게 가르침을 줍니다. 만물은 끊임없이 변화한다는 진리를 우리에게 일깨워주지요. 강바닥에서 만져지는 매끄러운 돌은 아무리 단단한 것도 꾸준히 노력하면 바꿀 수 있다는 가르침으로 우리에게 영감을 줍니다.

영적 스승을 찾을 때는 무엇보다도 선량한 사람인지를 봐야 합니다. 교양과 지식을 갖추었을 뿐만 아니라 마음이 진정으로 선량하고 또 여러분을 진심으로 사랑하는가를 살펴야 합니다. 겉만 보고는 판단하기 어려운 일이지요. 여러분의 스승이 "나는 선량합니다"라는 팻말을 들고 나타나지는 않을 테니까요.

품성은 사람마다 다 다릅니다. 특정한 품성을 가진 스승을 찾기보다는 그 분이 따뜻한 마음을 가졌는지, 다른 사람들에게 긍정적인 영향을 주는지 살펴보세요. 영적 스승은 은둔해 있거나 속마음을 드러내지 않는 경우가 대부분이므로 그 분이 여러분을 아끼는지, 또는 긍정적인 방법으로 영감을 주는지를 여러분 스스로 판단해야 합니다.

스승으로 모시고 싶은 이를 찾았다면 얼마나 지켜보아야 할까요? 쉽지 않은 질문입니다. 그 분이 여러분의 영적인 의문이나 괴로움을 당장 보살펴주지는 않을 겁니다. 스승과 제자 관계는 오랜 시간에 걸쳐 진전됩니다.

내 생각에는 영적 스승을 선택하는 데 현실적으로 고려해야 할 것이 두 가지 있습니다. 하나는 초반의 탐색 과정이고, 다른 하나는 믿음입니다. 스승과 제자 관계는 닦아나가야 하는 관계입니다. 이미 완전하게 되어 있는 것을 찾아내면 되는, 그런 관계가 아닙니다. 자신의 결점을 포함하여 여러분의 모든 것을 속속들이 스승께 보여드려야 합니다. 동시에 스승이 여러분을 제자로서 언제까지나 돌볼 것이라는 믿음을 가져야 합니다. 스승에 대한 믿음이 절대적으로 중요하며, 여러분 또한 믿을 만한 태도를 가져야 합니다. 영적 스승과 제자 관계는 서로 신뢰하는 관계입니다.

공동체의 역할

공동체 역시 영적인 삶에서 중요한 역할을 합니다. 그렇다고 여러분이 몸담을 공동체를 찾아나서야 한다는 뜻은 아닙니다. 그보다는 친구가 하나 있으면 좋겠다는 식으로 가볍게 접근하면 좋을 것입니다. 영적 관심사를 서로 나눌 수 있는 친구라면 더욱 좋습니다. 그런 친구가 몇 있다면 더더욱 좋겠지요.

다르게 표현하자면, 사는 동안 우리에게는 좋은 친구가 필요합니다. 우리에게 힘과 영감을 주는 사람들, 그리고 우리가 힘과 영감을 주는 사람들이 바로 그들입니다. 우리는 신뢰할 수 있는 친구가 필요합니다. 이 세상은 신뢰를 쌓기가 매우 어렵습니다. 9장 '갈등 해소'에서 언급했듯 우리가 계속 생존하려면 신뢰는 반드시 필요합니다. 나 자신도 모든 것을 남겨두고 고국을 떠나 많은 장애를 만나면서 매우 고단한 삶의 여정을 겪었습니다. 그래도 나는 여전히 믿음을 잃지 않았습니다. 타인을 믿지 않고서는 나를 유지할 수 없으니까요.

인간은 사회적 존재입니다. 우리는 각자 타인에게 의지합니다. 우리를 정신적으로 도와주고 우리 안에 있는 선한 품성을 드러나게 해주는 친한 친구는 꼭 있어야 합니다. 같은 종교를 믿거나 단체에 가입하는 것보다 이런 친구가 훨씬 더 중요합니다. 이것은 친구 관계와 스승 제자 관계 양쪽에 다 해당합니다. 영적 스승은 좋은 친구여야 합니다.

단순하게!

일단 특정한 종교나 영적인 길에 참여하기로 했다면, 가장 단순한 방법을 찾기를 권합니다. 종교적 공동체든 개인 수행이든 복잡하게 하지 말고 쉽게 접근할 수 있게 만드세요.

단순한 것이 제일입니다. 실제로 영적인 삶은 아주 소박하고 단순합니다. 우리는 대체로 그 사실을 중요하게 생각하지 않습니다. 처음에는 이 길이 아주 단순하고 명료하게 느껴집니다. 그러나 몇 년 수행하다 보면 종종 퇴보하는 것같이 느껴지면서 초기의 단순함에서 멀어지게 됩니다. 여러분이 이 길에 들어서면서 맨 처음에 본 것을 다시 발견할 때 영성은 비약적으로 성장합니다.

영성의 발견은 밖에 있는 어딘가에서 지혜를 찾아내는 것이 아닙니다. 이미 우리 안에 있는 것을 발견하는 것입니다. 마치 돌에 새겨진 글자처럼 먼지를 털면 털수록 원래 새겨진 글자가 더욱 분명하게 드러나는 것입니다. 우리는 그 돌과 같습니다. 영적 수행은 우리가 전에 갖지 못했던 무언가를 새로 얻는 것이 아니라, 우리 자신을 스스로에게 조금씩 더 명료하게 드러내는 것입니다.

앞으로 나가되 의심하라

특히 영적인 길에 이제 막 발을 들여놓은 사람들은 자신이 택한 길을 지나치게 심각하게 받아들이기 쉽습니다. 자기 혼자 옳다고 여겨 집착하게 되면 정말 위험합니다. 부디 가볍게 받아들이세요. 스스로 여유를 가지고 발견의 즐거움을 느끼세요. 미친 듯 빠지지도 말고 남의 일처럼 거리를 두지도 말고, 균형을 잡으세요.

폭넓은 관점을 유지하려면 교리에 얽매이지 않도록 주의해야 합니다. 의심은 아주 좋은 수단입니다. 의심이 생기면 묻고 또 답을 찾게 됩니다. 다른 사람들의 의견을 듣고 싶어지지요. 묻고 또 묻고, 무엇이든 분명하지 않은 것은 명확해질 때까지 묻고 공부하세요. 그러려면 마음이 늘 열려있어야 합니다. 앞으로 나가되 의심하세요.

불교 경전에는 두 가지 의심이 나오는데, 하나는 영적 성장에 도움이 되고 다른 하나는 해가 됩니다. 이롭지 못한 것은 부정하는 의심이고, 이로운 것은 알려고 하는 의심입니다. 어떤 것에 대해 부정하는 의심이 있으면 여러분은 그것이 잘못되고 틀렸다고 스스로 단정하고 맙니다. 이미 거부하는 쪽으로 마음이 기울어졌으므로, 다른 사람들의 의견을 듣기는 하지만 그저 성의 없이 들을 뿐이지요. 알려고 하는 의심은 보다 공정합니다. 다른 사람들의 말이 맞는 것 같다고 느끼지만 더욱 확실하게 하려는 것입니다. 여러분이 이런 종류의 의심을 가지면, 받아들이되 진리를 스스로 규명하고자 하는 의지가 있어 대단히 주의해서 들으려는 마음도 한켠에 가지게 됩니다.

만물의 이치를 확실하게 알아야만 우리의 경험에 그 이치를 연결시킬 수 있습니다. 자꾸 의문을 품고 적극적으로 관심을 가져야 영적 깨달음의 길에 능동적으로 참여할 수 있습니다. 그런 바탕이 있어야 영적으로 성장할 수 있는 기회를 어느 것 하나라도 놓치지 않게 됩니다. 그러면 우리의 삶 전체가 영적 성장과 연결되기 시작합니다.

행복을 알아차림하다

영적인 길에서 가장 중요한 목표는 진정한 행복입니다. 그 밖의 모든 것은 부차적입니다. 어떻게 하면 진정으로 행복해질까, 우리는 스스로에게 묻곤 합니다. 우리에게 선한 마음과 인간의 지능이 있다는 것만으로도 우리는 삶에서 진정한 행복을 찾을 가능성이 아주 높습니다. 그러나 영적 깨달음과 마찬가지로 행복은 우연하게 생기지 않습니다. 요동치는 감정에 그저 끌려다니기만 해서는 지속되는 행복을 얻을 수 없습니다. 습관적 행동이나 태도를 아무 생각 없이 반복해서도 행복을 찾지 못합니다. 삶의 의미를 찾으려면 타고난 지능과 지혜를 적용해야 합니다. 그렇다 해도 지적인 분석만으로는 찾을 수 없습니다. 행복은 지적 능력만으로 만들어지지 않기 때문입니다. 마음이 함께 참여해야만 합니다.

살아가는 동안 우리가 내딛는 발걸음 하나하나, 우리가 겪는 경험 하나하나가 모두 영적으로 성장하는 기회가 됩니다. 우리가 깨어있다면 바람에 흔들리는 풀잎에서도 상호의존의 진리를 깨달을 수 있습니다. 스스로에게 깨어있는 시간을 가지면 이런 고요한 발견의 순간을 자주 경험하게 됩니다. 그러려면 물질과 사람, 이런저런 세상사를 쫓아다니는 것을 멈추고 다만 고요하게 있는 능력을 길러야 합니다.

쫓아다니는 습관은 정말 무섭습니다. 21세기의 삶은 우리에게 그저 쫓아다니라고 재촉하는 것 같습니다. 여러 가지 목표를 한꺼번에 설정해놓고는 곡예 하듯 여기저기 쫓아다니느라 우리는 명상이나 기도할 시간을 거의 또는 전혀 내지 못합니다. 숨 돌릴 틈 없이 바쁜 일정에 명상이나 조용한 사색의 시간을 억지로 끼워 넣는다 한들 그것으로는 마음을 다스리기가 어렵습니다. 영적 수행을 마치 하루에 해야 할 일이 빼곡하게 적혀 있는 일정표의 항목처럼 취급한다면 수행이 제대로 되지 않습니다. 서두르는 마음으로 마구 하다 보면 영적 수행은 그저 의무적인 일이 되고 맙니다. 일정표의 다음 항목으로 넘어가기 위해 얼른 끝마쳐야 하는, 그저 그런 일이 되고 마는 것이지요.

영적 수행을 하나의 일과로 취급하지 않도록 조심하는 한편, 우리는 또한 그것을 나머지 삶과 별개로 생각하지 말아야 합니다. 수행으로 우리의 삶이 바뀌려면 영적 수행과 일상에서 하는 일 사이에 틈이 있어서는 안 됩니다. 오히려 영성은 우리의 나머지 삶과 합쳐져야 합니다.

영성은 자기를 발견해가는 과정입니다. 여러분이 스스로 경험하지 않은 것을 발견할 수는 없는 일이지요. 영성은 여러분의 내면에서 개발되어야 합니다. 종교나 영성을 여러분의 삶과 별개로 본다면, 기껏해야 여러분의 삶은 종교에 의해 체현될 뿐입니다. 반대로, 여러분의 삶이 종교를 체현해야 합니다. 여러분은 자신의 삶을 통해 여러분의 종교를, 어쩌면 우주 전체까지도 이해하게 됩니다.

때로 영적 수행이 우리의 삶을 영적으로 만드는 데 효율적으로 활용하는 기술들로 이루어진 것이라는 기대를 하게 됩니다. 만약 우리가 영적 수행에서 무엇이 가장 중요한지, 영적인 우선 사항에 늘 주의를 기울인다면 영적인 행위와 세속적인 행위가 따로따로인 것처럼 느껴지지 않을 것입니다.

삶에서 가장 중요하면서 어려운 것 중 하나는 우리가 누구인지 그리고 우리가 무엇을 하는가를 늘 알아차리는 것입니다. 언제든 이 알아차림(현재 순간을 있는 그대로 자각하는 것)을 놓치지 않으면 영적 성장에 큰 도움이 됩니다. 영적인 삶의 한 측면은 깨어서 사는 것입니다. 그렇게 하려면 우리는 가능한 한 완전하게 알아차려야 합니다. 알아차림이 없으면 몽유병자같이 삶을 떠돌게 됩니다. 자기 자신이 무엇을 하는지 알지 못하는 채 살아가는 것이지요.

영적 기술은 많이 아는데 알아차림이 부족하면 얼마나 위험한지, 갑자기 바다에 빠지게 된 수영 선수를 비유로 들어보지요. 너무나 순식간에 일어난 사고인지라 수영 선수는 자기가 누구인지 또 그곳이 어디인지 도무지 생각이 나지 않는 겁니다. 몹시 당황한 나머지 그는 자기가 아주 유능한 수영 선수라는 것도 잊어버렸습니다. 육지로 돌아가야 한다는 것도, 그러려면 헤엄을 쳐야 한다는 것도요. 알아차림을 완전히 놓치고만 것이지요. 그가 가진 빛나는 재능은 그것이 제일 필요한 바로 그 순간, 무용지물이 되고 말았습니다.

어떤 사람이 되고 싶은가?

살면서 우리에게 일어나는 모든 일을 영적인 길로 이끈다는 것이 무슨 뜻인지 예를 하나 들어보겠습니다. 하루 종일 마음의 평정을 유지하는 것도 한 가지 방법이 될 수 있습니다. 앞에서 나를 보살펴주신 노스님 이야기를 했었지요? 노스님은 칠십 대, 나는 이십 대입니다. 그 분의 의도는 대단히 훌륭하지만 우리는 세대가 완전히 달라서 각자 중요하게 생각하는 것이 다릅니다. 우리는 한 울타리 안에서 사는데, 노스님은 아주 사소한 일까지 하나하나 내게 잔소리를 하십니다. 나는 매일같이 승복만 입습니다. 그런데도 노스님은 여전히 내가 입을 옷을 골라놓고 말씀하십니다.

"그 옷은 입지 말고 이 옷을 입으세요."

매일매일 똑같습니다. 누구라도 화가 날 만한 상황이지만, 나는 너무 심각하게 받아들이지 않는 방법을 터득했습니다. 사실 이런 상황이 재미도 있습니다. 화를 낼 것인가, 아니면 웃을 것인가, 선택권은 내게 있는 것입니다.

영적 수행의 일부로 평정심을 기를 때 모든 것을 꼭 심각하게 받아들이지 않아도 된다는 것을 기억하세요. 분노를 다스릴 때 몹시 긴장하고 심각해지면 일이 더 어려워질 뿐입니다. 오히려 가볍게 대하는 것이 좋습니다. 자신이 처한 상황을 장난치듯 재미나게 받아들이면 크게 도움이 됩니다. 심지어는 분노를 가지고 놀이를

할 수도 있습니다. 그러나 이 놀이가 제대로 되려면 여러분의 몸과 말 그리고 마음을 다해 완전히 몰두해야 합니다. 이를 악물고 화가 나서 벌개진 얼굴로 가만히 앉아서 "나는 정말이지 화내고 싶지 않아"라고 중얼거리기만 한다면 무슨 소용이 있을까요? 화가 날만한 이유가 있을지도 모르지만, 그것을 꽉 붙잡고 있을 필요가 없습니다. 아무 때든 그냥 놓아버리세요. 놓아버릴 수 있는 선택권이 여러분에게 있다는 사실을 확실히 인식한 다음에 그렇게 하기로 마음을 먹는다면, 여러분은 영적 수행을 한 것입니다.

화가 올라올 때 마음의 평정을 유지하려면, 여러분 안에 두 사람이 있다고 상상하는 방법이 있습니다. 한 사람은 화를 내고 싶어하고, 다른 한 사람은 그렇지 않습니다. 이것저것 동원해서 이 장면을 아주 생생하게 떠올려보세요. 스파이더맨 같은 만화도 아주 좋습니다. 여러분은 피터 파커이며, 언제라도 금방 바꿔 입을 수 있는 스파이더맨 옷이 두 벌 있다고 상상하세요. 여러분의 평온한 자아는 빨강 옷을 입은 스파이더맨입니다. 빨간 스파이더맨이 좋은 친구란 걸 꼭 기억하세요. 화가 난 여러분은 검정 옷을 입은 스파이더맨입니다. 그러니 검정 옷을 입으면 나쁜 사람이 되는 겁니다. 자, 여러분은 어떤 옷을 입고 싶은가요? 여러분의 몸과 말, 그리고 마음에 어떤 옷을 입히고 싶은가요? 여러분에게는 언제든 두 가지 선택권이 있습니다. 화가 날 때마다 옷장에서 어떤 옷을 꺼낼지 선택하면 되는 겁니다.

스파이더맨 옷 입히기는 진짜로 간단한 방법이지만, 그래도 약간의 노력이 필요하기는 합니다. 어떤 옷을 선택할 것인지 스스로에게 의식적으로 늘 일러주어야만 위기의 순간이 올 때 지혜롭게 반응할 수 있으니까요. 여러분이 처한 갖가지 상황에 늘 깨어있으면서 지혜롭게 대처할 때 여러분의 삶과 영적인 길은 하나로 어우러집니다.

벽 허물기

다양한 종교가 공존하는 세계에서 우리는 각자 자신이 선택한 영적인 길을 추구하고 있습니다. 중요한 것은, 자신의 종교에 헌신한다는 이유로 자기와 다른 길을 가는 사람들과 자신이 별개인양 생각해서는 안 됩니다. 우리는 지구라는 보금자리에서 함께 살고 있지만, 만약 우리가 종교라는 이름표에 집착한다면 이 이름표는 우리를 완전히 갈라놓을 것입니다. 종교가 우리에게 제공하는 많은 유익한 가능성에도 불구하고, 종교는 또한 적개심과 사회적 분쟁의 주요 원인이 되는 경우가 많습니다. 오히려 그것들을 종식시키는 방법이 되어야 할 종교가 말입니다.

우리는 인간이라는 한 가지 사실로 하나가 됩니다. 종교적 가르침은 우리를 인간이라는 보편적 차원에서 다룹니다. 여러분이 특정 종교의 정체성에 집착한다면 그 종교가 가르치려는 정신에서 멀어지게 됩니다. 종교가 결국 우리를 갈라놓는다면, 그것은 무언가 심각하게 잘못되었다는 사실을 분명하게 말해주는 것입니다. 이런 일을 방지하려면 우리 모두가 가진 인간성에 주목하는 것이 대단히 중요합니다.

이를테면 우리는 지금 이슬람교와 테러를 동일시하는 지점까지 왔습니다. 단지 이슬람교도라는 이유로 평범한 사람들까지 무서워하게 되었지요. 매년 겨울, 나는 불교도에게 가장 신성한 장소인 인도의 보드가야에서 세계평화를 위한 기도회를 개최합니다. 부처님이 깨달음을 얻으신 보리수나무 아래서 우리는 기도를 드리는데, 얼마 전에 그 가까운 곳에 회교사원이 들어섰습니다. 우리가 차를 마시는 휴식시간 중에 가끔 이슬람교도들의 기도 시간을 알리는 소리가 확성기 너머로 울려 퍼지기도 합니다. 처음에는 불편해하고 두려워하는 사람들이 있었습니다. 그곳에서 우리도 기도하고 그들 또한 기도하는데 두려움을 느끼다니, 참 이상한 일이지요. 기도회에 오고 가는 길에 이슬람교도들과 마주치게 되는데, 얼핏 보아도 그들 또한 우리와 똑같은 사람임이 분명합니다. 우리가 붙인 이름표 때문에 판단력이 흐려져 그토록 명백한 사실을 바로 보지 못하는 것이지요. 그러면 여러 가지 거친 생각들이 일어나고 '우리'와 '그들' 사이에 확실한 경계선이 그어집니다. 그러므로 이런 이름표를 붙일 때는 매우 조심해야만 합니다.

2001년, 아프가니스탄 바미안 계곡의 거대한 불상들이 고의적으로 파괴된 사건이 일어났습니다.(아프가니스탄 탈레반 정권이 이슬람 교리에 어긋난다는 이유로 간다라 불교 미술의 상징인 바미안 석굴을 파괴한 사건을 말함) 이슬람교의 견해에서 보면 이 불상들은 우상 숭배에 쓰이는 불쾌하기 짝이 없는 도구인 반면, 불교도들에게는 성스러운 진리와 인간에게 내재된 최고의 가능성인 깨달음을 상징하는 것입니다. 기본적으로 불교는 영적 수행에 유형의 상을 이용하는 반면, 이슬람교는 예배할 때 유형의 상징물을 사용하지 않습니다. 각자의 입장에 매달리다 보니 두 종교인들 사이에 벽이 생긴 것입니다. 그러나 그것들은 단지 조각상일 뿐입니다. 조각상을 놓고 서로 싸우다니, 그것이야말로 편견에 집착하는 것입니다.

나로서는 종교적으로 다르다는 이유로 이런 일이 일어난 것을 이해하기 어렵습니다. 바미안 불상이 파괴되고 얼마 지나지 않아 평화단체에서 일하는 아프가니스탄 젊은이들과 만날 기회가 있었습니다. 그 자리에서 나는 바미안 불상이 무너진 사건에 대해 사람들 사이의 벽이 무너진 것으로 생각하자고 제안했습니다. 이들 불상의 존재를 두고 다툼이 일어났다면 그것들이 쓰러진 것을 유익한 일로 보아도 좋지 않을까요? 이 비극에 대한 내 생각은 그렇습니다.

종교적 가르침의 내용보다 종교적 정체성의 형태를 더 중요하게 생각하면 사람들 사이에 벽이 생깁니다. 영적 믿음이 사람들 사이에 벽을 세우는 데 이용된다면, 그것은 영성의 목적을 완전히 잘못 이해한 것입니다. 영성은 자기 자신에게 가까이 다가가는 것입니다. 자신에게 가까이 다가가면 타인들에게도 가까이 다가가게 됩니다. 영성과 종교는 차별과 이름표를 강화하는 대신 해체해야 합니다. 사람들 사이에 벽을 쌓는 대신 그 벽을 부숴야 합니다.

다양성 껴안기

다양한 종교적 믿음이 공존하는 사회는 인내심과 존경심, 그리고 사랑을 실천하기 좋은 기회들을 제공합니다. 이들 덕목은 세계 주요 종교들에 있어서 공통된 가치입니다. 아무리 세속적인 사람일지라도 타인을 존중하는 것이 중요한 윤리적 가치라는 생각에 대개 동의할 겁니다.

간단한 비유를 들어 종교적 다름에 대해 생각해보지요. 우리가 어떤 음식을 좋아한다고 해서 모두가 그 음식을 좋아하는 것은 아닙니다. 친구들의 식성이 우리와 다르다고 해서 우리는 그들에게 화를 내지 않습니다. 식당에서 함께 식사할 때, 친구들에게 우리와 같은 음식을 주문하라고 강요하지도 않습니다. 친구들 입맛에 맞는, 그래서 그들이 좋아할 음식을 먹기를 바라는 법이지요.

우리는 인간입니다. 우리는 이웃입니다. 우리는 같은 지구에서 같은 공기를 마시며 삽니다. 따뜻한 햇볕을 함께 나누고 부드러운 달빛도 함께 즐깁니다. 우리는 앞으로도 늘 많은 것을 공유할 것입니다. 영성은 우리 모두가 공통적으로 가진 것이 무엇인지 깨닫게 해 줍니다. 인간 모두가 가진 기본적 가치에 대한 인식을 높여 줍니다.

우리에게는 또한 서로 다른 것도 항상 있습니다. 종교도 그 중 하나입니다. 여기에서 무엇보다 고려해야 할 점은, 우리가 다른 사람의 종교에 동의하느냐가 아니라 종교가 그들의 행복에 도움이 되느냐입니다. 종교적 믿음은 비교적 겉으로만 서로 다른 것처럼 보입니다. 기독교·불교·유대교·힌두교·이슬람교, 기타 세계 종교는 전승과 경전은 다르더라도 서로 비슷한 면이 많습니다. 각 종교의 윤리적 가치를 살펴보고 또 이들 종교가 한결같이 인간의 잠재력을 최고로 각성시킬 것을 강조하는 것을 보면 쉽게 알 수 있는 사실이지요.

다른 종교의 교리가 옳다고 생각하는지 아닌지는 중요하지 않습니다. 우리가 다른 사람들의 행복에 마음을 쓴다면, 그들의 종교가 그들에게 행복을 가져다 주는 것에 기뻐해야 합니다. 정말로 중요한 것은 그들의 종교 또는 영적인 길이 그들의 행복에 도움이 되는가입니다.

내 방에는 세계 주요 종교의 경전들이 있습니다. 그 경전들로 나는 나만의 수행을 합니다. 서가에서 경전을 하나씩 꺼내 손에 들고 나는 발원합니다.

"수많은 사람들이 이 경전에 담긴 가르침에 믿음과 희망을 걸고 있습니다. 이 가르침으로 인해 이 경전을 통해 기도 드리는 이들의 발원이 이루어지게 하소서. 이 가르침이 그들 모두에게 행복을 가져다 주는 수레가 되게 하소서."

11

마르지 않는 자비

용 기 와
기 쁨 을
바 탕 으 로

세상 사람들 누구나 늘 고통이 없기를 진정으로 원합니다. 살아있는 매 순간 우리는 그렇게 되기를 바랍니다. 행복하고 고통이 없기를 바라는 것은 인간의 기본적인 공통점 중 하나입니다.

티베트 불교 전통에서 영적 수행의 목적은 오로지 모든 존재들을 고통으로부터 벗어날 수 있도록 하는 것입니다. 이 목표를 성취하기 위해 노력하는 사람을 '보살'이라고 합니다. 산스크리트어로는 '보디사트바Bodhisattva'라고 하는데, 한량없는 자비를 길러 모든 존재를 향해 자비심이 저절로 끝도 없이 일어나는 사람을 뜻합니다. 보살은 자비로운 마음의 진정한 전형입니다. 우리의 선한 마음이 완전히 드러나면 우리가 어떻게 될지 보여주는 본보기입니다. 보살은 어디에 있든 모든 존재에게 행복을 가져다 주겠다는 심오한 서원을 세운 이들입니다. 괴로워하는 사람들 곁에서 그들을 위로하고 그들이 고통에서 벗어날 수 있도록 돕는 데서 자신의 행복을 찾습니다. 다른 사람들을 이롭게 할 수만 있다면 보살은 아무리 어려운 상황이라도 기꺼이, 아니 아주 기쁘게 뛰어들어 그들이 행복해지도록 노력합니다. 우리도 보살과 똑같은 담대한 용기와 선한 마음으로 모든 관계와 행동에 임하게 되기를 염원합시다. 보살과 우리가 유일하게 다른 점은 보살의 삶은 이미 전적으로 선한 마음에 기초하고 있다는 것입니다.

오래 전, 티베트 사람들은 바깥세상과 거의 담을 쌓고 살았습니다. '아메리카'라는 말을 들어본 이들이 몇 있기는 했지만, 당시 우리가 아는 바로는 '아메리카'는 작은 마을일 수도 있고 대륙 전체일 수도 있었지요. 얼마나 큰 땅인지 정말 땅띔도 못했고, 이상하게 들리는 그 말이 실제로 무엇을 가리키는지도 잘 몰랐습니다. '러시아'는 그래도 조금 나은 편이었습니다. 악의 시대가 오면 러시아 사람들이 나타나 우리를 산 채로 잡아먹을 거라고 생각했거든요. 아이들에게나 통하는 옛날 이야기같이 들리겠지만, 티베트에서는 러시아 사람들에 대해 그렇게 말하곤 했답니다.

바깥 세상에 대해서는 이렇듯 식견이 얕았지만, 티베트 사람들은 너그럽고 관대했습니다. 마음이 정말 하늘만큼 활짝 열려 있었지요. 푸른 하늘이 있는 곳이라면 어디나 의식을 가진 유정물이 있다고 우리들은 생각했습니다. 그리고 유정물이 있는 곳은 어디든 고통이 있고 행복해지려는 갈망이 있다는 것을 알았습니다. 그래서 모든 유정물, 우주를 가득 채울 만큼 수많은 유정물이 행복하고 고통에서 벗어나기를 발원해야 한다고 생각했습니다. 실제로 만난 적도 없고, 그들이 누구인지, 무엇인지, 어디 있는지도 잘 알지 못했지만, 우리들은 전 우주를 감싸 안을 만큼 넓은 마음으로 모든 존재의 괴로움을 없애고 그들을 행복하게 해줄 수 있기를 염원했습니다. 이것은 일종의 이분설二分說로, 우리 머리에 든 것은 한정되어 있지만 가슴은 무한대로 넓힐 수 있습니다.

나로서는 분명코 이 세상의 모든 존재에게 이익을 주는 처지가 못 됩니다. 그 사실을 잘 알지만, 나는 모든 존재를 이롭게 하겠다는 염원을 여전히 키우고 있습니다. 실제로 내가 다른 사람들에게 이익이 된다면 정말로 좋은 일이지요. 그러나 내가 그렇지 못하더라도 이 세상에는 사랑과 자비가 절박하게 필요합니다. 내가 자비와 사랑을 키우며 살아간다는 사실이 어떤 이들에게는 희망과 용기를 줄 수 있으리라 생각합니다. 내가 이 세상에 살아있고 내 마음속에 사랑을 간직하고 있다는 것 자체가 타인을 보살핀다는 표현입니다. 그것만으로도 의미가 있습니다. 나는 이 작은 생각을 마음에 품고 있습니다. 아니, 작다기보다는 단순하다고 해야 할까요? 한편으로는 아주 단순하고 다른 한편으로는 한없이 크고 넓은 생각이지요.

자비는 우리의 본성

살아가면서 우리가 서로 의존하는 많은 사람들과의 관계를 통해 우리의 삶은 자기 자신을 넘어서 훨씬 넓게 확장됩니다. 우리의 삶을 이렇게도 이해할 수 있다는 것을 우리는 앞에서 살펴보았습니다. 만약 우리가 타인의 일부라는 관점을 기를 수 있다면 고통은 줄어들고 용기는 늘어날 것입니다. 우리가 맺는 모든 관계를 복잡하게 만드는 불편한 자기중심적 태도가 크게 개선되고, 타인과의 만남에 진정한 친밀감과 강렬한 사랑의 요소를 불어넣게 되겠지요. 이렇게 자신에 대해 모든 존재와 연결되었을 뿐만 아니라 실제로 그들의 일부라고 생각하는 것만으로도 우리는 여태까지와 다르게 세상을 경험하고 또한 세상 속에 있는 각각의 존재와도 지금과 다른 관계를 맺게 됩니다. 이 세상과 완벽하게 조화를 이루면서 사는 것이지요. 이것이야말로 정서적 안정과 영원한 행복의 궁극적 형태입니다.

티베트 사람들은 이렇게 기도합니다.

내가 행복할 때면 그 행복을 남에게 주게 하소서.

기쁨과 환희가 온 세상을 채우게 하소서.
괴로움이 있는 곳에서는 그 모든 괴로움을 내가 지게 하소서.

이렇게 무한한 자비를 길러야 한다니, 엄청나게 어려운 일로 생각될 것입니다. 그러나 자비는 우리가 새로이 획득해야 하는 것도 아니고 스스로 만들어내야 하는 것도 아닙니다. 자비는 우리들 개개인의 내면에 이미 존재합니다. 아무리 악하게 보이는 사람이라 하더라도 자비는 근본적 본성으로 여전히 존재합니다. 우리 모두 마찬가지입니다. 그러므로 우리의 자비는 절대로 고갈되지 않습니다. 자비 그 자체에 저절로 지속되는 힘이 있습니다.

우리에게는 본성으로서의 자비가 있지만, 이것을 어떻게 일깨우고 적용하는가는 저마다 다릅니다. 우리는 각기 소질도 다르고 바라는 바도 다른데 그것들에 따라 자비가 다르게 드러납니다. 처음에는 이런 한계 안에서 자비로운 행동을 하게 됩니다. 자비를 확장시키기 위한 명상 수행이 많이 있습니다. 이 점에서 보면, 발원이나 기도에는 특별한 역할이 있습니다. 현재 우리의 한계를 넘어 미래에는 다른 사람들의 행복을 위해 더 많은 일을 하게 되도록 원을 세우는 것이니까요. 나는 여러분의 진실된 발원이 언젠가 이루어지기를 진심으로 발원합니다. 그것을 위해 내가 할 수 있는 모든 일을 하겠습니다.

'모든 존재'의 의미

자비가 우리 자신의 한계를 넘어서 커지면 모든 존재를, 누구든 어디에 있든 그들 하나하나를, 이롭게 하겠다는 끝이 없는 발원이 됩니다. 우리가 좋아하고 가깝게 느끼는 사람들만이 아닙니다. 심지어 이 세상에 살고 있는, 70억에 달하는 사람들만도 아닙니다. 불교 용어에서 '모든 존재'는 지구 위의 모든 인간과 동물뿐만 아니라 우리가 속한 은하계·우주, 종국에는 다른 우주에 이르기까지 의식 있는 모든 존재, 즉 모든 유정물을 포함합니다. 우리는 유정물이 있는 곳 어디까지라도 자비를 확장합니다.

이렇게 광대한 자비에는 모든 존재에게 언제 어디서나 행복을 가져다 주겠다는 일종의 책임감이 따릅니다. 앞에서 우리는 모든 존재를 보살피는 방법으로 세계 기아 퇴치, 먹거리 정의와 자비로운 사회체계의 구현에 대해 살펴보았습니다. 우리가 파괴한 지구를 되돌려 놓는 것에 대해서도 언급했습니다. 우리는 당장 지금부터라도 그런 방향을 향해 움직일 수 있지만, 이들 목표는 하루아침이나 일주일, 어쩌면 우리 생애에 이룰 수 있는 것이 아닙니다. 더 나은 세상이라는 미래상을 장기간에 걸쳐 실현하려면 매우 오랜 기간에 걸친 목표가 있어야 합니다. 그러므로 이 목표를 성취할 수 있도록 우리를 행동에 나서게 하는 자비 또한 아주 오랫동안 지속되어야 합니다. 우리 안에 자비가 마르지 않게 해야 하는 이유입니다.

보다 나은 사회를 만들고, 이 세상 어디에 있든 모든 존재를 고통에서 벗어나게 하고, 지구를 보호하겠다는 소망이 실현될 가능성은 거의 없다고 여러분은 생각하겠지요. 그러나 우리가 사는 동안 이들 목표를 성취하든 못하든, 막중한 책임감을 기르고 타인에게 이로운 사람이 되기를 진심으로 바라는 것은 심오한 의미가 있습니다. 이 같은 관점은 아주 선하고 유익한 것으로서 이 어마어마한 미래상을 현실적으로 성취할 수 있는가와 상관없이 계발할 만한 가치가 있습니다.

이런 관점이 얼마나 선하고 숭고한지를 인식하면 강력하고도 확고한 자비를 일깨우게 되어 우리 앞에 놓인 중대한 과업을 주눅들지 않고 추진할 수 있습니다. 의식이 있는 존재라면 예외 없이 즐거움과 괴로움을 느낀다는 믿음을 더욱 공고히 하는 것이 그 일의 시작입니다. 그들이 고통을 느끼고 고통에서 벗어나기를 갈망하며 행복을 느끼는 능력이 있다는 이유만으로도 우리는 그들의 삶을 존중하고 가치 있게 여겨야 합니다. 그 밖의 다른 이유를 찾을 필요가 전혀 없습니다.

타인의 행복을 진정으로 소중하게 여기는 마음이 들기 시작하면, 그들을 행복하게 하거나 고통으로부터 보호하게 될 기회가 생길 때 우리는 언제라도 행동하게 됩니다. 언제든 기꺼이 행동하겠다는 마음을 늘 간직한다면 우리는 타인을 이롭게 하는 기회를 놓치지 않을 것입니다. 지금 당장 모든 존재에게 행복을 가져다 주지는 못하더라도, 어떤 존재든 이롭게 하는 기회가 생기면 언제라도 자비심이 우리를 이끄는 대로 행동하게 될 것입니다. 거리에서 굶주린 사람을 보면 당장 무엇이라도 주려고 하겠지요. 그러다가 몸에 좋은 음식을 미리 마련하여 가져다 주거나 지역 급식소에 도움을 구하기도 할 것입니다. 타인을 이롭게 하겠다고 발원하는 한, 그렇게 할 수 있는 기회가 계속 생기고 그럴 때마다 기쁜 마음으로 그 기회를 잡게 됩니다. 발원은 그 자체로 매우 의미가 있고 또한 행동하는 힘이 있습니다.

자비라는 물감으로 세상을 물들이다

자비심이 지속되려면 순간적인 영감으로 일어난 마음이 그 순간을 넘어 계속 일어나야 합니다. 그러려면 자비심이 스러지기 시작하는 시점을 넘겨 지속시키는 방법을 배워야 합니다. 어떤 상황에나 통하는 방법은 없습니다. 진정한 자비를 삶에서 실천하고자 마음 먹는다면 우리는 아주 사소한 행동까지 자비심으로 하게 됩니다. 일상이 달라지고 매일매일 우리 존재를 따뜻한 인간애로 가득 채워 우리의 삶 전체를 따뜻한 인정으로 물들이는 것입니다.

무엇이든 자비를 일깨우는 계기가 됩니다. 새가 지저귀는 소리가 들려오면, 그 소리가 우리에게 자비를 일깨워 새에게 사랑을 전하려는 마음이 일어납니다. 듣는 것 보는 것 모두가 그러합니다. 무엇을 보든 그것을 바탕으로 자비와 사랑의 언어가 우리의 삶으로 흘러 들어옵니다. 실제로 우리의 오감 전부가 자비로운 관점을 열어주는 통로가 됩니다.

티베트에는 "걸음 걸음에 자비를 행한다"라는 말이 있습니다. 자비가 태도나 내적 수행의 형태로 그저 우리 마음속에 있는 것만으로는 충분치 않습니다. 말과 행동으로 직접 표현해야 합니다. 발걸음 하나하나가 우리의 자비를 드러내는 것이지요.

몸과 말을 넘어 시·음악·그림 등 우리가 창조하는 모든 것이 사랑을 표현하는 수단이 될 수 있습니다. 음식을 만들고, 밥을 먹고, 잠을 자고, 옷을 입는 것같이 날마다 하는 일에도 사랑과 자비가 스며듭니다. 그저 잠깐 걷는 것만으로도 다정다감하고 너그러운 마음이 일어납니다. 무엇을 하든 그 동기가 사랑과 자비라면 우리는 그 일을 오래도록 지속하게 됩니다.

실제로 자비를 실천할 때 자비심을 지속시키기가 몹시 어렵다고 생각하는 사람들이 많습니다. 남을 돌보는 데 결과에 초점을 맞추기 때문입니다. 예를 들어, 유기견 한 마리가 차에 치어 다쳤다고 상상해 보세요. 상처가 곪아 구더기가 우글거립니다. 이때 만약 유기견을 돕기 위해 구더기를 치운다면 구더기가 해를 입게 됩니다. 그렇다고 구더기를 치우지 않는다면 이번에는 구더기가 유기견을 해치겠지요. 과연 어떻게 하면 좋을까요? 나는 이런 질문을 여러 번 받았지만 답이 쉽게 나오지 않습니다. 악순환에 빠졌는데 지혜가 모자라 빠져나올 방법을 찾지 못하는 것 같습니다. 이렇게 어려운 결정을 내려야 할 때는 자비를 베풀고 자비심을 지속시키기가 까다롭습니다. 이런 딜레마에서 빠져 나오려면 대단히 폭넓게 생각해야겠지요. 그렇지만 이런 경우는 예외적이라는 사실도 알아야 합니다. 대부분의 경우 우리는 전혀 복잡하지 않게 자비를 실천할 수 있습니다.

우리의 노력이 매번 좋은 결과를 거두리라고 기대하면 자비를 실천하며 살아가기가 어렵습니다. 주변의 고통을 인식하여 자비심이 일어나면 우리는 그 고통을 없애기 위해 당연히 무슨 일이라도 하려고 듭니다. 그러나 원한다고 해서 언제나 결과가 바로 나타나지는 않습니다. 지혜가 부족해서 주어진 상황에서 자비를 어떻게 실천해야 할지 제대로 판단하지 못할 수도 있고 문제 해결에 필요한 물질적 자원이 부족할 때도 있습니다. 또 무언가 도움을 줄 만한 자원이 있다 해도 다른 걸림돌이 나타날 때도 있습니다.

사회 개혁처럼 복잡하고 어려운 일은 제쳐두고라도, 낯선 이에게 좋은 의도로 달콤한 사탕을 건네는 아주 간단한 일조차 쉽지 않습니다. 상대방이 의아해하며 얼굴을 찌푸릴 수도 있으니까요. 그렇지만 상대방이 선물을 받아들이지 않더라도 다정다감한 우리 마음은 남아 있습니다. 발원의 순수한 미덕은 크든 작든 어떤 외적 장애도 넘어섭니다. 중요한 것은 사랑과 자비를 느끼고, 이 같은 선한 마음을 바탕으로 기쁘게 행동하는 것입니다. 이렇게 하면 타인에게 이익을 주려는 노력이 성공하든 실패하든 상관없이 우리 안에 자비가 마르지 않습니다.

나를 돌보며 남도 돌본다

앞에서 언급했듯, 우리는 각자의 성향과 능력에 따라 자비를 실천합니다. 어려운 처지의 노숙자들에게 특별한 관심을 가지는 사람들이 있는가 하면 동물 권리 운동에 몰두하는 이들도 있습니다. 개개인의 성향에 따라 방향이 정해지고 능력에 따라 주어진 시점에서 할 수 있는 일이 제한되기도 합니다.

자신의 이익을 우선으로 하는 일을 추진할 때도 보다 효과적인 방법과 효과가 덜한 방법이 있습니다. 자신의 목표를 이루기 위해 노력하는 동시에 타인에게도 도움이 되는 방법을 찾으면 좋을 것입니다. 만약 우리가 타인을 이롭게 할 수 없다면, 최소한 자신의 이익을 도모하는 과정에서 다른 사람들에게 해가 되지 않도록 조심해야 합니다. 타인에게 이익을 주든 자신의 이익을 찾든 양쪽 모두 자신의 능력이 허락하는 한도 안에서만 할 수 있습니다. 이 점을 잊지 말아야 합니다. 그렇지 않으면 스스로에게 실망하거나 눈에 보이는 결과가 없을 경우 좌절하게 됩니다.

자신을 위해 일하는 것과 남을 위해 일하는 것에 대해 생각할 때 또 다른 접근 방법이 있습니다. 이 두 지향이 서로 충돌하지 않는 방법입니다. 자비에는 두 가지 방향이 있다고 말할 수 있습니다. 안쪽과 바깥쪽입니다. 안쪽, 즉 자기 자신을 향한 자비를 불교에서는 출리出離(윤회의 고통에서 반드시 벗어나겠다고 간절히 바라는 마음을 일으키는 것)라 하며, 이는 고통의 원인이 되는 모든 것을 버리고자 하는 바람을 의미합니다. 불교에서 출리는 사물 그 자체를 부정하는 것이 아니라 사물에 대한 집착을 부정하는 것입니다. 고통과 불행의 원인이 되는 것은 무엇이든 놓아버리는 것으로, 부질없는 오감의 쾌락을 끝없이 쫓아다니는 것도 포함됩니다. 출리는 스스로를 보살피는 데 아주 지혜로운 방법입니다. 한편, 우리가 흔히 일컫는 자비는 바깥쪽을 향하고 있는 자비입니다. 다른 사람들이 괴로움과 괴로움의 원인이 되는 모든 것으로부터 벗어나기를 바라는 마음입니다.

이런 의미에서 자비는 양면을 가진 동전과 같습니다. 동전은 완전히 같은 물질로 만들어지지만 서로 반대 방향을 보고 있습니다. 자비의 경우, 양 방향 모두, 자신이든 타인이든, 정말로 괴로움에서 꼭 벗어나기를 바라는 것입니다. 관심을 가지고 배려하는 태도는 본질적으로 같습니다.

여러분이 느끼는 감정이 진정한 자비인지 아닌지를 간단하게 알아보는 방법이 있습니다. 여러분이 다른 사람들에 대해 느끼는 관심과 배려가 진정한 자비라면, 그것보다 더하지도 덜하지도 않는 배려와 관심을 여러분 자신에게도 가질 것입니다. 마찬가지로 만약 여러분 자신에게 진정한 자비를 느낀다면 다른 사람들에게도 똑같은 마음을 가질 것입니다. 자신의 괴로움이든 남의 괴로움이든 괴로움을 끝내고자 하는 간절하고 자비로운 소망은 똑같습니다. 그러나 괴로워하는 사람을 보고 여러분이 느끼는 자비에 미세하나마 우월감이 섞여 있을 경우, 그 자비가 자신을 향할 때면 다르게 느껴질 것입니다. 더 이상 우월감을 느끼지 못하겠지요. 자기의 내면을 살필 때 느낌이 달라진다면 여러분이 느낀 감정은 진정한 자비가 아니라는 표시입니다. 자신의 자존심을 높이거나 자기보다 더 심각한 문제를 가진 이들에게 마음을 씀으로써 자신의 문제를 피하려는 것입니다. 이것은 우리가 말하려는 자비심이 아닙니다. 일종의 겸손함, 또는 공의존共依存(상대방이 자신을 의존하는 것에서 무의식 중에 자기의 존재가치를 찾아내려 함)으로 볼 수 있습니다.

우리는 자신과 타인을 동등한 위치에 놓아야 합니다. 그래야 자신을 사랑하는 것과 똑같은 마음으로 다른 사람들을 사랑할 수 있습니다. 이를테면, 다른 사람들을 보면 그들이 우리의 사랑과 관심을 받을 만하다는 생각이 드는데 스스로를 보면 싫은 마음이 생긴다면 그것은 건강한 것이 아닙니다. 마찬가지로, 자신은 훌륭하고 사랑할 만한데 다른 사람들은 그렇지 않게 보인다면, 그것 또한 건강하지 않습니다. 자신과 타인 양쪽 모두 온전히 사랑을 받을 만하다는 생각이 들 때, 그때서야 자비라 할 수 있습니다.

희생자와 가해자를 똑같이 배려하라

절대적이고 완전한 자비는 타인을 심각하게 해친 사람들에 대해서도 연민을 느낄 때 비로소 완성됩니다. 매우 어려운 일이지요. 우리는 대체로 희생자에게는 관대하게 마음을 열지만 가해자에게는 마음을 꼭꼭 닫아걸기 쉽습니다. 이럴 때 도움이 되는 조언이 몇 가지 있지만, 말하기는 쉬워도 실행하기는 대단히 어렵게 느껴질 것입니다.

제일 먼저 알아둘 점은 남을 해친 사람에게는 자기가 마음먹은 대로 행동할 수 있는 자유가 없다는 사실입니다. 만일 그들이 심각한 정서 불안에 빠지지 않았다면 남을 해치거나 공포에 떨게 하는 행동을 하지 않았으리라는 것을 이해해야 합니다.

아무리 악명 높은 살인자라 하더라도 마찬가지입니다. 그들은 심각한 정신 장애나 정서 불안, 또는 다른 강력한 부정적 요인에 홀려 살인을 저지릅니다. 불 같은 분노의 노예가 되어 진정한 자유를 박탈당한 상태에서 남을 해치는 것이지요. 어찌 보면 그들이야말로 자기가 일으킨 분노의 첫 번째 희생자라고 할 수 있습니다. 사람보다 훨씬 더 힘이 세진 분노가 사람을 삼켜버린 것입니다.

대단히 어려운 일로 생각되겠지만, 만약 우리가 그들이 처한 상황의 실체를 제대로 이해할 경우 그들이 그토록 무시무시한 일을 저지르는 것을 보면 우리 안에서 자비심이 커지는 것을 느낄 것입니다. 결국 그들의 행동은 분노에 휩쓸린 나머지 자기 마음을 다스릴 수 있는 자유가 없어서 일어난 결과입니다.

그 당시에는 알기 어렵겠지만, 그것은 그들의 진짜 본성이 아닙니다. 정신이 온전한 사람이라면 스스로를 괴롭히는 일은 절대로 원치 않겠지요. 그러나 마음의 병에 단단히 걸린 사람들은 자신과 타인에게 고통과 재앙을 불러옵니다. 자유가 없는 것은 가장 참기 어려운 고통 중 하나입니다. 이들에게는 자유가 없습니다. 끔찍스런 마음의 병의 노예가 되고만 것입니다. 그리하여 왜곡되고 뒤틀리고 습관적인 관념이 지시하는 대로 끌려다닙니다. 괴롭기 짝이 없는 상황에 빠진 것이지요.

사람과 감정을 구별하라

우리는 때때로 짜증을 내고 화를 내기는 하지만, 이런 분노와 별도로 어떤 의미의 한결 같은 마음을 여전히 유지합니다. 이와 대조적으로 연쇄 살인·아동 폭행·강간 등의 행위로 남을 해치는 사람들은 자신의 분노나 증오 같은 파괴적인 감정에서 전혀 헤어나지 못합니다. 이런 감정으로부터 말 그대로 손톱만큼도 거리를 두지 못합니다. 이들은 현실을 심각하게 왜곡하기 때문에 어떤 순간 자신의 느낌과 자기가 누구이고 또 무슨 일이 일어나고 있는지 현실을 전혀 구별하지 못합니다. 일반적인 사람들을 보는 시각으로 이들을 보면 안 됩니다. 이들의 행동은 어떤 식으로든 용서받을 수 없지만, 이들의 행동과 사람 자체를 혼동하면 안 됩니다.

부처님 당시에 살았던 앙굴리말라의 삶이 이 점을 잘 보여줍니다. 그는 의지가 남달랐던 사람이었는데 어쩌다가 마음의 병이 들어 삿된 길에 빠지고 말았습니다. 그는 1,000명을 죽이면 영적으로 깨달을 수 있다는 믿음을 갖게 되었지요. 1,000명을 채울 때까지 살인을 계속하기로 그는 굳게 마음을 먹었습니다. 그러면 영적 깨달음이 절정에 이를 것이라고 철석같이 믿었지요. 그는 자기가 죽인 희생자의 엄지손가락을 하나씩 잘라 마치 목걸이처럼 엮어서 목에 걸고 다녔습니다. 사람들은 그를 '앙굴리말라'라고 불렀는데, 이는 산스크리트 어로 '손가락 목걸이'라는 뜻입니다.

앙굴리말라의 살인은 계속되어 희생자가 999명에 이르렀고, 이제 그는 마지막 한 사람을 찾고 있었습니다. 물론 이때쯤에는 악명이 자자해서 그를 보는 순간 사람들은 도망갔습니다. 그가 어떤 지역에 나타났다는 소문이 돌면 사람들은 밖에 나가기가 무서워서 문을 걸어 잠그고 집 안에 숨었습니다. 그에게서 도망치지 않는 사람은 자식을 사랑하는 그의 어머니 단 한 사람뿐이었습니다. 어머니는 여전히 그를 몹시 염려하여 아들이 배를 곯지 않나 걱정했지요. 아무도 그에게 먹을 것을 주지 않는다는 사실을 알기에 어머니는 먹을 것을 들고 아들에게 갔습니다. 어머니가 다가오는 모습을 보는 순간 앙굴리말라는 그녀를 죽이기로 마음먹었습니다. 자기 어머니를 죽여 희생자 1,000명을 채운다면 자신의 성취는 극적인 정점에 달할 것이라고 그는 생각했습니다.

그때 앙굴리말라가 자기 어머니에게 달려가는 것을 보시고 부처님이 말했습니다.

"어머니를 해치느니 나를 따라오너라."

부처님을 죽이면 어머니를 죽이는 것보다 더욱 극적인 결말이 될 거라는 생각에 앙굴리말라는 어머니를 쫓던 발걸음을 돌려 부처님 뒤를 따라갔습니다. 그런데 앙굴리말라는 부처님을 도저히 따라잡을 수 없었습니다. 연쇄 살인마는 소리쳤습니다.

"멈춰라! 속도를 늦추고 멈추란 말이다!"

부처님이 말씀하셨습니다.

"나는 이미 멈추었다. 괴로움이라는 마음의 병에 쫓겨 아직도 멈추지 못한 것은 네가 아니더냐!"

바로 그 순간 앙굴리말라는 정신을 차렸습니다. 자신과 자신의 괴로움이 별개라는 사실을 처음으로 깨달았던 것입니다. 자신과 살인 충동은 같은 것이 아니었습니다. 이 자각이 앙굴리말라를 번개처럼 후려쳤습니다. 그는 걸음을 멈추었습니다. 미혹에 빠진 감정이 그를 더 이상 지배하지 못했습니다. 그는 더 나아가 부처님의 제자가 되었고 마침내 당대에서 가장 탁월한 승려 중 한 사람이 되었습니다.

어떻게 생각하면 우리도 앙굴리말라와 크게 다르지 않습니다. 우리 또한 요동치는 감정이 눈에 보이지 않는 우리의 일부분이라는 망상을 품습니다. 그러나 이것들은 우리에게서 분리될 수 없는 것이 절대로 아닙니다. 이 점을 기억하는 한 우리는 이 같은 마음의 고통에서 언제든지 벗어날 수 있습니다. 앙굴리말라같이 그토록 끔찍하기 짝이 없는 상황에서도 가능하지 않았습니까?

이처럼 끔찍한 해를 입히고 무시무시한 잘못을 저지른 사람을 용서하기란 불가능하다는 생각이 들 것입니다. 그러나 그들이 괴로움에 휘말려 그런 일을 저질렀다는 사실을 인정하면, 죄가 아니라 사람을 용서할 수 있는 근거를 갖게 됩니다. 쉽지는 않겠지만 가능한 일입니다. 하지만 그들이 정신적 괴로움 때문에 잘못을 저질렀다는 사실을 안다고 해서, 마음의 병을 너그럽게 넘겨도 안 되고 그들의 잘못된 행위를 용인해서도 안 됩니다. 이것은 물론 실행에 옮기기가 무척 어려울 것입니다. 그러나 해볼 만한 가치가 분명히 있습니다. 모든 존재에게 자비를 베푸는 것은 대단히 위대한 일이며, 적의를 품으면 우리 자신에게 커다란 해가 되기 때문입니다.

어떤 사람 또는 한 무리의 사람들이 우리를 해치려는 상황에 처했을 때 대응하는 방법은 우리 자신은 절대로 그런 행동을 하지 않겠다는 결심을 굳히는 것입니다. 그렇게 함으로써 불리한 상황을 영적으로 또 정서적으로 우리에게 유리하게 바꿀 수 있습니다.

우리가 과연 그렇게 할 수 있을까요? 먼저, 우리가 자기에게 해를 끼친 사람들의 행동을 싫어하는 이유를 한 번 생각해 보세요. 그들의 행동이 옳지 않고 부정적이기 때문입니다. 그들의 잘못된 행동 방식을 떠올리면 인간으로서의 그들을 싫어하는 것이 당연하다는 생각이 들겠지요. 그렇지만 우리가 처음부터 그들을 싫어했던 것은 아닙니다. 특정한 행동이나 품성이 드러났기 때문에 그들이 싫어진 것이지요. 누구라도, 심지어는 우리 자신이라도 그런 품성을 드러내거나 그렇게 행동한다면 스스로가 싫어질 것입니다.

이제 자기 자신에게 질문을 던지세요. "내가 어쩌다가 이런 품성을 갖게 되었을까? 다른 사람들에게 이런 행동을 하는 이유가 대체 무엇일까?" 이제 우리는 스스로를 싫어하는 근거가 생긴 것입니다. 다른 사람들의 행동을 보고 옳지 않다고 느낀 것을 우리 자신이 똑같이 한다면 스스로에 대해서도 옳지 않다고 느끼는 것이 마땅합니다. 자신이 다른 사람들보다 낫다고 생각할 것이 아니라 자신이 싫어하는 방식으로 행동하지 않는 것이 중요합니다. 그러므로 다른 사람들이 잘못된 품성이나 행동을 보이면 그러한 품성이 우리 마음에 조금이라도 뿌리를 내리지 않도록 마음을 단단히 다잡고 한층 더 노력해야 합니다.

식지 않는 열정

자비의 강력한 지원군은 의욕과 열정입니다. 열정이 있으면 다른 사람들을 도와주려는 노력을 어렵지 않게 이어가게 됩니다. 열정을 일깨우는 방법은 남을 위해 노력하는 것이 얼마나 이로운 일인지 사유하는 것입니다. 이때 노력의 결과에 초점을 맞추지 않아야 합니다. 특히 자비의 경우, 행동의 결과에서 동기를 이끌어내려 한다면 대단히 잘못된 생각입니다. 자비는 금방 길러지지 않기 때문입니다.

자비로운 안목은 조금씩, 천천히, 그리고 매우 조심스럽게 형성됩니다. 한순간에 대량으로 만들어지지 않습니다. 어쨌든 자비는 기계가 아니라 특정한 감정 상태입니다. 감정을 일으키는 데는 시간이 걸립니다. 인내와 지구력이 필요하지요. 장기간에 걸쳐 전념하지 않으면 안 됩니다.

지금 우리는 빠른 해결책이 판을 치는 시대에 살고 있으므로, 이것이 문제가 될 수 있습니다. 이 시대의 소비문화는 눈에 보이는 결과가 즉각 나타나야 한다는 생각에 빠져 있습니다. 영적 성장에 관한 한 이런 태도는 매우 해로울 수 있습니다. 자비의 심오한 결과는 대부분 겉으로 드러나지 않습니다. 아무튼 주먹 한 방으로 당장에 시퍼렇게 드러나는 눈가의 멍과는 다릅니다. 너그럽고 친절한 행위는 그것과 전혀 다른 방법으로 작용하는 법이지요.

자비에 대한 열정이 식지 않게 하려면 자비는 지금도 이롭고 앞으로도 이롭다는 사실을 확실히 깨달아야 합니다. 진정으로 선한 자비를 일깨우고 기르면 얼마나 유익한 것인지 전적으로 확신하게 되면, 자비로운 행동으로 드러나게 큰 성과를 얻지 못한다 해도 여러분의 노력 자체에서 기쁨을 느낄 수 있습니다. 자비가 오랜 기간에 걸쳐 서서히 영향을 끼친다는 것을 확실히 알고 행동한다면, 설사 계획했던 대로 다 이루지 못한다 하더라도 후회나 죄책감을 느낄 이유가 없습니다. 어쨌든 여러분은 아무것도 잘못한 것이 없으니까요. 자비에서 비롯된 여러분의 행동이 눈에 보이는 결과를 내지 못한다 해도 자신의 선하고 숭고한 노력을 스스로 인정하고 대견하게 여기면 됩니다. 자비심을 기르는 것이 얼마나 의미 있는지, 또 얼마나 심오한 이익을 가져다 주는지를 사유하면 자신감이 늘고 용기가 생기게 됩니다. 자비로운 행위 그 자체가 가치 있다는 사실을 깨달으면 힘이 날 것입니다.

여러분의 삶을 이런 관점에서 보면 어떤 상황에서도 자비심이 사라지지 않습니다. 자비는 여러분 본성의 한 부분으로서 늘 여러분의 마음에 있습니다. 여러분의 마음을 자비로 가득 채우고 늘 자비심을 중심으로 살아가노라면 무엇을 만나든 무슨 일이 일어나든 하나하나가 자비를 증장시키는 조건이 됩니다. 아주 작은 행동에까지 자비심이 스며듭니다. 그러면 다른 사람들에게 도움을 줄 수 있는 더 큰 기회가 생길 때 언제든 여러분은 완벽하게 준비가 되어 있을 것입니다. 타인의 행복에 일종의 책임을 느끼고 그 책임을 완수하기 위해 행동하겠다는 절박한 염원을 일으키는 자비가 여러분 안에 있기 때문입니다.

자비를 기르고 언제든 기회가 오면 행동으로 옮길 수 있도록 준비하세요. 결과에 연연하지 마세요. 실제로, 여러분이 애쓴 만큼 겉으로 드러나는 성과가 없을지라도 보람을 느끼게 됩니다. 자비로운 태도는 그 자체로 매우 유익하고 의미가 있으므로 결과에 상관없이 계발하고 유지할 만할 가치가 있습니다.

자비는 그 자체로 선하고 숭고합니다.

12

가르침대로 살기

타 인 에 게
다 가 가 기

우 리가 함께 하는 자리를 마칠 시간이 가까웠습니다. 이 책의 마지막 책장을 덮고 나면, 이제 여러분 스스로 이 세상의 모든 존재에 이르기까지 사랑과 자비를 베푸는 습관을 계속해서 기르기를 당부합니다. 일상적인 행동에서 자기 안의 선한 마음을 더 많이 알아차리면 여러분의 삶을 이끄는 중추적인 힘이 될 것입니다. 다른 존재와 접촉할 때마다 사랑과 자비의 마음이 일어날 것입니다. 강아지가 짖거나 신음하는 소리가 들리면 "내게 소중한 존재가 울고 있구나"라는 생각이 들면서 녀석에 대한 사랑의 감정이 일어나고 그 생각에 이어져 여러분 주변에 있는 모든 존재의 고통이 떠오르겠지요. 단순히 강아지가 짖는 소리에서도 이렇게 자비심을 키울 수 있습니다. 자비야말로 여러분의 삶에서 중심 가치가 되어야 합니다.

이런 식으로, 여러분이 만나는 모든 것이 선한 마음을 바탕으로 살아가는 데 버팀목이 될 수 있습니다. 여러분이 경험하는 모든 것이 영적 성장의 수단이 됩니다. 본질적으로 또는 궁극적으로 나쁜 것은 어디에도 없습니다. 어떤 상황이 일어나든 여러 조건에 근거하여 상대적으로 좋거나 나쁠 뿐이며, 이때 가장 중요한 조건은 여러분이 상황을 인식하고 대응하는 태도입니다. 그러므로 여러분에게 일어나는 모든 일이 내적 성장에 도움이 됩니다.

우리가 살펴보았듯, 이 지구에서 함께 사는 우리는 모두 밀접하게 연결되어 있습니다. 이런 연유로 여러분의 내면의 성장과 이 세상에 바치는 미덕은 아름다운 세상을 만드는 데 진정으로 도움이 됩니다. 여러분은 이렇게 안에서 밖으로 세상을 바꿀 수 있습니다.

나는 한때 꿈을 꾸곤 했습니다. 우리들 한 사람 한 사람이 자기가 살고 있는 작은 땅에 가장 아름다운 미래의 모습을 그리면, 이 작은 땅들이 마치 퍼즐 조각처럼 맞추어져서 하나의 거대하고 아름다운 세상을 만드는 것입니다. 우리는 매 순간 그렇게 할 수 있습니다. 언제든 지금 우리가 살고 있는 곳부터 자신이 할 수 있는 방법으로 아름답게 그리면 됩니다. 우리가 그린 그림이 다른 사람이 그린 아름다운 그림과 연결되고, 그 그림이 또 다른 그림과 연결되고, 이런 식으로 우리는 세상의 모습을 바꿀 수 있습니다.

삶의 경로

여러분은 자신이 살고 있는 곳을 어떻게 아름답게 만들고 싶은 가요? 이 질문에 대한 대답이 바로 여러분이 삶을 살아가는 방식입니다. 여러분이 살아가는 대로 그 삶이 주변 세상을 색칠합니다. 여러분의 삶이 어디로 가야 하는지 정하려면 자신의 관심사와 능력, 그리고 실제 현실을 고려하세요. 만약 여러분의 삶을 사회와 세상을 개선하는 데 바치기로 한다면, 어떤 선택이든 결코 잘못되는 일은 없을 것입니다. 자신과 제일 많이 연관된 분야를 선택하겠지만, 그렇다고 해서 다른 부문에서 완전히 등을 돌리라는 의미는 아닙니다. 어떤 선택을 하든, 우리가 여기에서 탐구했던 모든 문제들이 서로 연결되어 있다는 사실을 기억하는 것이 중요합니다.

여러분의 관심사가 개인의 문제든 사회 또는 환경 문제든 이들 중 어느 것도 다른 문제와 따로 떨어져 존재하지 않습니다. 우리는 이 문제들을 하나씩 살펴보았지만 실제로는 따로따로 분리된 것이 아닙니다. 예를 들어, 환경보호와 관련된 사안들은 먹거리 정의와 아주 밀접한 관계가 있고, 사회 행동 관련 사안들은 다시 소비 지상주의, 탐욕, 갈등 해소와 연결되어 있습니다. 건강한 관계를 유지하고, 성 차별에 도전하고, 자비심을 기르고, 영적 성장과 의미 있는 삶을 통합하는 것, 이것들 또한 모두 서로 연결되어 있습니다. 문제 하나가 일어나면 그 영향은 삶의 한 부분이나 이 세상 어느 한 곳에 국한되지 않습니다. 이 세상에서 함께 사는 우리는 서로에게 아주 많이 의지하고 있습니다. 세상 전체가 아주 밀접하게 연결되어 있으므로 어떤 영역에 문제가 일어나면 다른 영역에도 영향을 주게 됩니다. 이것은 우리가 어떤 분야를 긍정적으로 바꾸면 다른 분야에도 긍정적인 영향을 미친다는 의미입니다.

여러분의 에너지를 어디에 쏟든, 여러분이 품을 수 있는 가장 선하고 숭고한 염원으로 모든 일에 임하는 것이 중요합니다. 제일 먼저, 이 염원과 일치하는 삶의 방식을 만들어야 합니다. 선량한 사람이 되는 것이 그 시작이겠지요. 그런 다음 주변 사람들에게도 선량한 사람이 될 수 있도록 유익한 기회를 주고, 그들이 행복해질 수 있도록 적극적으로 노력하세요. 이렇게 하면 자신도 이롭게 하고 타인도 이롭게 하여 여러분은 두 배로 이익을 얻을 수 있습니다.

숭고한 염원에 입각하여 살고자 한다면, 단순히 바라는 차원에 그쳐서는 안 됩니다. 여러분의 마음에서 먼저 일어난 소원은 인과 因果(일체 현상이 상대적 의존 관계에서 이루어진다고 보는 불교의 입장)의 사슬에서 첫 번째 고리가 되어 이 세상에 크나큰 결과를 가져옵니다. 예를 들어, 여러분이 사는 곳이 오래도록 모진 가뭄으로 시달린다면 상상 속에서도 풀 한 포기를 보기 어렵겠지요. 그곳에 처음으로 한 방울의 물을 들여와 그 물이 계속 흐르도록 하겠노라는 생각이 떠오른다면, 숭고한 소원 하나가 탄생한 것입니다. 작지만 원대한 소망이 발단이 되어 여러분은 행동하게 됩니다. 거기서부터 일이 계속 연결되어 일어나면서 이로움은 점점 커집니다. 숭고한 염원은 이렇게 여러분을 선구자로 만듭니다. 여러분은 영웅이 되는 것입니다.

여러분은 한 가지 사안에 노력을 집중하지만 목표는 훨씬 더 원대해서 다양한 결과를 마음으로 그려보게 됩니다. 현재 일하고 있는 분야가 여러분의 유일한 관심사는 아닙니다. 실제 목표는 그 너머에 있습니다. 가장 넓은 의미에서 여러분의 목표는 온 세상에 갖가지 미덕이 강물같이 흐르는 것입니다. 이렇게 거대한 전망을 품고 행동한다면 여러분은 늘 새로운 염원을 끌어내고 그 염원을 성취할 수 있는 새로운 힘을 얻을 것입니다. 일 또한 언제나 즐겁겠지요.

여러분의 능력에 따라 주어진 순간에 다 이루지 못할 수도 있지만 여러분의 노력은 이런 한계를 넘어서 다른 관심 분야에도 틀림없이 영향을 끼칠 것입니다. 이 같은 긍정적인 영향은 여러분 자신의 한계를 뛰어넘습니다. 무슨 일을 하든 선한 의도를 바탕으로 삼는다면, 여러분은 진정한 자비의 끈으로 이 세상을 묶는 데 동참하는 것입니다.

어려운 상황이 생길수록 중심을 잃지 않도록 집중하세요. 여러분 내면의 지혜가 아니라 단순히 다른 사람들을 쫓아서 자신을 정립한다면, 어려움이 닥쳤을 때 중심을 지키지 못하고 궤도에서 벗어나기 쉽습니다. 스스로에게 진실하려면 지식과 지혜를 구별할 줄 알아야 합니다. 지식은 다른 사람들로부터 배운 것입니다. 다른 사람들이 여러분에 앞서 배운 것을 추정하여 그들의 경험에 의지하여 배운 것이지요. 지식은 이런 의미에서 본질적으로 모방과 유사합니다. 이와 대조적으로 지혜는 여러분의 내면에서 찾아지는 것입니다. 지혜는 여러분의 정신과 마음으로부터 드러나는 지식입니다.

지혜에 닻을 내리다

옛날 이야기를 하나 해드리지요. 부처님이 사시던 시절에는 승려들과 여타 종교인들이 날마다 탁발托鉢(승려가 공양그릇인 발우를 들고 집집을 다니며 음식을 구걸함)을 하는 것이 관례였습니다. 탁발에서 어떤 음식을 얻든 그것에 의지해서 하루하루를 살았지요.

하루는 탁발에 나선 부처님이 으리으리한 부잣집 대문 앞에 이르렀습니다. 때마침 집주인이 나와서 부처님께 소리쳤습니다.

"당신네들은 왜 날마다 먹을 것을 달라며 우릴 못살게 구는 거야? 골칫덩어리 같으니라고. 귀찮게 하지 말고 꺼져버려! 책임감이

라곤 눈곱만큼도 없는 사람들! 거머리 짓은 그만두고 진짜 직업을 구하란 말이야!"

주인은 조금 김이 빠졌습니다. 자기가 한바탕 욕설을 쏟아냈는데도 부처님이 아무런 반응을 보이지 않았던 것입니다. 주인의 장황한 욕설이 끝나자 부처님이 고요한 목소리로 그에게 물었습니다.

"이제 다 하셨소?"

주인이 대답했습니다.

"그래, 다했다!"

부처님이 말했습니다.

"내, 질문 하나 하지요. 만일 누군가 당신에게 선물을 주는데 당신이 받지 않는다면, 그 선물은 누구 것입니까?"

주인이 말했습니다.

"그야 물론, 선물을 주려던 사람 것이지."

부처님이 말했습니다.

"맞는 말입니다. 그러니, 당신이 내게 준 욕을 나는 받지 않겠소."

부처님은 당신이 의지해서 살아가는 진리를 확신했기에 당신이 세운 도덕의 잣대에서 한 치도 벗어나지 않았습니다. 여러분의 선택이 지혜와 직접적인 자각에 근거한 것이 아니라면 다른 사람들의 비난이나 다른 외부 조건에 의해 자신감을 잃거나 삶의 방향 감각이 무너지기 쉽습니다. 반면에 여러분 스스로 자신이 누구인지 그리고 여러분의 삶에서 의미 있는 것이 무엇인지를 정립하면 여러분은 그 지혜에 단단히 닻을 내릴 수 있습니다. 사람들이 무슨 말을 하건 균형을 잃지 않을 것입니다. 어떤 조건에도 흔들리지 않습니다.

여러분 스스로 자신의 본성에 대해 알아야만 합니다. 자기 마음의 본성이 무엇인지 깨닫고 그것이 이끄는 대로 행동해야 합니다. 여러분은 기계가 아니라는 사실을 명심하세요. 로봇 같은 삶을 살지 마세요. 인간다운 인간이 되세요.

가벼운 마음으로

우리는 이 책에서 꽤 심각한 주제에 대해 생각해 보았습니다. 심각한 문제에 부딪쳤을 때 우리 자신까지 너무 심각해져서 문제에 보탠다면 생산적이지 못합니다. 나 스스로도 심각한 문제와 꽤 많이 맞닥뜨렸습니다. 나는 경험을 통해 사태를 너무 심각하게 받아들이면 힘이 빠진다는 것을 알게 되었습니다. 때로는 아예 마비가 되기도 하지요.

문제를 대할 때는 가벼운 마음으로, 문제를 향해 또 스스로를 향해 기꺼이 웃음을 보내면서 가벼운 마음으로 접근하는 것이 보다 효과적인 경우가 많습니다. 너무 심각해지면 그 상황을 개선하려는 노력을 시작도 하기 전에 심장마비가 올 지도 모르니까요. 차라리 조금쯤 장난스럽게 받아드려도 괜찮습니다. 어려운 상황에 꼼짝 못하고 갇히거나 압도되지 않으려면 유머 감각이 큰 도움이 됩니다.

특히 위기 상황에서는 열린 마음으로 접근하는 능력을 갖추어야 합니다. 그래야만 가능한 해결책을 확실하게 볼 수 있습니다. 예를 들어, 아주 심각한 문제를 해결해야 하는데 현실적으로 풀기 어렵겠다는 느낌을 받을 때가 가끔 있습니다. 이런 경우, 여러분은 결국 어떻게 하게 되던가요? 틀림없이 그저 걱정만 하다가 끝나고 말았겠지요. 아무리 심각한 문제라도 실제로 무언가 손을 쓸 수 있는 데가 있는 법입니다. 이런 경우에도 조심하지 않으면 또 그저 걱정만 하게 됩니다. 일단 걱정이나 다른 소모적인 감정에 휩싸이면 계획을 세우거나 냉철한 결정을 내리기가 매우 어렵습니다. 해결의 실마리를 찾으려면 장애 너머까지 살펴봐야 하는데, 그런 상태로는 불가능하겠지요.

옛날에 어떤 선승이 약초를 캐러 산에 올랐답니다. 약초는 가파른 절벽을 따라 자라고 있어서 승려는 로프를 타고 절벽을 내려가야 했습니다. 약초를 따고 다시 절벽을 오르다가 고개를 들어보니, 세상에나! 호랑이 한 마리가 꼭대기에 앉아서 그를 노려보고 있었습니다. 발밑을 내려다보니 천 길 낭떠러지, 그야말로 진퇴양난이었습니다. 그런데 어디선가 난데없이 쥐 한 마리가 쪼르르 와서는 로

프를 갉아먹기 시작했습니다. 위를 봐도 아래를 봐도, 그저 죽을 수밖에 없는 형편이었습니다. 단지 시간 문제였지요.

선승은 문득 채집한 것 중에 크고 즙이 많은 붉은 열매가 하나 있는 것이 생각났습니다. 선승은 망태에서 그 열매를 꺼내 로프에 매달린 채 열매를 먹었습니다. 열매를 우걱우걱 씹으며 선승이 혼 잣말을 했습니다.

"이 열매는 정말로 맛이 끝내주는군."

이 이야기의 요점은 선승이 끝까지 마음의 자유를 잃지 않았다 는 것입니다. 절박한 상황임에도 불구하고 그는 바로 자기 앞에 있 는 달콤함의 원천을 인식할 수 있었습니다. 그의 행동은 자신이 처 한 상황을 넓게 보는 시각을 유지하는 것이 얼마나 힘이 되는지 보 여줍니다. 선승은 자기 눈앞에 있는 기회를 놓치지 않고 계속 볼 수 있었습니다. 죽음을 코앞에 두고도 그때 그 자리에서 체험할 수 있는 것을 기쁘게 맛본 것입니다.

함께 희망을 만들다

지금 우리 세대는 엄청난 도전에 직면하고 있으며 앞으로 닥칠 도전 또한 만만치 않을 것입니다. 이들 도전이 여러분을 무겁게 짓 누른다고 느낄 때는 여러분은 혼자가 아니라는 사실을 기억하기 바랍니다. 우리 모두 함께 맞고 있는 것입니다. 이들 문제 중 어느 것도 단 한 사람에게만 영향을 끼치지 않습니다. 이런 저런 방식으로 조만간 우리 모두에게 닥쳐올 문제들입니다. 변화를 바라는 이가 여러분 혼자만이 아니라는 사실을 알면 힘이 날 것입니다. 이 세계가 당면한 주요 문제들에 관한 한, 우리는 진정 하나가 되어야 합니다.

오늘날 이 세상을 보면 한편으로는 몹시 우울한 상황이며, 날이 갈수록 사태는 더욱 어두워질 것으로 보입니다. 그러나 또 다른 한편으로는 변화와 개혁이 끊임없이 일어나고 있으므로 만약 우리가 지혜와 자비를 발휘한다면 사태가 보다 나은 쪽으로 바뀌리라는 희망과 가능성이 늘 있습니다.

우리는 이 지구에 함께 살면서 이곳에 우리의 보금자리를 마련했습니다. 그런 의미에서 우리는 하나의 거대한 가족을 이룬 것입니다. 불행하게도 우리는 늘 전체 그림을 보지 못한 채 이 거대한 집에서 우리가 살고 있는 아주 작은 구석에만 매달리고 있습니다. 그렇다 해도 식구들 중에 두 사람이 싸우면 전체 가족에게 영향을 미치는 것이 사실입니다. 마찬가지로, 두 사람이 불화를 해소하고 다시 조화를 이루면 그 또한 가족 전체에 영향을 줍니다. 더 큰 그림에 집중하는 것이 매우 중요하다고 나는 믿습니다.

우리는 모두 서로 의지합니다. 이미 앞에서도 여러 번 말했지만, 상호의존 법칙의 중요성은 아무리 과장해도 지나치지 않으므로 반복해서 말할 가치가 있다고 나는 생각합니다. 상호의존의 진리를 알지 못하면 우리는 여러 문제와 끝없이 부딪치게 됩니다. 문제가 크든 작든 마찬가지입니다. 만일 강대국의 최고 지도자에게 지혜가 부족하여 이 세상의 모든 존재를 서로 연결하는 거대한 그물망을 고려하지 않고 결정을 내린다면, 그 결정이 수년에 걸쳐 전 세계의 사람들에게 엄청나게 해로운 영향을 미칠 수 있습니다. 이들 지도자가 만든 장기적인 제도는 그들의 재임기간 이후에도 오래도록 영향을 미쳐 그들의 좁은 식견으로는 도저히 내다볼 수 없었던 것까지 피해를 입을 것입니다. 예를 들어, 지금의 먹거리 체계 도입에 일조한 이들은 현재 우리가 직면한 해로운 결과를 분명히 기대하지 않았을 겁니다. 권력을 가진 사람들이 상호의존이라는 진실을 간과한다면 국가 전체, 아니 실제로는 전 세계를 위기에 몰아넣을 수 있습니다. 우리 또한 그럴 경우 자신과 남들에게 피해를 입힙니다.

상호의존의 원리는 현실과 감정, 영성, 그리고 윤리의 면에서 두루 영향을 미칩니다. 그 중 몇 가지를 우리는 이 책에서 함께 탐구해 보았습니다. 상호의존성은 여러분의 행복과 나의 행복이 연결되어 있다는 것입니다. 여러분의 행복은 실제로 또 정신적으로 여러분과 연결되거나 여러분이 의지하고 있는 모든 사람들의 행복과 밀접한 관계가 있습니다. 스스로를 이롭게 하려는 태도와 남의 이익을 돌보려는 태도가 올바른 균형을 찾을 때 여러분은 영적으로 행복해집니다. 여러분의 생존과 행복에 필요한 모든 것을 제공해 준 이들을 감사와 사랑으로 대하는 것이 윤리적으로 옳은 일이겠지요. 더 잘 살기 위해, 아니 단지 생존을 위해서라도 필요한 모든 것을 남에게 의지할 수밖에 없으므로 여러분은 그들을 돌봐야 할 책임이 있는 것입니다. 상호의존성은 여러분이 그 책임을 완수해야 하는 입장이라는 것을 또한 의미합니다. 여러분의 행동 역시 타인들에게 깊이 영향을 미치기 때문입니다. 이 세상에 대해 여러분이 바라는, 그리고 필요로 하는 긍정적인 변화를 일으키려면 여러분은 반드시 상호의존의 원리를 명료하게 인식해야 합니다. 여러분의 온갖 행동이 벌어지는 상호 연관의 그물망 안에서 그것을 찾을 수 있습니다.

이 세상에 이로운 변화를 가져오는 데 필요한 또 하나의 조건은 늘 자애로운 태도를 유지하는 것입니다. 자비로운 관점을 그저 지지하는 정도로는 안 됩니다. 타인에 대한 애정 어린 관심과 행동하려는 의지가 여러분 마음에 깊숙이 뿌리를 내려야 합니다. 모든 존재를 향한 충만한 사랑 속에서 살아가고 또 행동하세요. 어디를 가든 사랑과 함께 하세요.

이로운 세상을 위해

한 장 한 장 이 책의 책장을 넘기며 나누었던 우리의 만남이 이 제 끝날 시간입니다. 우리 만남의 핵심은 여기에서 내가 말한 내용 이 아니라 여러분이 그것에 부여한 진정한 동기입니다. 여러분이 이 책을 읽으면서 무엇인가 도움이 될 만한 것을 찾았다면, 그것은 모두 여러분의 선한 동기 덕분입니다. 여러분에게 선한 동기가 있 었기에 이 책에서 좋은 내용과 유익한 생각을 찾아낸 것입니다. 이 책에서 여러분이 조금이라도 좋다고 느낀 것이 있다면, 그것은 여 러분의 선한 내면에서 온 것임을 알아야 합니다.

여러분 자신의 체험에서 통찰력을 끌어내세요. 누구도 부처님의 가르침을 독점할 수 없습니다. 부처님의 가르침은 이 세상 모두의 것이라, 그런 의미에서 내가 여러분에게 줄 수 있는 성질의 것이 아 닙니다. 이 세상 어디에나 가르침이 있고 스승이 있습니다. 현실이 여러분의 스승입니다. 세상 만물이 여러분의 스승입니다. 철철이 바뀌는 계절에서도 여러분은 배울 수 있습니다. 그 어떤 것이든 부 처님 가르침을 베푸는 스승이 될 수 있습니다. 모두 다.

이제 이로운 세상을 만들려는 열정을 유지하는 것은 여러분의 몫입니다. 여러분에게 열정이 사라지지 않는다면 이루지 못할 것이 없습니다. 모든 것은 적절한 원인과 조건이 함께 올 때 일어나므로, 무엇이라도 가능합니다. 여러분이 간절히 이루고자 하는 것이 무엇이든, 그 출발점이 고정되어 있지 않다는 진실을 기억하십시오. 여러분이 있는 바로 이곳, 그리고 바로 지금 여러분은 세상을 이롭게 바꾸는 일을 시작할 수 있습니다. 이 사실을 언제나 기억하기 바랍니다.

우리가 비록 개인적으로 만나지 못하더라도, 우리는 마음으로 함께 할 수 있습니다. 서로를 사랑하는 마음이 우리를 가깝게 합니다. 선한 마음을 통해 우리는 늘 함께 할 수 있습니다. 밤하늘에는 언제나 별들이 반짝입니다. 이와 마찬가지로 세상 어디에 있든 여러분은 자신의 주변을 환하게 밝히는 등불이 될 수 있습니다. 여러분에게는 절대로 꺼지지 않는, 자신만의 등불이 있습니다. 그 등불은 찬란한 빛을 발해 여러분 자신의 어둠을 몰아낼 뿐만 아니라 여러분 주변을 환하게 밝힐 것입니다.

해가 진 저녁이면 나는 이따금 테라스에 나가 별을 봅니다. 별을 보며 나는 기도합니다. 그리고 눈을 감으면, 어디에 있든 별처럼 밝게 빛나는 여러분을 내 마음의 눈으로 언제까지나 볼 수 있습니다.

이 책을 통한 우리의 만남이 좋은 일들로 이어지기를 기도합니다. 우리의 만남이 이 세상 모든 존재가 행복해지는 데 도움이 되기를, 우리가 함께 드리는 선의의 기도가 이 세상 끝까지 닿기를 기도합니다.

우리의 기도와 염원은 아주 멀리까지 갈 수 있습니다. 지구에서 수천 광년 떨어진 곳에서 반짝이는 별들을 우리는 눈으로 볼 수 있습니다. 그 별들은 어쩌면 더 이상 존재하지 않을지 모르지만, 그것들이 보낸 빛은 여전히 지구에 있는 우리에게까지 다다릅니다. 마음은 그보다 훨씬 더 멀리 갑니다. 우리의 염원이 어디까지 닿을지, 그 끝이 없습니다.

앞에서 달님이 내 사랑을 간직하기를 바란다고 말하면서, 나는 다른 사람들이 우리의 소중한 것들을 지키는 파수꾼이 될 수 있다고 했습니다. 그처럼, 달님이 여러분을 향한 내 사랑을 간직하고 있을 것입니다. 밤하늘의 달님을 볼 때마다 나의 사랑을 기억하고 영감을 얻으세요. 이 책에서 내가 한 말 중에 의미 있는 것이 있다면 여러분을 위해 그것을 간직해달라고 달님에게 기도하세요. 별들에게도 기도하세요. 밤하늘에 빛나는 별들과 달님을 볼 때면, 여기에서 우리가 함께 나눈 생각과 사랑을 여러분이 기억하기를 나는 소망합니다.

　전 세계에 걸쳐 많은 사람들이 한결같이 이 세상이 어쩌다 이렇게 되었는지 깊이 우려하고 변화를 원하지만, 어떻게 해야 할지 또 어디에서부터 손을 써야 할지 몰라 안타까워하는 이들이 대부분이다. 이 책에서 까르마빠는 우리 스스로의 노력으로 만들 수 있는 보다 자비로운 세상을 제시한다. 까르마빠는 그 일의 어려움을 인정하는 한편, 자비로운 세상을 만드는 데 필요한 것이 우리에게 근본적으로 있는 선한 마음속에 있다고 설파한다.

　저자는 오늘날 우리가 안고 있는 사람과 사회 그리고 환경과 관련된 현안을 분석하고 이들 난제를 해결하는 데 도움이 되는 것으로 우리에게 있는 정서적 자원을 지목하며, 인간의 선함에 기초하여 이 세상을 바꾸기 위해 노력할 것을 강력하게 촉구한다. 우리 안의 선함에 다가가지 못하게 우리를 막고 있는 것이 무엇인지 명확하게 알고 있는 저자는 장애를 제거하는 방법을 우리에게 일러준다. 저자의 일관된 주장은 독자가 이해하고 있는 자기 정체성과 능력에 대해 다시금 생각하는 기회를 줄 것이다. 이 세상에 뚜렷한 변화를 가져오는 방법에 대해 그가 제시하는 이상적인 제안은 단순하면서도 심오하다. 그것은 대단히 어렵지만, 전적으로 실천할 수 있는 삶의 방식을 권장한다.

녹록지 않은 이 같은 낙관주의는 개인·사회·사회체계, 그리고 환경이 서로 의존하고 있다는 상호의존의 법칙에 근거한다. 전 세계에 걸쳐 전혀 이질적인 현상들 사이에 수없이 드러나고 있는 미묘한 연관성에 대한 의식이 최근 수십 년 사이에 눈에 띄게 높아지고 있다. 지구 온난화와 노동력의 이주, 세계 경제 등은 심오한 상호 연관성이 우리의 물리적·사회적 현실 곳곳에 스며들어 있음을 잘 보여주고 있다. 상호의존의 원리가 여러 형태의 사회 담론에서 조금씩 거론되고 있지만, 그것이 미치는 윤리적·현실적 파장에 대해서는 아직 심각하게 고려되지 않는 실정이다. 2,000년 넘게 사회와 윤리 문제에 상호의존성을 적용해온 불교적 관점에 의지하는 까르마빠는 이 점에서 우리에게 많은 도움을 줄 것이다. 그는 이 책에서 인간으로 존재한다는 것이 무슨 의미인지, 주변 세상에 우리가 어떻게 기여할 수 있는지를 이해하는 데 생산적인 틀로서 상호의존성을 적절히 사용하고 있다.

상호의존성이라는 진리는 우리의 생존, 그리고 그 너머의 모든 것에 다른 사람들의 도움과 지원이 필수적이라는 사실을 함축한다. 이것은 우리 주변에서 분명하게 드러난다. 예를 들면, 우리는 매끼 먹는 음식에서 이 법칙을 체험하는데, 매끼 식사는 다른 사람들과 동물, 자연환경에 이르기까지 수없이 많은 다른 존재들이 이바지함으로써 가능한 것이다. 저자는 상호의존의 원리를 다양한 맥락에서 보여준다. 환경보호에서부터 사회 정의와 갈등 해소에 이르기까지, 또 건강한 관계에서부터 성 정체성까지. 그는 이 과정에서 상호의존성이 우리의 삶과 입장에서 가지는 정서적·윤리적 그리고 현실적 의미를 밝혀낸다. 만물이 서로 의존한다는 사실을 깨달으면 감사함과 공감적 사랑, 자비심 같은 긍정적인 정서가 더욱 깊어진다. 윤리적인 면에서 볼 때, 타인으로부터 많이 받는다는 것은 받은 만큼 지구와 함께 사는 모든 존재들에게 돌려주어야 하는 책임을 의미한다. 상호의존성은 또한 현실적으로 광범위한 영향을 미친다. 우리는 타인과 환경에 의존할 수밖에 없으므로 우리 자신의 행복을 보장하기 위해서라도 타인의 행복의 조건에 관심을 가져야 한다.

이러한 관점은 세상을 보는 새로운 방식을 제시하고, 더욱 중요하게는 세상을 살아가는 새로운 방식의 기초가 된다. 저자는 행동을 촉구하지만 극적인 행동이나 드러나게 눈에 띄는 행동주의를 호소하지 않는다. 그는 상호의존의 원리를 현명하게 적용하고 선한 마음을 바탕으로 행동함으로써 작은 행동으로도 세상에 영향을 줄 수 있음을 보여주고 있다. 자비로운 동기로 모든 일에 임하면 일상의 삶이 특별해지는 것이다.

이렇게 까르마빠는 매일매일의 일상에서 영웅의 자리를 되찾는다. 우리 안에 잠재하고 있는 선한 동기를 소중히 가꾸면 우리는 어떤 조건에서든 숭고하고 영웅적인 시도에 참여하게 된다. 저자의 관점이 우리에게 주는 놀라운 선물은 성공의 잣대가 자신과 타인을 얼마나 행복하게 만드는가에 있다는 것이다. 우리가 의미 있는 삶을 사는 데 지금보다 더 많은 것이 필요하지 않다는 것이다.

저자는 우리 자신이 살고 싶은 세상을 만들라고 우리에게 요청하지만, 그가 또한 일관되게 제시하는 것은 이 같은 변화가 실제로는 우리 내부에서 일어난다는 사실이다. 그는 소비 지상주의, 종교적 대립, 세계 기아, 환경파괴 등 이 세상에서 실제로 일어나고 있는 문제들의 원인이 인간의 탐욕과 분노, 이기주의 같은 파괴적 감정과 습관적 태도임을 밝혀낸다. 진정한 사회 변화는 우리들 한 사람 한 사람이 바뀔 때만 가능함을 저자는 이 책을 통해 보여주고 있다.

세상을 바꾸는 방법을 알고 싶어 이 책을 손에 든 이들도 있겠지만, 이 책을 읽다 보면 변화는 바로 우리 자신, 즉 우리의 태도, 우리의 염원, 해결하고자 하는 문제에 대한 우리의 느낌과 생각에서 시작된다는 것을 곧 알게 될 것이다. 저자는 보다 나은 공동선共同善을 향한 우리의 노력을 가치 있게 여겨 아낌없이 지지하지만, 그것을 밖에서 찾으려 한다면 잘못이라는 점을 부드럽지만 일관되게 지적하고 있다. 우리의 노력이 최상의 효과를 거두려면 자신의 내면을 기꺼이 들여다보아야 한다고 그는 강조한다.

저자가 우리들 인간을 보는 시각으로 각자 스스로를 들여다보면 매우 놀라운 느낌을 가지게 될 것이다. 우리는 탐욕과 공격성이 아니라 선함을 타고 난 것이다. 다만 이 선함은 우리의 내면에 깊숙이 자리하고 있어 다른 것들에 가려지면 보이지 않을 뿐이다. 저자가 보여주고자 하는 것을 우리가 얼핏이나마 보기 시작한다면 그가 제안하고 있는 과업은 충분히 실현될 수 있다. 어려운 것은 사실이지만 이 과업은 실행할 수 있고 또한 대단히 가치 있는 일이다. 우리 마음에 도사리고 있는 것들을 찾게 될까 봐 두려워하는 대신 내면으로 깊이 파고 들어가면, 선한 마음으로 돌아가는 길을 찾을 수 있다는 자신감을 우리는 얻게 된다. 그 마음을 바탕으로 우리는 행동에 나서게 되는 것이다.

우리는 일상적인 경험을 통해 인간의 본성을 바라보는 시각을 기르고 상호의존의 원리가 실제로 작동함을 깨닫는다. 세상을 바꾸려는 자비로운 동기가 강력한 힘이 된다는 사실 또한 일상의 경험에서 알게 된다. 인간으로서의 경험과 세상에 대한 관심이라는 공동 기반 위에서 우리는 친구가 된다는 사실을 확실히 하기 위해, 저자가 언급했듯, 이 책은 철학보다는 경험을 바탕으로 삼고 있다. 저자가 이 책에서 불교 용어를 되도록 삼가고 있는 것은 이 책의 목적이 불교에 대한 가르침이 아니라 저자 스스로 삶과 세상의 의미를 찾는 과정 중에 불교에서 받은 도움을 독자와 함께 나누려는 의도와 일치한다 하겠다.

이 책은 저자가 미국 대학생들과 가진 일련의 회합에서 나오게 되었다. 까르마빠는 문화와 언어, 사회적 지위의 경계를 넘어 학생들에게 다가갔다. 이제 저자는 이 책을 통해 독자들에게 똑같이 다가가고 있는 것이다.

그가 우리에게 촉구하는 관계는 일종의 우정으로서, 현재 지구촌 사회에서 우리가 최선의 생존방식으로 알고 있는 개념을 완전히 바꿔놓는 것이다. 이 우정은 우리가 서로 의존한다는 사실을 인정하는 것으로, 각자 기여하는 바가 다름에도 불구하고 그 가치를 온전히 존중하는 것이다. 좋은 친구라면 으레 그렇듯, 까르마빠는 우리에게 전과 다르게 생각하고 행동하라고 권하기는 해도 지금의 우리와 다른 어떤 사람이 될 것을 요구하지 않는다.

이 책은 공동의 미래를 위해 함께 일하기를 청하는 까르마빠의 초대장이다. 저자는 우리의 선한 마음으로 되돌아가는 길을 일러주고 또한 이 세상을 살아가는 다양한 방법을 제시한다. 이제 우리 각자가 자신의 삶에서 이들 방법을 어떻게 활용할지 고민할 차례이다. 이 세상을 안에서 밖으로 바꾸려는 이 공동 작업에 우리 모두가 초대된 것이다. 저자는 우리들 한 사람 한 사람에게 지금의 자기 모습 그대로 오되, 자비로운 세상을 향한 염원을 꼭 지참하기를 당부한다.

• 편집자의 감사의 글

인도에서 머무는 동안, 그리고 이 책이 나오기까지 준비하는 과정에서 제17대 까르마빠 존자님께서 베풀어주신 은혜를 어떤 말로도 표현할 수 없습니다. 이번 프로젝트에 참여할 수 있는 영광을 주신 존자님께 머리 숙여 깊이 감사를 드립니다.

이 프로젝트와 아울러 이 책이 나올 수 있도록 도와주신 모든 분들에게 진심으로 감사합니다. 놀라운 재능과 열정으로 존자님의 가르침을 통역했을 뿐만 아니라 노련한 기술과 관대한 마음으로 이 프로젝트와 참가자를 지원해준 누둡 체링 부카에게 감사의 마음을 전합니다. 존자님의 가르침을 받기 위한 학생들의 인도 방문을 처음으로 제안한 링구 뚤꾸Ringu Tulku(뚤꾸는 티베트어로 환생자를 뜻함), 이 프로젝트의 처음부터 끝까지 온갖 지원을 아끼지 않은 추르푸 라브랑Tsurphu Labrang(초대 까르마빠 때부터 까르마빠 및 까르마 까규파 법맥 관련 업무를 총괄해온 행정단체)의 사무차장 까르마 충갈빠Karma Chungyalpa, 프로젝트 내내 관심과 온정을 베풀어 크고 작은 편의를 봐주신 추르푸 라브랑의 캔보 떼남Khenpo Tenam(캔보는 티베트 승려가 받는 학위의 하나)과 승려들, 규또 사원 도서관에 우리의 자리를 마련해준 사서 캔보 렉셰Khenpo Lekshey, 마지막 밤 존자님을 위한 노래를 티베트어로 학생들에게 가르쳐준 움제 바이 까르마Umze Bai Karma에게 감사드립니다. 다람살라에서 학생들이 머물 수 있는 공간을 내준 달마다타 사미니 공동체Dharmadatta Nuns' Community에 마음으로부터 고마움을 전합니다.

학생들이 까르마빠 존자님을 모시고 공부하는 기회를 아주 특별한 글로벌 교육으로 인정해준 레드랜즈 대학 행정처에 깊이 감사드립니다. 존스톤 통합교육센터 원장 켈리 핸킨Kelly Hankin 교수는 삶과 배움이 하나인 현지 수업을 계획하는 데 큰 도움을 주고 학생들의 여행경비를 지원해주었으며, 바바라 모리스Barbara Morris 당시 문리대학장은 이번 과정과 여행경비를 후원했습니다. 두 분께 감사드립니다. 물류 지원을 아끼지 않은 새라 퍼켄스틴Sara Falkenstien에게도 감사의 마음 전합니다.

이번 프로젝트에 참가한 레드랜즈 대학 학생들에게 깊이 감사합니다. 일레나 캐넌Elena Cannon, 라파엘 페르난데스Rafael Fernandes, 니나 페르난도Nina Fernando, 케이티 페럴Katie Ferrel, 조나단 풀러Jonathan Fuller, 로렌 후크Lauren Hook, 앤 호이어먼Anne Heuerman, 제이콥 쿠클라Jakob Kukla, 브렌던 미드Brendan Mead, 브라이언 파인스Brian Pines, 마야 폴랜Maya Polan, 애쉴리 스타Ashley Starr, 패트릭 선돌프Patrick Sundolf, 제레미 트웨트Jeremy Thweatt, 저메인 보글Germaine Vogel, 그리고 줄리아 조포라트Giulia Zoppolat, 모두에게 감사의 마음을 전합니다. 인도에서 학생들의 건강을 보살펴주기 위해 이번 여행에 동참한 사이몬 바커Simon Barker 박사에게 감사합니다. 이들의 헌신과 열정적인 참여가 없었다면 이번 프로젝트는 성공할 수 없었을 것입니다.

샴발라Shambhala 출판사의 에밀리 바우어Emily Bower가 준 현명한 조언에 감사합니다. 덕분에 책의 내용이 더욱 풍부해졌습니다. 원고를 읽고 조언해준 엘리자베스 애덤스Elizabeth Adams의 통찰력 있는 조언에 감사합니다.

이 책의 공동 편집자인 담최를 1년 동안 후원해준 달마다타 사미니 공동체에 특별한 감사를 드립니다. 공동 편집자 카렌을 꾸준히 지원해준 그녀의 남편 에드 머피Ed Murphy와 엄마가 없는 기간을 탈 없이 지내준 아이들 벤Ben과 레베카Rebekah에게 고마움을 전합니다. 이 가족은 특히 그 다음해 담최의 미국 방문 때에도 많은 도움을 주었습니다.

제17대 까르마빠
오갠 틴래 도제 약전

제17대 까르마빠는 1985년 티베트 고원의 오지 마을에 사는 유목민 가정에서 태어났다. 그는 성격 형성에 중요한 유년시절을 세계에서 몇 곳 남아있지 않는, 전기도 없고 플라스틱도 없고 자동차도 없는 변방에서 보냈다. 남달리 화목했던 그의 가족은 자연과 더불어 살았다. 계절이 바뀌면 야크떼와 양떼를 먹일 만한 목초지를 찾아다니며 천막을 옮겨야 했다. 이 거친 풍광 속에서 어린 까르마빠는 지금은 사실상 사라진 티베트 전통 생활방식에 따라 자랐다.

일곱 살 되던 해, 까르마빠는 천막을 다른 계곡으로 옮기자며 가족들을 졸라댔다. 까르마빠의 성화를 못 이긴 가족들이 새로 옮긴 곳에 천막을 세우고 며칠 지나지 않아 16대 까르마빠Rangjung Rigpe Dorje의 제자들 몇 사람이 그 계곡을 찾아왔다. 그들은 16대 까르마빠의 환생자를 찾는 탐색반으로, 1981년 16대 까르마빠가 열반하기 전에 작성한 편지에 쓰인 예언과 설명에 따라 이 오지 계곡을 찾아온 것이었다. 예언서로 알려진 이 편지에는 자신의 환생자를 찾을 수 있는 지침이 적혀 있었다. 탐색반은 소년의 부모 이름과 소년이 태어날 때의 구체적인 정황을 예언서의 내용과 꼼꼼히 비교한 후 자신들이 찾은 소년이 17대 까르마빠가 틀림없다고 선언했다.

그 순간부터 까르마빠의 교육이 시작되었다. 티베트 불교 주요 종파의 영적 지도자로서의 역할을 완수할 수 있도록 수백 년 동안 이어져 내려온 교육이었다. 까르마빠가 수장으로 있는 종파는 까르마 까규파로서 약 천 년 전에 인도에서 티베트로 직접 전해진 가르침과 명상 수행을 이어오고 있다. 까르마 까규파는 티베트 불교 최초의 환생 법맥으로, 제1대 까르마빠인 뒤숨 켄빠Dusum Khyenpa(1110~1193)가 12세기에 창시한 이래로 그를 계승하는 환생자를 찾아오고 있다. 그 이후 달라이 라마 법맥을 포함하여 주요 영적 지도자의 환생자를 찾는 제도가 티베트 전역에 걸쳐 채택되었다. 환생 제도는 지난 수세기 동안 티베트 불교를 유지하고 부흥시키는 데 지대한 공헌을 해왔다. 역대 까르마빠는 열반하기 전에 제자들이 환생자를 찾을 수 있도록 예언을 남기는데, 16대 까르마빠가 남긴 것같이 편지의 형태로 된 예언서가 많다.

17세기 이래 이어지고 있는 티베트 전통에 따라 달라이 라마에게 소년을 까르마빠로 인가하는 데 필요한 자문을 구하고 승인을 요청했다. 달라이 라마는 당신 스스로 조사를 마친 후 소년이 17대 환생자임을 승인했다. 중국 당국은 까르마빠가 중국의 통치 아래 있는 티베트 중앙 지역에 위치한 자신의 사원에서 즉위하는 데 필요한 허가서를 내주었다. 달라이 라마와 중국 정부로부터 동시에 승인을 받는 것은 매우 드문 일이었다.

까르마빠는 고향인 캄을 떠나 저 멀리 동쪽에 있는 900년 가까운 역사를 자랑하는 추르푸 사원으로 향했다. 창시자인 제1대 까르마빠 이래로 역대 까르마빠는 추르푸 사원에 얼마간 주석하는 것이 전통이었다. 1992년 9월 27일, 17대 까르마빠는 법맥의 주요 지도자 세 명 가운데 두 사람이 즉위식을 집전하는 가운데 이곳에서 정식으로 즉위했다. 까르마빠는 곧바로 전통적인 교육과 훈련을 받기 시작했다. 그와 거의 동시에 가르침도 전하기 시작했다. 여덟 살 되던 해 그는 최초의 공개 법문을 펼쳤는데, 이 법문에는 2만 명이 넘는 사람들이 참석했다.

이후 까르마빠는 자신의 영적 활동을 수행하기 위해 노력하는 과정에서 많은 어려움을 겪어야 했다. 그에게 가장 중요한 영적 스승들이 티베트 입국을 거부당했고, 까르마빠 자신도 여행 허가가 나지 않아 스승을 뵈러 인도에 갈 수 없었다. 까르마빠는 영적 스승으로서 또한 법맥의 수장으로서 자신의 역할을 수행하지 못할 것을 심히 염려하여 전 세계의 관심을 불러일으킨 역사적인 결정을 내렸다. 열네 살이라는 나이에 티베트를 탈출하기로 결심한 것이었다. 영적 지도자로서 자신의 역할을 완수하고 까르마 까규 법맥의 수장으로 책임을 다하려면 그 방법밖에 없었다.

1999년이 저물어가는 어느 날, 까르마빠는 한밤중에 사원의 이층 창문에서 뛰어내렸다. 이로써 역사적인 탈출 여정이 시작되었다. 두 발로 걷고 지프차를 이용하기도 하고, 때로는 말을 타고 또 헬리콥터로 히말라야를 넘어 인도로 도피하는 여정에 그와 일행이 체험한 공포에 대해 까르마빠 스스로 이 책에서 토로하고 있다. 2000년 1월, 까르마빠는 드디어 인도 다람살라에 도착하여 달라이 라마의 환대를 받았다. 까르마빠는 다람살라의 달라이 라마 거처에서 얼마 떨어지지 않은 규또 사원의 임시 거처에 정착했다. 달라이 라마와는 멘토와 제자 사이로 오늘날까지 친밀한 관계를 이어오고 있다.

인도에서 망명자로 지낸 12년 동안 까르마빠는 전통적인 사원교육과 불교 철학 교육을 받았고 과학·역사·영어 기타 외국어를 포함한 현대 교육도 개인적으로 받고 있다. 제2의 고국이 된 인도의 문화와 종교 생활을 살펴보기 위해 인도 전역을 돌아보기도 했다. 타밀나두 주Tamil Nadu(인도 반도 남동부에 위치한 28주 중의 하나로 주도는 첸나이)의 사이바바Sai Baba(20세기 인도의 위대한 영적 지도자이자 교육자) 사원의 개원식에서부터 캘커타에서 개최된 테레사 수녀의 100세 생신 기념식에 이르기까지 까르마빠는 상호 존중과 관용의 정신으로 많은 영적 지도자들과 만나고 있다.

근래 들어 까르마빠는 티베트 문화의 보존을 위해 중요한 역할을 맡고 있다. 티베트인들은 망명지에서 문화적 정체성을 유지하기 위한 노력을 강화하기 위해 티베트 불교 최고위층의 한 사람인 까르마빠에게 점점 더 많은 것을 기대하고 있다. 인도 전역의 티베트 학교로부터 강연요청이 쇄도하며, 달라이 라마의 외유 기간 중에는 다람살라에서 열리는 종교 의식과 문화 행사를 종종 주재한다. 까르마빠는 그림을 그리고 붓글씨를 쓰고 시를 쓰고 음악을 작곡하고 무대 예술을 감독하는 예술가이기도 하다. 그가 티베트어로 쓴 몇 편의 희곡은 티베트 전통 오페라와 현대극의 요소를 절묘하게 결합하고 있다. 티베트의 위대한 요기 밀라레빠의 생애를 그린 희곡의 첫 공연에는 12,000명의 관객이 다녀갔다.

까르마빠의 일정에는 영어와 다른 과목을 공부하는 수업과 함께 오전에 이루어지는 개인 친견이 포함되어 있다. 매년 그는 전 세계에서 그를 찾아오는 수만 명에 이르는 사람들을 접견한다. 까르마빠는 2004년부터 세계평화를 위한 기원법회인 까규 몬람을 이끌고 있다. 이 기도회에는 전 세계에 걸쳐 각기 다른 불교 전통을 가진 수 천명의 승려와 평신도, 일반인들이 참가한다. 2008년 5월, 까르마빠는 첫 번째 외유로 미국을 방문하여 우드스톡에 위치한 주석 사원을 포함하여 그의 지도 아래 있는 많은 수행센터를 방문했다. 2011년, 그는 두 번째로 미국을 방문했다.

까르마빠는 이제까지 겪은 많은 어려움에도 좌절하지 않고 법맥

의 영적 가르침을 전승하고 제자들을 지도하며 900년의 전통을 가
진 티베트 불교의 주요 법맥을 21세기로 이끌고 있다.

담최 다이애나 피니건 Damchoe Dianna Finnegan

미국 뉴욕 출생의 저널리스트로 뉴욕과 홍콩에서 7년 근무. 1999년 비구니계 수계. University of Wisconsin-Madison에서 산스크리트어와 티베트 불교학 박사학위 취득. 북인도 달마다타 사미니 공동체 거주.

카렌 데리스 Karen Derris

미국 레드랜즈 대학 종교학과 부교수이자 버지니아 헌세이커Virginia C. Hunsaker 석좌교수. 하버드 대학에서 불교학 박사학위 취득. 남편과 두 자녀와 함께 캘리포니아 레드랜즈 거주.

누둡 체링 부카 Ngodup Tsering Burkhar

서부 티베트의 카일라스Kailsh 산 인근 유목민 가정에서 출생. 1959년 티베트를 탈출하여 북인도에서 수학. 젊은 시절부터 제16대 까르마빠의 통역원으로 일함. 제17대 까르마빠의 티베트 탈출 이래 그의 통역원으로 활동하고 있음. 인도 다르질링Darjeeling(서벵골주 다르질링 행정구) 미릭Mirik 거주.

제17대 까르마빠 존자님께서 펴내신 책을 여러 모로 미흡한 사람이 우리말로 옮기게 되어 몹시 송구하면서도 한편으로는 기쁘고 경이롭습니다. 제가 이 책을 처음 만난 것은 2년 전 이맘때였습니다. 북인도 다람살라 인근, 존자님께서 거처하시는 사원 앞의 작은 책방에서 여주인이 이제 막 도착한 신간이라며 건네준 책을 받아와 단숨에 읽었습니다.

세상 나이로 치자면 당신 또래의 젊은이들에게 존자님께서 들려주신 말씀 하나하나가 절절하게 다가왔습니다. 오랜 세월 자신만을 생각하며 살아왔던 제게 그 말씀은 죽비소리같이 들렸습니다. 만물이 서로 의존한다는 진실을 한사코 외면하려 했던 제가 보였지요. 희망도 있었습니다. 우리 안의 선한 마음에서 우러나온 작은 행동으로 누구나 영웅이 될 수 있다고 하신 대목에서는 조급하고 답답했던 마음이 쉬어졌습니다.

며칠 후, 수많은 사람들이 복작거리는 델리 공항에서 이 책을 다시 읽으면서 한국 행 비행기를 기다리던 긴 시간은 차라리 축복이었습니다. 시간이 되어 책장을 덮는데 나이와 종교에 상관없이 누구에게든 길을 일러줄 거라는 생각이 들면서, 이 책을 우리말로 옮기고 싶다는 마음이 슬며시 일어났습니다. 이제 막 존자님을 뵌, 공부나 수행에 아직 입문도 하지 못한 제게는 터무니 없는 욕심이었지요.

시간이 또 흐르고, 이 책이 제게 왔습니다. 그 동안 이 책을 손과 마음에서 놓지 않았음에 기대어 감히 우리말 작업을 시작했습니다. 원전은 완전하나 저의 부족함으로 잘못된 부분을 지적하여 주시면 경책으로 삼겠습니다.

이 책의 어느 부분을 펼치든, 이제까지 저 자신만의 힘으로 살아온 것이 아님을 절실하게 느끼게 됩니다. 생각만 해도 자신 없고 두려운 자비의 길에도 들어설 수 있을 것 같습니다. 제가 그러하듯, 이 책을 읽는 분들이 앞으로 나아가는 데 구체적인 힘을 얻으시기를 기도합니다.

이 책을 번역하도록 허락하시고 가피해 주신 까르마빠 존자님께 깊이 감사드립니다. 책을 내시고 귀한 조언을 주신 도서출판 지영사의 이연창 사장님과, 티베트 말과 용어 번역을 도와준 까르마 랍셀 님과 난삽한 초고를 읽고 힘을 준 친구에게 고마운 마음을 전합니다. 긴 시간 말없이 격려해준 오랜 길동무에게 고마움 전합니다.

2015년 3월 20일

까르마 빼마 돌마 합장